U0895042

高效管理的执行术

用表格管理，让执行落地

资深执行力专家 狄振鹏 著

金城出版社
GOLD WALL PRESS

图书在版编目（CIP）数据

高效管理的执行术：用表格管理，让执行落地 / 狄振鹏著 . —北京：金城出版社，2015.10

ISBN 978-7-5155-1277-8

Ⅰ . ①高… Ⅱ . ①狄… Ⅲ . ①企业管理 Ⅳ . ① F270

中国版本图书馆 CIP 数据核字（2015）第 215307 号

高效管理的执行术：用表格管理，让执行落地

作　　者　狄振鹏
责任编辑　李轶武
开　　本　710 毫米 ×1000 毫米　1/16
印　　张　21
字　　数　340 千字
版　　次　2015 年 11 月第 1 版　2017 年 9 月第 8 次印刷
印　　刷　三河市百盛印装有限公司
书　　号　ISBN　978-7-5155-1277-8
定　　价　65.00 元

出版发行　**金城出版社**　北京市朝阳区利泽东二路 3 号　　邮编：100102
发 行 部　(010)84254364
编 辑 部　(010)64391966
总 编 室　(010)64228516
网　　址　http://www.jccb.com.cn
电子邮箱　jinchengchuban@163.com
法律顾问　陈鹰律师事务所　(010)64970501

前言

执行力怎么来?

执行力不是强调出来的，而是在标准化、规范化、流程化的培养下做出来的。在科学、合理的工作流程下，员工只要能够按照流程走，按照标准做，其执行力自然而然就有了保证，结果也会因此而水到渠成。

那么，摆在我们面前的技术问题就是，如何更好地将科学、合理的工作流程表达出来。

第一，单纯地把员工缺乏执行力的原因归咎于工作态度和工作能力是不对的。拿破仑有这样一句格言：一头狮子率领一群绵羊的队伍，可以打败由一只绵羊带领一群狮子的队伍。员工的执行力取决于团队。如果能够把成功的执行经验进行归纳总结，并把它变成一套工作时的标准化行为，那么绵羊也能变成狮子。

第二，表格化管理是对执行经验进行归纳总结的最佳形态。所谓表格化运营管理体系，是采用系统思维的创新管理方法，通过运营体系建设，深入分析和辨识“职能”和“职责”的关系，杜绝职能分配的管理“真空”。运用流程控制的工作方法，规范职能运作，理顺业务流程，消灭管理“盲区”和“死角”。以表格为载体，用表格化工作语言固化职能、优化流程、提高工作效率，实现管理创新。

第三，管理表格化是企业规范化管理的重要标志。管理表格化是把已经制度化的内容转变为表格，是落实企业管理制度的重要途径；是将数据化的内容集结成表格，将最能表达结果的数据更加直观、有机地结合起来；

在表格化的基础上，能够形成更高的理论体系，实现管理理论上的创新。“规范化—标准化—制度化—程序化—数据化—表格化—理论化”这是企业在管理水平上不断进步和创新的过程。

表格化管理的优点很多，企业老板也愿意使用，但是真正把它运用到实际管理中的企业并不多，其中一个主要原因就是员工对于表格管理的抗拒心理——有的人怕麻烦，有的人没有认识到表格管理对工作效率的提升作用，有的人干脆就是瞎编数据，有的人根本就不会填表……他们的共同看法就是表格化管理多此一举。造成这些现象的原因很多，其中最重要的一点就是员工自身对于表格化管理的认识不足。本书正是基于这些问题提供相应的解决方案，通过工作标准、工作流程、工作台账、执行制度、监督执行、考核执行等几个方面，帮助企业建立规范化的表格管理体系，对每个部门、每个岗位、每项工作都用表格加以描述。上至管理层，下至基层员工，都以表格为红线，让管理有事实依据，让员工的工作状态和任务职责简明可控，让绩效有据可查，确保战略落地、执行到位，用结果说话。

目录

第一章
用表格管理：管人管到位，管事管到底

作为领导者，你不需要具备所有下属、职员具备的专业知识和技能，但你需要保证让员工的工作有序进行，不走偏路和弯路，工作更有效率。用表格管理企业，不仅能让员工更专业、高效，还能让工作更准确、有条理。

一、管理有表格，人人都高效

当前，越来越多的管理者开始重视企业的执行力，甚至已经将其视为企业竞争力的核心，没有执行力，一切都是空谈，企业更没有竞争力可言。一个企业的成功，首先要战略正确，其次要将战略执行到位。战略来自企业家及决策团队的洞察力和决策力，而执行则是团队的执行力。

既然执行力如此重要，那么，执行力到底是什么呢？能做什么呢？一个企业的执行力就是经营能力，包括经营模式和人力资源分配，通俗点说就是管理人和管理事，而任何事物的运作都得通过人去操作完成，管理好了人就能生成一道道流程，就能培训出优秀的员工，就能打造高效的团队。

大到一个国家，小到一个企业，不外乎都是“人”的问题，所以企业管理的首要前提是人的管理，执行力的关键也是人。

所以，企业管理者必须意识到：必须不断培养和提升员工的执行力。就像培育植物一样，园丁要经常给植物修剪盘枝末节、除草松土，这样植物才能吸收更多营养，长得更快、更健康，员工的执行力也是通过管理者运用不同的方式培养和提升的。

下面看一则案例：

伯利恒钢铁公司总裁查理斯·舒瓦普曾向效率专家艾维·利咨询，他说：“我希望把我的公司管理得更好，我不需要更多的知识，我需要的是该怎么做。如果你能告诉我们如何更好地执行计划，我听你的，在合理范围内价钱由你定。”

艾维·利拿出一张白纸，把它递给舒瓦普，并说这张纸能使他的公司业绩提高至少 50%。然后他告诉舒瓦普：“在这张纸上写下你明天要做的最重要的六件事。”舒瓦特按照所说写下了六件事。过了一会儿，艾维·利又说：“现在用数字标明每件事情对于你和你的公司的重要性次序。”这两个要求做完，一共只花了大约 5 分钟。艾维·利接着说：“现在把这张纸放进你的口袋。明天早上第一件事情就是把这张纸条拿出来，做第一件事。不要看其他的，只看第一项，并着手执行，直至完成为止。然后用同样方法对待第二件事、第三件事……直到你下班为止。如果你无法做完所有的事情，那不要紧，因为你做完了最重要的事情，并且一直都做着重要的事情。”

看到舒瓦普质疑的神情，艾维·利又说：“你坚持每一天都这样做，观察效果，直到你对这种方法的价值深信不疑之后，让你公司的人也这样干，到时候你就可以看看会有什么变化。这个建议你就当做实验，做多久都行，验收结果后，再给我寄支票来，你认为值多少就给我多少。”

半个小时左右的会面，给舒瓦普带来了极大的影响，从那以后，他不仅要求自己每天把要做的事情按照重要程度依次排列在一张纸上，还在全厂推行，人人都要如此计划工作。一个月后，舒瓦普给艾维·利寄去一张2.5万美元的支票，还有一封信。舒瓦普在信中说："那是我一生中最有价值的一课。"后来，这个当年不为人知的小钢铁厂一跃成为世界上最大的独立钢铁厂，因而，有人认为艾维·利提出的方法价值1亿美元。

其实，很多时候员工需要的正是管理者正确引导，就像舒瓦普一样，你不需要具备所有下属、职员具备的专业知识，也不需要搞清楚各个岗位的具体工作内容是什么，你只需要思考如何让员工的工作有序进行，不走偏路和弯路，尽量让员工的工作更有效率。很显然，舒瓦普的这种给工作任务分类排序的方法正是教会员工如何高效做事，看似一个简单的表格排列，却产生了极佳的引导作用，一个细微的要求，在潜移默化中就能够让不同职位、不同岗位、不同工作内容的员工在行动方式上达成一致，无论是在企业文化还是效率上，都具有极大的意义。

通过上面的案例，我们可以看到表格的力量，我们可以试着给员工制作一个"每日工作排序表"，其宗旨核心是让员工把每天最重要的工作放在第一位，至于表中的内容如何填写，就要根据各自公司的具体情况来规定。把重要的工作安排好先后顺序，做到目标清楚、时间明确，采用这样的表格管理法，员工做的事情才会更有价值和意义，工作也因此会更高效，执行力也自然会不断提升。

每日工作排序表

<table>
<tr><td>姓名：</td><td>时间：　　年　　月　　日</td></tr>
<tr><td>职位：</td><td>部门：</td></tr>
<tr><td colspan="2">工作任务(按照顺序进行)：
1.
2.
3.
……</td></tr>
<tr><td colspan="2">备注：</td></tr>
</table>

华为公司的销售员在同行业内是非常优秀的，不管是业绩还是服务，都深得客户信赖，赢得了竞争对手和客户的一致好评，原因就在于华为公司销售人员周密的项目策划。

华为公司的销售团队是一个团结的集体，在销售过程中，见客户之前他们都会进行周密的部署，通过全面的调查和分析，根据客户的信息量身制订最详细的销售计划，令客户找不到拒绝购买的理由。

下面，我们看看华为公司的销售团队是如何做的。

首先，销售部门会制定目标，最理想的目标自然是 100% 的份额，当然也要看搜集到的信息资料和资源力量。最低标准必须达到至少 50% 的份额；准备充分的话，要拿到 80% 的份额。

其次，围绕项目目标，员工就要努力做好准备，而且准备充分与否，意味着目标达成的结果。准备工作主要涉及客户的所有详细信息，竞争对手的背景、策略和优劣势以及自身的优劣势。这个环节是最考验员工执行力的环节，涉及很多细枝末节，员工之间必须做好任务分配，要避免重复或遗漏，要做好这一环节，最好用、最省力的工具就是表格了。

最后，负责完成该项目的成员就要采取行动。曾经有客户说，华为公司的销售人员不会放过任何一个潜在客户，只要有一丝希望，他们会紧盯目标、锲而不舍，只要知道客户的行踪，就会立刻前往，并向客户推销华为的产品。

×××销售项目目标

目标组别	份额(%)	目标
目标一	100	最理想标准
目标二	80～＜100	基本标准
目标三	50～＜80	最低标准

新开发客户报告表

客户名称		电话	
公司地址		邮箱	
工厂地址			
负责人员			
推销产品			
第一次交易额及品名			
开拓时间及经过			
备注			

负责人员签字：

年　月　日

客户调查表

<table>
<tr><td rowspan="3">客户基本资料</td><td>客户名称</td><td></td><td>电话</td><td></td><td>地址</td><td colspan="5"></td></tr>
<tr><td>负责人</td><td></td><td>年龄</td><td></td><td>文化程度</td><td></td><td>电话</td><td></td><td>性格</td><td></td></tr>
<tr><td>接洽人</td><td></td><td>年龄</td><td></td><td>文化程度</td><td></td><td>电话</td><td></td><td>性格</td><td></td></tr>
<tr><td rowspan="9">经营状况</td><td colspan="2">经营风格</td><td colspan="8">□积极　□保守　□稳定　□投机　□不定</td></tr>
<tr><td colspan="2">业务</td><td colspan="8">□上升　□成长　□稳定　□衰退　□不定</td></tr>
<tr><td colspan="2">业务范围</td><td colspan="8"></td></tr>
<tr><td colspan="2">销货区域和对象</td><td colspan="8"></td></tr>
<tr><td colspan="2">价格</td><td colspan="8">□合理　□偏高　□偏低　□压价</td></tr>
<tr><td colspan="2">营业额</td><td colspan="8">平均每年__，旺季__月，月销量__，淡季__月，月销量__</td></tr>
<tr><td colspan="2">组织</td><td colspan="8">□股份有限公司　□有限责任公司　□合资　□独资</td></tr>
<tr><td colspan="2">公司人数</td><td colspan="8">管理人员__人，基层人员__人，合计__人</td></tr>
<tr><td colspan="2">同行排名</td><td colspan="8">□领头羊　□有影响力　□普通</td></tr>
<tr><td rowspan="4">付款方式</td><td colspan="2">态度</td><td colspan="8"></td></tr>
<tr><td colspan="2">付款期</td><td colspan="8"></td></tr>
<tr><td colspan="2">付款方式</td><td colspan="8"></td></tr>
<tr><td colspan="2">必备手续</td><td colspan="8"></td></tr>
<tr><td>客户负责人</td><td colspan="2"></td><td colspan="2">审核人</td><td colspan="6"></td></tr>
</table>

客户信用调查表

<table>
<tr><td>客户名称</td><td></td><td>地址</td><td colspan="2"></td><td colspan="2">电话</td><td></td></tr>
<tr><td>负责人</td><td></td><td>地址</td><td colspan="2"></td><td colspan="2">电话</td><td></td></tr>
<tr><td>公司成立时间</td><td></td><td>营业项目</td><td colspan="2"></td><td colspan="2">经营方式</td><td></td></tr>
<tr><td rowspan="7">负责人</td><td>性格</td><td colspan="2"></td><td colspan="2">气质</td><td colspan="2"></td></tr>
<tr><td>兴趣</td><td colspan="2"></td><td colspan="2">口碑</td><td colspan="2"></td></tr>
<tr><td>学历</td><td colspan="2"></td><td colspan="2">沟通能力</td><td colspan="2"></td></tr>
<tr><td>思想</td><td colspan="2"></td><td colspan="2">婚姻状况</td><td colspan="2"></td></tr>
<tr><td>优点</td><td colspan="2"></td><td colspan="2">特长</td><td colspan="2"></td></tr>
<tr><td>缺点</td><td colspan="2"></td><td colspan="2">技术</td><td colspan="2"></td></tr>
<tr><td>经历</td><td colspan="2"></td><td colspan="2">嗜好</td><td colspan="2"></td></tr>
<tr><td rowspan="6">会计方面</td><td>银行和账号</td><td colspan="2"></td><td colspan="2">银行信用</td><td colspan="2">□很好 □好
□普通 □差 □很差</td></tr>
<tr><td>账目组织</td><td colspan="2">□完备
□不完备</td><td colspan="2">同行业评价</td><td colspan="2">□很好 □好
□普通 □差 □很差</td></tr>
<tr><td>经营组织</td><td colspan="2">□股份公司
□有限公司
□合资
□个人</td><td colspan="2">付款态度</td><td colspan="2"></td></tr>
<tr><td>注册资本</td><td colspan="2"></td><td colspan="2">备注</td><td colspan="2"></td></tr>
<tr><td>营业执照登记号</td><td colspan="2"></td><td colspan="4">负责人签字：
年 月 日</td></tr>
</table>

华为销售团队周密的项目策划，对我们来说非常具有参考价值。总结起来，项目流程其实就是由一个个的表格构建起来，不管是客户信息调查表还是竞争对手的调查表，都给员工指引了工作方向，在完成这些表格内的任务的同时，也就意味着完成了项目流程的各个环节，直到达成最后的目标。

总之，表格不是死的，用表格来管理更是管理理念的突破，是无数企业、职场精英经验的总结，同时也是员工的指引路标。用表格管理企业，不仅能让员工更专业、高效，还能让工作更准确、有条理。

二、盯人抓节点，盯事抓进度

企业执行力的强弱往往能体现企业的管理现状。在管理工作中，管理者重点关注什么、细节强调到什么程度、要求工作达到什么标准等，这些管理的细节都影响着团队执行力的强弱。但是，这些模糊的“词语解释”并不一定就能达到提升执行力的效果，具体要重视到何种程度、细化到什么标准等，仅仅靠语言是很难判断的，所以，要想提升执行力，还是要把执行力的行为明确化、清晰化，避免只从结果要求员工，而是首先在执行行为上达成统一共识，这样员工在执行的时候有标准、有要求，任何员工都可以很快熟练掌握岗位流程、熟悉工作标准，表现出最佳的工作状态。

一个执行力较强的团队，必须要有一套强有力的执行制度，员工只需要按照制度工作。管理者不需要盯着员工工作，只需要在工作的关键节点上，确保按时、按质、按量地到位即可。这样一来，管理者一方面可以抽身细节，不必花费大量的时间在琐碎的小事上；另一方面又可以让制度来监督员工执行。

人和机器不同，人具有机器所缺少的灵活性和创造性，同时也具备一些人性弱点，比如精力有限、懒惰、粗心、骄傲等，这些弱点导致人对待工作也必然会产生懈怠、粗心大意、缺乏耐心、消极等影响，所以，那些能随时把事事都做到位的员工几乎是不存在的，管理者必须接受和理解这个现实。既然员工作为个体是不能完美的，那么，管理者就要想办法让员工的集体工作做到完美，只要能够让一个员工或某个团体的员工重点放在某个工作环节上，一致做到标准化，那么，这些标准化的环节组合起来就是一个标准化的系统，标准化的系统统一起来就是一个标准化的企业，这样的话企业自然就达到了规范、有序的标准。这种“1+1>2”的思维模式，其实就是与其要求员工事事兼顾，倒不如让员工把重心放在某个节点上，把节点优化，然后以此效仿，各个优化节点就能构成系统，企业执行力的实时操纵就更容易落实，企业建设的针对性和实效性也能大大提高。

企业抓节点，必须要根据企业自身的具体情况来决定哪些是至关重要的节点，如此一来，在招聘和管理员工方面也就有了一定的标准，比如在服务类行业，相对比较关键的环节包括员工的服务能力和态度、服务产品的生产合格标准以及生产、服务环节中的安全问题等，总之，不管是什么样的企业，都有其比较重视和不能忽视的部分，甚至是微小的细节，只要把这些关键环节中的重要节点作出有针对性的系统要求，安排固定的员工重点负责关键环节中的重要节点，如此一来，企业的各个重点环节都能做到最好，整个团队的执行力自然就上升了。

厦门航空公司曾经因为工作人员忘了“拔插销”的小细节而导致飞机升空后起落架无法收回的危险事件，不仅造成负面影响，还给公司造成经济损失。之后，厦门公司的负责人就此次事件进行商讨，也许是因为大家都把“拔插销”当作是起飞检查工作的一个简单小细节，因为简单所以轻视，所以，也就没有具体针对“拔插销”这一简单动作作出要求，从而导致员工的忽视。于是，负责人很快找到处理方法，就是将“拔插销”这个简单动作也作为一项工作流程独立要求，撰写了一张 SOP（标准作业程序）：

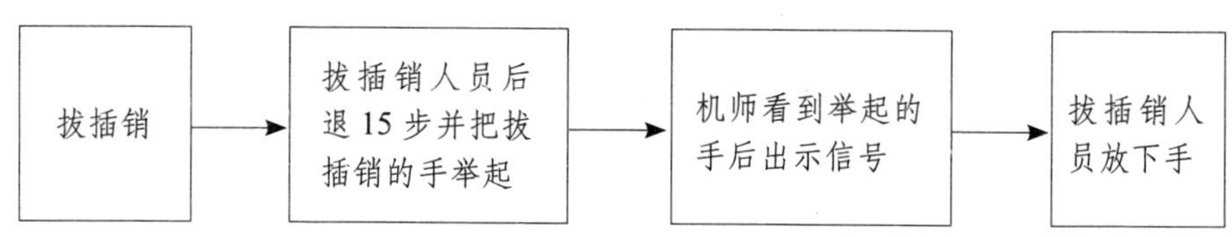

拔插销标准作业程序图

因为“拔插销”事件的警示，厦门航空公司相继出台了一系列的 SOP 文件，用于规范员工操作流程，避免员工的操作失误导致严重后果。例如，悬挂两米长的红丝带表示飞机正在维修。虽然这个举动极其微小和简单，但却是不可忽略和轻视的，员工能够将这个细节做好，对公司来说就是一份安全保障。除此之外，厦航负责人要求每个部门都编排 SOP 文件，不管是多么微小的工作都要有详尽的流程编排，然后用表格罗列出来，贴在各个部门最显眼的地方，飞行安全工作用红色本子、航空管理用蓝色本子、业务部门用黄色本子、地勤用绿色本子，以此分类，每项工作都按照条条框框操作、检查，员工依此操作，管理者只需要依此监督，工作效率就能大大地提高。

在企业内部，大大小小的事务都跟企业的盈亏有关。任何一项工作必然需要花费时间，然后是投资成本，最后才能生成质量。时间、成本、质量这三者几乎构成了每一件事务的所有内容，它们就像是等边三角形的三条边，任何一边发生变形，其他两边也会跟着变形，所以，管理者必须处理好这三个要素的关系。

管理者都希望事务完成的时间要快、成本要低、质量要高，这是对执行的要求，这也是竞争时代的市场要求。但是，许多企业内部人员因为时间紧迫，工作事务就只能凑合；企业因为成本紧张，就赶紧缩减项目内容；或者因为人手不够、资源有限就只能往后拖着……管理者要想以最佳的方式处理这些问题，那就是要严抓进度。

时间就是金钱，拖延项目时间，就等于是追加成本，增加投资，而如果在质量一定的情况下，拖延进度，就等于是浪费公司的资源，并不是每一位员工都能把公司当成是自己的家，像节省自家开支一样为公司节省成本，所以一旦出现进度与时间相冲突的状况时，多数员工首先会选择牺牲进度而拖延时间，如此便可减轻自身的工作压力。

进度，就是整个工作中每一项目的进展情况。强调进度，并不只是缩短时间，而是保证质量、定时完成。管理者监督把控进度，就是以最高的质量为前提，综合工作过程中可能出现的问题，对工作时间和速度进行计划，不仅能够避免员工懈怠拖延，还能够对工作时时监控，尤其是长期项目，更要做好进度规划，而且还要做细，对于一个时间长、规模大的规划，要分成多个阶段来完成，然后根据每个阶段的情况进行分工计划和预测，分工越细，进度就不容易有漏洞，后期的进度也更加精确，执行过程也比较容易，反之，如果办事没有规划，忽略进度监控，那么，很容易出现前松后紧或者推迟延后，甚至工作拥堵导致质量下降等各种问题，所以，管理工作事务做好进度管理，就等于是在规定的时间内做好力所能及的工作，避免因抢时间而弃质量，也避免一时懈怠而忽略速度。

×××项目工作计划

经公司管理层决定，××× 项目交由 ××× 部门（单位）负责执行，暂定预算为 _______ 万元，限该部门在 ___ 年 ___ 月 ___ 日前完成该项目，执行过程中有任何问题和异议均可向总经理反映。

总经理：

年　月　日

×××项目工作计划表

<table>
<tr><td>计划名称</td><td colspan="3"></td><td>负责单位(部门)</td><td></td></tr>
<tr><td>主题目标</td><td colspan="5"></td></tr>
<tr><td>参与人员</td><td colspan="5"></td></tr>
<tr><td>计划负责人</td><td colspan="3"></td><td>协助者</td><td></td></tr>
<tr><td>行动计划</td><td colspan="5">1.
2.
3.
4.
……</td></tr>
<tr><td>步骤</td><td colspan="5">1.
2.
3.
4.
……</td></tr>
<tr><td rowspan="6">进度表</td><td colspan="2">进度状况</td><td colspan="3">完成率(%)</td></tr>
<tr><td>开始：</td><td>年　月　日</td><td colspan="3">10~20</td></tr>
<tr><td>中期目标：</td><td>年　月　日</td><td colspan="3">30~40</td></tr>
<tr><td>修正目标：</td><td>年　月　日</td><td colspan="3">50~60</td></tr>
<tr><td>延长期：</td><td>年　月　日</td><td colspan="3">70~80</td></tr>
<tr><td>完成：</td><td>年　月　日</td><td colspan="3">90~100</td></tr>
<tr><td>结果</td><td colspan="5"></td></tr>
<tr><td>检测</td><td colspan="2"></td><td colspan="3">备注：</td></tr>
<tr><td colspan="2">预算</td><td>修正预算</td><td colspan="3">结算</td></tr>
</table>

以上两种不同方式的项目计划安排，前者以书面陈述方式，后者以表格形式，很显然，后者的进度计划安排更为详细，能帮助管理者有效进行项目跟踪把控，同时，项目的执行效果也必然会比前者要好得多。

小张是一家拥有500多名员工的装修公司老板，年纪轻轻就被评为优秀青年企业家，虽然文化程度不高，但是小张的公司却是越办越好，在当地的口碑也很好。

最初，小张什么经验都没有，从农村走出来，一没文化、二没技术、三没资金，多次碰壁后就在临时工市场干起了装修工，跟着那些装修散工们一起混口饭吃。招揽这些散工的老板其实就是工头，通常装修预算低的业主为了省钱就会自己找工头，工头再找廉价的散工，算下来预算便宜。但是，这些工头组织的装修队毕竟跟正规装修公司旗下的装修工程队无法相提并论，经常出现延误工期、耽误入住等情况，碰上业主催工期，工头就只能要求加班，成本自然也要增加，如此算下来，利润是少之又少。经常碰到这种情况的小张比较机灵，经过细心的调查，他发现用散工临时组建的装修队之所以经常出现延期情况主要是因为这些工头不懂管理，没有规划，而散工们在没有领导的情况下只会埋头苦干却又没有章法，由此就形成了一盘散沙。

发现了问题，小张很快就找到了解决的办法，开始自己试着接活，他相信，一旦接下一单生意，做好口碑，让业主满意，以后一定会好的，于是他凑足了资金开始自己主动招揽生意。第一单生意，小张给出业主最低的预算，完全不考虑自己的赢利，只为赢得口碑，然后他给自己制作了一个装修进度规划单，按照这个规划单执行装修，每一个进度都必须严格按照规定的时间完成，而他就负责在一旁监督质量和进度。

很幸运，第一单生意小张就按时保质保量地完成了任务，业主验收非常满意，不仅如此，那些与小张合作过的散工们也对小张非常佩服，因为小张合理、有序的规划，分工精细，让他们的工作也变得轻松很多。从此，小张都秉承前期做好规划的方法，保质量、不拖延，越来越多的客户找他合作，越来越多的装修工想跟着他干，公司的发展前景也越来越好。

装修进度表

分类项目	开始时间	结束时间	历时天数	年　月																	
				1	2	3	4	5	6	7	8	9	10	11	12	13	14	15	16	17	……
材料准备																					
水电线路																					
……																					

同理，任何企业都可以建立一套表格执行系统，每个岗位、每项工作都用简洁、清晰、有条理的语言表达清楚，有标准、有方法、有步骤、有时间节点、有进度要求，这样一来，管理者只需要定期或不定期通过表格对照具体的工作，管理工作就会变得相对简单、快捷。

三、事前有依据，事中有指导，事后有考核

不管是管理国家还是管理企业，都要做到赏罚分明、公平分配。在企业管理中，管理者都不得不面对“公平分配”和“选贤任能”的两大难题，这两大难题恰恰囊括了“管人”与“管事”这两大方面，而解决这些问题的关键就是以科学、客观、公正为基础的考核。

通常人们认为，考核就是填表打分，在人力资源考核表上对员工一段时间的表现进行打分，然后按照企业的要求划分等级，最后就是跟工资、晋升、裁员等挂钩，这种概念的考核不仅不准确，还不全面。另外，很多

企业的考核管理还只是停留在“秋后算账”的模式，把考核放在最后阶段，当员工完成工作以后再对工作成绩进行评价，并给予物质和精神的奖励和惩罚，导致员工面临考核如临大敌，谈考核而色变。

因此，不管是“打分”模式还是“秋后算账”模式，考核首先必须达到公司和个人之间的双赢，把考核管理的重心由考核形式转为考核内容，把期末考评转到过程指导，让考核成为鞭策员工向上、自我提升的正能量，而不是制约员工的限制标准。

那么，具体来说，企业应该如何做才能让考核管理真正提升执行力呢？

首先，考核制度要“有据”。很多管理者在员工入职之初，都会将公司的管理制度告知新员工，包括升职、加薪、奖惩等制度。但是，新员工入职不到半年时间，这些考核标准对他们而言就形同虚设，原因就是跟着老员工“有样学样”。那么，为什么老员工的影响力这么大呢？曾经有一位管理者进行过调查，发现很多老员工对公司的考核并不重视，被问及原因时，那些老员工给出的理由最多的就是那些考核制度多半是形式，没有明文规定如何奖罚，遵守与否对员工自身没有影响，而且，很多大众化考核条款跟本职工作内容相差甚远，根本无法具体评估，即使达到了考核标准管理者也并未给予奖励。如此一来，通过老员工对待考核标准的态度，新员工就能读出该公司考核制度的实际力度，对待考核制度的态度自然就不言而喻了。而员工若不从心里对考核树立起正确而严肃的态度，那么，上下级共同拟订好的指标也就在员工日常工作的忙碌中被遗忘。因此，问题的关键在于管理人员能否在事前就保证员工对这些指标足够重视，让考核在企业内部形成具有约束力的契约，让员工在这种契约形式的考核中既能重视考核的约束力，也能看到考核带来的利益。

杰克·韦尔奇曾经推行了一种近乎残酷的考评方式来考核员工，虽然有些不近人情，但却成效显著，那就是“末位淘汰制”。韦尔奇在接管通用电气公司时曾推行了大刀阔斧的改革，将员工按照比例划分为三个等级：20%的优秀员工、70%的普通员工和10%的末位员工。在员工入职培训期间，韦尔奇就会将这种等级制度告知给每位员工，同时也会把考核划分标准和评估内容以契约的形式告知员工，双方达成协议后便可签署合同，能够接受的员工即可留下，无法接受的员工可自行离开。

韦尔奇的考核方法曾遭到很多人的激烈反对，但是他仍然坚持认为不合格的低效率员工只会给公司造成损失，让团队里优秀的员工感到不公，既然无法胜任，那就应该早早离开，找到更准确的位置，而事实也证明，他的末位淘汰制的确让员工的工作效率大为提高。

美国管理学家詹姆斯·柯林斯曾说：“将合适的人请上车，将不适合的人请下车。”考核的目的有时也是以优胜劣汰的方式来提醒员工不断进步，虽说韦尔奇的方法有些激进，但不可否认，他以契约的形式与员工达成考核管理是非常明智的，既可以让自己的管理工作操作起来更加简单，同时也是给员工吃下一个“定心丸”，因为，那份契约就是员工努力工作要求更好待遇的最佳筹码。

其次，考核要有过程。现代意义上的考核已经不是过去那种“秋后算账”模式了，而是强调过程辅导和不断进步。考核的根本目的不是给员工划分等级，而是推动员工成长，在工作过程中，考核的落实也要根据市场变化而及时调整，除了单纯的绩效考核，工作中的考核辅导更重要。通常，辅导面谈借助的也是表格，不过，和考核表格不同的是在内容上更加关注人而不是人所做的事，这样的话，不管考核的结果如何，即使没有考核结果，员工仍然可以从面谈中获取很多有价值的东西，比如未来进步的希望，改进的目标和增进信心，简单来说，这种工作途中的考核面谈在考核的整个环节中扮演了承上启下的关键作用，是必不可少的重要环节。

考核辅导表

<table>
<tr><td>姓名</td><td></td><td>职位</td><td></td><td>部门</td><td></td></tr>
<tr><td>直属上司</td><td></td><td colspan="2">主要参与工作(项目)</td><td colspan="2"></td></tr>
<tr><td colspan="6">1. ××× 项目阶段工作内容汇报

2. 工作总结和评价

3. 工作收获

4. 存在的问题

5. 对公司制度的要求和建议

6. 希望能得到哪些方面的帮助和培训</td></tr>
<tr><td colspan="6">上司辅导点评：
1.
2.
3.
……</td></tr>
<tr><td colspan="6">未来目标总结和改进措施：</td></tr>
<tr><td colspan="6">备注：</td></tr>
</table>

最后，考核要有针对性的指标。在任何企业考核体系的设计过程中，考核指标的设计都是关键环节之一，设计恰当的考核指标，是考核体系统

领千军万马的指挥棒，对整个考核体系具有战略导向意义。

一般情况下，一个具备高效流程体系的企业必然需要高效的考核体系，并且还要设计与之相匹配的直接、有力地支撑战略举措的指标体系和定期沟通评估机制，比如各部门考核指标库、各岗位考核指标库等，而且，这些考核指标还要根据企业经营情况和市场情况定期进行更新，以调整公司最新的工作目标和员工工作重点，从而使得考核更具备针对性。在实际考核过程中经常发现，很多同行业的营销流程基本类似，但是，却因为考核标准设计的不同而产生完全不同的效果，这就是考核标准的牵引作用，通过下面两种方案的对比可以很明显地看出差别。

A方案

考核指标	权重
销售单价成交率	
成品库存周转率	
成本占销售额的比率	

B方案

考核指标	权重
销售完成率	
单项产品销售成交率	
优等品平均单价成交率	
渠道建设计划达成率	
成品库存周转率	
资金回笼	

总而言之，要想从整体上推动执行力，就必须解决考核管理中的各种难题，不要单纯把考核与表格打分对等，其实针对考核操作过程中的制度设计才是关键，无论是考核辅导表格，还是考核指标表格，这些都是考核体系不容轻视的关键环节，值得管理者重视。

四、凡事有标准，照着标准做

如果让你走进两间不同的麦当劳餐厅，你会发现你点的同一款汉堡包没有什么差别，但如果你走进两家不同的俏江南餐厅，你会发现你点的同一道菜可能会有咸淡、油腻、分量等细节上的不同，为什么会这样呢？因为厨师在火候、调味品方面无可避免地会存在个人差异，但麦当劳的食品即使是出自不同员工之手，却是统一按照一个标准制作出来的。

麦当劳食品制作标准（部分）

1. 面包厚度 17 毫米，面包中的气孔直径 0.5 毫米。
2. 牛肉饼重量 47.32 克，直径 98.5 毫米，厚度 5.65 毫米。
3. 烤面包时间为 55 秒。
4. 煎肉饼时间 1 分 45 秒。
5. 可乐温度为 4℃。
6. 预先炸过的薯条临时再炸 2 分钟。

……

这些标准只是麦当劳标准化管理中最基本的。作为风靡全球的快餐品牌，麦当劳已经成为一种快节奏、标准化的生活方式，代表了一种快餐文化，影响了整个世界。不仅是在产品加工工艺上，还有店内装潢、员工培训、选料选种、卫生保洁等方面都存在相应的标准化要求，比如麦当劳全球所有店铺的柜台高度都必须是 92 厘米，顾客从点餐到取走食品的标准时间为 32 秒，汉堡包制作完成后 10 分钟内卖不出去就要扔掉，工作人员要用消毒剂洗手，并且双手揉搓时间至少 20 秒等。

由此看来，麦当劳企业制定的一系列标准正是它出色的原因，既保证了质量，也提高了效率，同时也降低了风险，更为企业降低了成本，即使是一名新员工，只要经过了基础培训，也完全可以做出口味丝毫不差的食品，并且完全符合麦当劳食品的要求。

从麦当劳企业的管理经验中可以发现，要想让企业管理变得“简单”，“标准化”作业不失为一种高效的方法。美国万豪国际集团 CEO 比尔·马里奥特曾说过这样一句话：一切事物都有制度与程序是非常自然、符合逻辑的。如果你想获得一致的结果，就必须知道该如何执行，把执行程序固定下来，进而不断加以改进。的确如此，“程序化”“标准化”放在生活中看，难免显得古板，但是如果用于企业管理角度来说，工作程序化、执行标准化的运营模式却能让企业在严谨的条例下高效地运营下去，让企业的执行力在“可量化”的行为标准中不断提升。

其实，“凡事照着标准做”从某种意义上来说就是用表格的形式将工作内容“量化”成一种行为标准，而且这种行为标准是可以经过专业培训传递下去的，即使是调整了岗位上的员工，也同样不会影响到工作的结果。当然，任何企业的各个部门和流程都应该把自身环节的执行标准做“牢固”，意思就是说要经过反复运行、实践，然后总结出行之有效的工作模板，引导员工习惯以模板为标杆，这样的话，在一项工作的绩效不变的前提下，能够节省很多时间和精力，公司的核心竞争力就能持续地、稳定地提升。

虽然很多人不喜欢标准化管理，认为它可能会导致发挥创新空间的丧失，但是对员工而言，这样做的好处是最快提升自己的工作能力。任正非曾经在自己的书中提到过标准化管理的应用，对工作模板他有这样的评价：只要你能看懂工作模板，那么，你经过三个月培训学来的东西可能就是人家几十年摸索出来的经验。所以说，管理者一定要重视标准规范，让员工工作时有据可依。

安全生产是一个企业最基本也是最严苛的要求之一，在这一环节，不需要任何彰显个人价值的英雄主义，只需要严谨、细致地执行。那么，企业如何做好安全管理呢？答案就是制定安全管理条例，一切按照条例做，不守规定就辞退。

安全生产方面哪怕稍微改动一种配方数据，在安全核查时忽略一个小数点，或者是检查器械时粗心大意、操作机器时不按照规定来等，给企业财产和个人生命所造成的损失都是巨大的。

2013 年 6 月某日，徐某、余某、沈某等四人正在风机房进行中央空调系统的调试维护。因地下室阴暗，他们擅自从地下室距离风机房 20 多米处切割机旁的电源插座接了 220V 照明电线，并搬来两个 3 米多高的钢质脚手架。就在三人爬上脚手架的瞬间，突然三人发生触电，徐某、吴某两人摔下脚手架，余某摔倒，两脚被空调通风管钩住，挂在脚手架上。三人经现场救援后送至医院，吴某经抢救无效死亡，另外两人受伤。经查，脚手架底部一根钢管压住了临时 220V 照明电线，当三人爬上脚手架时，重量一下激增，将电线绝缘层压破，导致整个脚手架通电，三人触电。

2013 年 8 月某日，某橡塑制品厂，工人薛某加夜班，他拿着手机走进车间，边走边看手机，慢慢地走向了铸造车间中频炉炉台。炉台边侧的台阶和作业平台木板有些腐烂，通道上堆放着大量边角锋利的废品鞋模。突然，薛某的左小腿被一块锋利的鞋模割到，他下意识地跳了起来，接着慌乱中又被脚下堆积的鞋模和其他废弃品绊倒，头不偏不倚地撞向中频炉炉壁。等车间主任听到惊叫声，冲进车间时，薛某口吐白沫、昏迷不醒，最后经抢救无效死亡。

以上两个案例就是安全生产的警示，倘若徐某、余某和沈某三人不违背规定擅自接用临时电源线，并按照高处作业的规定佩戴安全带和安全帽可能就不会发生事故或降低事故的伤害；倘若薛某没有违反车间作业禁止玩手机的规定，并按照要求整理车间，保持车间整齐、畅通，也许就能避免危险发生。

所以说，在安全生产上，一切都要按照标准、规定做，不管是执行还是监督，永远不要小瞧那些安全规范表格里的条条框框，越是细致的标准，越是要严格执行，这样才能避免安全事故。

安全生产日常检查表

检查内容	__日		__日		__日		__日		__日		__日	
	上午	下午	上午	下午	上午	下午	上午	下午	上午	下午	上午	下午
操作员是否违规操作												
机械防护装置是否安全有效												
机械设备是否有操作规程标志												
员工是否佩带防护工具												
员工是否按要求着装												
货物摆放是否规整												
车间通道是否拥堵												
电线、插座、插头是否裸露或脱落												
危险用品是否贴有标志												
车间照明、通风、温度是否正常												
危险物品是否远离火源、热源												
员工是否违反工作纪律												

从上面的案例，我们可以得出这样一个结论：

任何工作都可以表格化，即使是服务这一主观性质的工作内容，都可以用标准来规范。例如，沃尔玛规定所有的员工面对3米以内的顾客都要微笑，微笑时要露出8颗牙，回答顾客的问题时，永远不要说“不知道”。

管理也好，执行也好，都要尽量做到标准化。这不仅仅是为了让管理和执行变得简单高效，更是为了规范，只有规范行为才能培养出高素养的员工，才能快速复制、培养人才。所以说，标准既是规范的前提，也是提升素养的教材，更是执行力的根基。

五、凡事有流程，照着流程走

《孙子兵法》上说：“凡治众如治寡，分数是也。”意思是，要做到指挥人多的军队跟指挥人少的军队一样，关键是要处理好军队的组织编制，即采取分级分层管理。“分数”即指军队的组织编制。因此，如果把“分数”比喻到企业管理中，从人员管理方面来说，指的是团队架构；从目标管理方面来说，指的是流程。所以，对企业来说，流程是《孙子兵法》中的“分数”，作用就是，不管管理多少人，只要流程规划得当，都能做到一样的结果。

一位企业家去看心理医生：“医生，我每天都要提着满满的公文包回家，里面都是工作文件。妻子总是抱怨我太忙没时间陪她，可是我不忙公司又怎么赚钱呢？”

“白天你在公司工作，晚上为什么还要带那么多文件回家？”医生疑惑地问道。

“都是白天没有处理完的紧急工作。”

“你的下属呢？你没有助理和下属吗？”医生不解地问。

“他们根本做不了这些工作，而且我不批示，他们也不敢去做。”企业家回答。

“我明白了。我给你开一个处方：每个星期你抽空到墓地走一趟。你就去看看那些去世的人，他们当中有很多生前和你一样，而且不乏事业比你更大的。他们生前和现在的你一样——事事不放心，事事都亲为。如今，他们长眠地下。你不妨去那里思考一下，兴许就能找到答案。”

企业家按照医生的建议做了。他从墓地回来以后，就放慢了工作节奏，试着将自己以前处理业务的方法总结为自导方法，并把一部分权力下放给下属。结果，他发现，不仅自己不像过去那么劳累了，连公司的业绩也比以往好了。

这种类型的企业家在中小企业里面非常多见。他们经常抱怨自己就是劳苦命，什么都要亲力亲为，而且总是以能力不足、态度不正确、不懂得应变等原因，认定员工执行力不足就此拒绝下放权力。然而，他们越是如此，企业也就越难发展壮大，因为空有一个有执行力的领导，却缺乏具备执行力的团队，任何规模化的成长都是空谈。

员工作为一个行动的个体，必然会表现出一些不稳定性，比如容易变更、比较随意、不可复制等，这些不稳定性自然会影响他们的执行力，导致其有时表现佳、有时表现差。——即使最聪明的员工也在所难免。但是，如果把重心从个体移开，将成功的执行经验总结归纳，形成一套标准化的执行规范，在科学、合理的流程指导下，员工全部按照流程执行，那么，因为不稳定因素导致的执行力不足的现象就能够避免，整个团队的执行力就能够提升，工作效率自然也能够大为提高，即使是普通员工，其执行力也能有所保证。

有流程是前提，但有了流程还必须熟练掌握流程，因为一个再完善的流程系统，如果不去有效地实施，那么一切仍属徒劳。与其在员工面前吆五喝六，不如给他们提供一个具体的工作指导，让他们在实际训练中把按流程执行变成一种工作习惯。

育儿嫂每日工作流程表

06:45	起床洗漱，准备早餐和开水
07:15	吃早餐
07:45	清理餐桌后，解冻午餐用的食物，整理房间和宝宝游戏垫
08:30	准备宝宝所用物品，陪宝宝玩耍(户外活动 1~1.5 小时，天气不好时在室内活动)，添加辅食一次
11:00	准备午餐
12:00	吃午餐
12:30	清理餐桌后，解冻晚餐所用食品
13:00	根据宝宝时间调整，休息或者学习育儿知识
15:30	准备宝宝所用物品，带宝宝玩，添加辅食一次
17:30	准备晚餐
18:30	吃晚餐
19:00	清理餐桌和厨房后，烧开水，清洗消毒奶瓶。准备明天早餐需要的食材
20:00	清洗宝宝衣物，整理房间
20:30	休息或哄宝宝入睡

宝宝物品清洗要求

1. 每天尿湿的衣物、尿布及时清洗晾晒。
2. 宝宝用过的玩具、物品清洗后及时放回原处。
3. 宝宝喝完奶的奶瓶及时清洗，开水消毒。
4. 宝宝玩具每周清洗一次，特殊情况及时清洗。
5. 抹布每次用完后用肥皂清洗。

……

安全方面要求

1. 在看护过程中始终保持在与宝宝一臂的距离之内。
2. 每次户外活动，均要事先告知宝宝父母具体活动区域。
3. 在户外，绝不允许任何陌生人抱宝宝，绝不接受任何陌生人给宝宝的食物。
4. 抱宝宝的时候，不要同时进行其他可能危害宝宝的活动，不要同时拿热的食物或饮品等。

5. 不要把宝宝单独留在床、沙发、婴儿摇椅、餐椅或其他任何易导致他跌落地面的地方。

6. 及时反映宝宝发生的问题，发生意外，马上通知宝宝父母，要如实告知，以免耽误治疗或处理。

……

以上是以一名育儿嫂一天的工作流程表和工作要求为例。此外，关于宝宝餐制作方法、宝宝教育和护理流程等一系列的工作内容都可以设计出相应的表格。按照表格设计的流程操作，即使是从山区来的懵懂少女，只要每天对必修的育儿流程和内容进行强化练习，把流程执行变成习惯，那么完全可以胜任育儿嫂的工作。这就是按流程执行的威力所在。——流程不仅可以让一个人清晰地了解并熟悉工作内容，还可以让一个人最快地胜任工作，迅速提高工作效率。

六、凡事有制度，照着制度办

中国有句古话：家有家规，国有国法。同理而言，一个企业、一个团队，无制度不成方圆。

一个不靠制度运行的企业，在某段时间内或许能够混下去（甚至孤立地看，在某段时间内，某件事情上，它还会显得有效率），但是从长远和整体利益看，它绝对不可能长久。因为没有制度、没有纪律的团队就等于是没有标准、没有生产力的团队，所以，成功的管理者无不具有建立合适制度管理模式的意识。

制度不仅是企业发展和战略实施的坚强后盾，还是企业精神和文化的具体体现，可以说，企业制度的制定和实施，就是企业运行体系中的无形纽带，它让内部组织紧密联系起来，让流程更加严谨、顺畅。

在业界，很多人都知道联想企业内部的几条不可触犯的规定：不利用工作之便牟取私利；不收受红包；不从事第二职业；奖金保密。这些规定一旦有人触犯，即使触犯者是优秀的员工或者领导，都会面临被开除的局面。

另外，联想还有一条“铁”的纪律，那就是“开会迟到被惩罚”制度。凡是20人以上的会议，只要有人迟到，就要被罚站一分钟——无论什么原因、什么人，都不得例外；如果是碰上大的会场，还会对迟到的人通报批评，所涉及的部门负责人也会连带被通报。

这一制度刚一实施，第一个违反的就是柳传志的老领导。面对老领导被罚站的情形，柳传志丝毫没有松口，依然严格执行。最后不仅老领导被罚站出一身汗，连柳传志也出了一身汗。后来柳传志在采访中说：“不请假而迟到的人一定要被罚站。我自己就被罚站过三次，三次都是在无法请假的情况下发生的。不要轻视罚站这种小惩罚，它是非常严肃的事情，在那一分钟内，所有人都安静地等待着，是一种警示，也是对制度的维护，更是对公平的态度。”

作为一名领导者，就应该像柳传志一样明白，制度是用来维护的，而不是用来被打破的。制度的公平性一旦被破坏，那么整个公司就会像一盘散沙一样，什么都做不好。制度不仅维持企业秩序，更代表企业文化。想想看，如果一个企业的制度只是一种摆设，所有人都不去遵守，那么这样的企业能让客户和消费者信任吗？绝不可能，它最终必然走向灭亡。

某酒店一直都是以打卡的形式记录员工的考勤，并且规定禁止员工代为同事打卡，违者罚款。然而，酒店还是经常发生员工代为同事打卡的现象，即使酒店规定，一旦发现员工由同事代为打卡，无论什么事由、迟到多久，都按照旷工一天处理，替其打卡的同事也要扣除半天工资。然而，管理者发现，仍然会有员工“冒险”违规，这令其很是气恼。后来，管理层商讨对策，发现员工之所以“冒险”违反制度，主要是因为酒店在考勤考察方面有漏洞，即，仅在酒店业务繁忙时，才会发现有员工由同事代为打卡。这样，就容易造成员工出于侥幸心理“顶风作案”。所以归根结底，要避免这种现象反复发生，酒店还是应该重点做好预防工作，而非事后处罚。

找到了问题所在，酒店重新制定了打卡制度，并将其独立成表格形式罗列出来。

文件名称	打卡管理制度	编号
制定目的	加强纪律性，严格考勤制度，保证酒店良好的工作秩序	
适用范围	总经理级别以下的所有员工	
1. 除总经理特别规定的高级管理人员，所有员工一律实行上下班打卡制度。 2. 酒店全体员工必须提前5分钟打卡上班，打卡后，无特殊工作需要，不得离开酒店，下班后不许无故在酒店内逗留。 3. 禁止员工委托他人或代他人打卡，一经发现，委托打卡者和代他人打卡者均通报批评，并扣除当天工资，其直属上司也将受到批评。 4. 所有人员中途若因私事离开酒店，须向直属领导申请，填写请假单，批准后交人事部备案，离开和返回酒店就岗时都要打卡。 5. 员工工作期间若因公事离开，须向直属领导请示，填写外出公干申请单，领导批准后交人事部备案。 6. 各部门领导每天定时查岗，按照各个班次，每天根据部门工作任务安排，至少查岗3次，凡不在岗员工均按旷工处理。 7. 刷卡门禁区域设置监控设备，人事部每月不定时随机抽查监控设备，凡发现有代打卡事实发生，委托打卡者和代为打卡者均扣除当月工资——不分初犯、累犯。 8. 由于酒店打卡机故障未打上、下班卡的员工，可在打卡室签到、签退(由当值保安负责考勤)，并由当值保安注明原因后，方可生效。 9. 由于考勤卡故障(卡坏、破损导致电脑无法显示等）而未打上班或下班卡的员工，可在打卡室签到、签退(由当值保安负责考勤)，并由当值保安注明详细原因。在未办理好新卡之前，凭人力资源部的有效证明，可在打卡室签到、签退。 10. 由于忘记带考勤卡或迟到、早退等类似原因，私自在打卡室签到、签退，酒店将根据责任人的不同级别给予相应处罚。		

酒店刚一颁布这项制度，许多员工都产生了抱怨心理，颇为抵触，但是适应了一段时间以后，情绪渐趋稳定并接受了。

对员工而言，这一制度的制定只是预防代打卡现象发生，只要自己按照酒店规定正常工作，不投机取巧、擅离职守，就不会影响自己的工资绩效。对酒店管理者而言，这一制度颁布以后，极少再有员工代打卡或者工作时间不在岗的情况发生，过去因为员工擅离职守导致酒店服务不到位，进而招致客人投诉等有损酒店形象的事情也不再发生，整个酒店的执行力大幅度提高，有力地鼓舞了酒店所有人员的工作干劲。在此之后，酒店管理层针对其他问题也追根究底，力争制定出合理有效的制度规范，让管理工作更趋轻松高效。

正像海尔集团总裁张瑞敏所说：“制度就是企业中的法律，它的威信只有依赖于无条件的遵守与执行才能获得。”很难想象，一个没有制度意识、成员各行其是的组织会乱成什么样子。任何组织，都需要树立制度高于一切的文化理念。如此一来，管理者才会重视科学、合理制度规划，员工才会严格按照制度执行，主动维护制度的神圣、庄严。

海尔集团一向以“苛刻”的制度规范员工，比如：

规定每次开会时手机不得响铃，违者罚款50元；

无论是行走在室内还是室外，员工都必须靠右行走；

员工离开座位时必须将座椅推进桌洞；

在超净车间工作，女员工严禁擦粉，男员工必须刮净胡子，而且为防止引起空气振动，扬起灰尘导致产品有瑕疵，严禁员工说话。

这些规定，一经发现有人违反，无论其职位高低，均予以严厉处罚。

正因为海尔集团对制度的坚决贯彻实施，才有其今天在市场上的强有力地位；正因为海尔集团上下员工对制度的严格奉行，才令消费者对其产品充满信心。

有时候，企业缺的不是制度，而是制度的执行力。制度是硬性管理，但制度的执行却植根于员工的内心，即员工的职业道德素养。所以，企业在制定制度、监督制度执行的同时，强化员工的职业道德素养也非常必要。一旦员工具备卓越的职业道德素养，那么对制度的严格奉行就会成为一种习惯，这时候，化硬性的制度于无形，企业管理才能达到最高境界。

七、事事有考核，没人能特别

“用人”一直都是企业管理者最重视的环节，随着用人机制的不断完善和成熟，用人单位对人才的评估也日趋理性，即更加注重个人的实际能力。

过去，文凭对一个人未来成长和发展有至关重要的影响，但是在如今，文凭只不过说明了一个人曾经受过的教育程度而已，并不能直接显示一个人真实的执行能力，而且，一个岗位，考验在岗者的不仅有知识储备，还包括执行力和创造力（这才是企业最看重的）。那么，企业如何辨识一名员工的综合能力呢？这就需要考核管理。

人事考核就是以职能职务等级制度为基础，通过对员工能力、成绩和干劲的正确评价，进而积极地利用调动、调配、晋升、特殊报酬以及教育培训等手段，提高每个员工的能力、素质和士气，纠正人事关系上的偏差。考核不仅是为了促进工作进一步完善、提高，达到人力资源的最优分配，同时也是实现公平的最佳手段。因此，考核制度对于企业而言至关重要。

其一，考核是员工按劳分配的依据。按劳分配是我国分配方式的主体，“劳”的数量和质量是实行按劳分配的前提，而考核就是评判“劳”的依据，做到多劳多得、奖优罚劣、奖勤罚懒，避免员工养成吃大锅饭的习惯。任何人在考核面前都是机会平等的，有能力者升职，无能力者退位。这样才能在公司所有人员的心中树立“付出才有回报”的理念，使处在基层的员工从考核中找到提升的希望，从而积极工作；使处在高层的管理者从考核中预见危机，从而用心经营。

其二，考核是激励员工的重要手段。只有员工不断进步，企业执行力才能不断提高，不断成长，而员工成长不仅仅要依靠专业的培训，更需要自身主动学习和消化。只有彻底打动员工的心，才能让员工由心而发地不断超越。

员工组成集体，要想集体进步，就要有激励机制存在，这样，对员工施行公平考核就可以有效促成集体进步。考核有优劣，“奖的心动，罚的心痛”；考核要公平，赏罚分明，以德服众，用“奖”打动员工，用“罚”警示员工；考核以结果为依据，对成绩突出的员工提薪、晋升、公费旅游，对没有完成任务的员工降级、扣薪、末位淘汰。所以说，通过考核，打动员工的心，激励其更有效工作，确保企业健康有力的发展。

其三，考核是提高员工执行力的前提。有压力才有动力，员工没有压力，容易导致工作热情丧失，进而安于现状、止步不前。要让员工保持工作热情，具有较强的执行力，就要对其工作进行考核、监督。这样，员工在工作中就会更加注重方法和时效。此外，考核也是有效评定员工工作方法和效率的方式。通过考核，使工作质量有了衡量标准，从而促使员工查缺补漏，主动强化工作执行力。

万科集团的考核制度是一个典型案例，其“公正透明、全面考查、及时跟踪、帮助改进”的考核原则恰恰体现了以人为本的考核理念，既监督执行，也帮助员工提升。以下就是万科集团的部门及个人考核流程说明图：

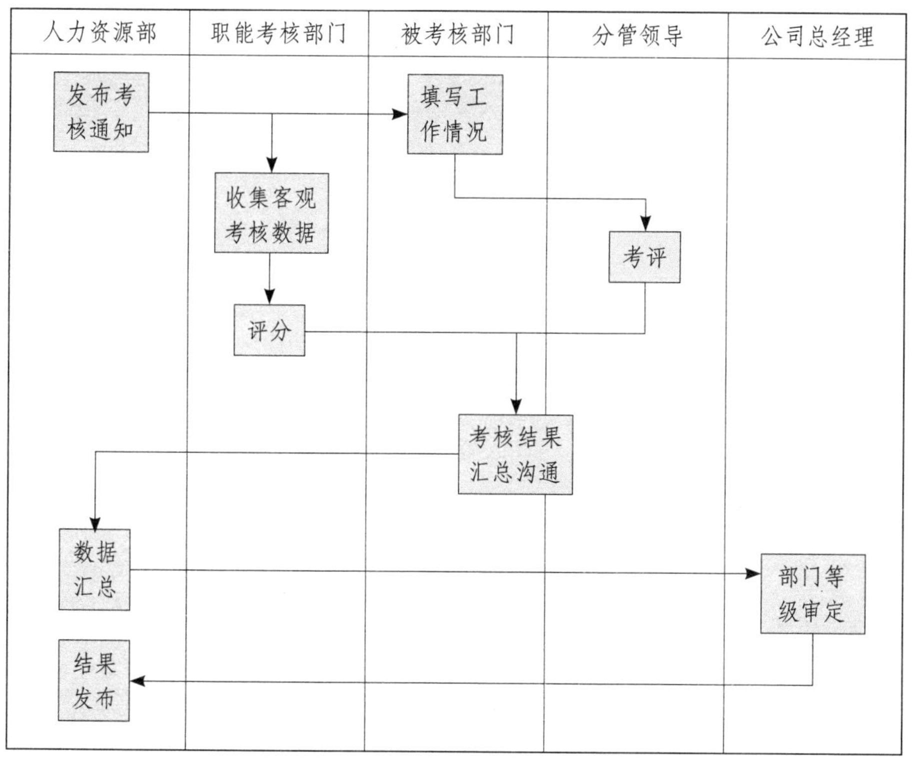

部门考核流程

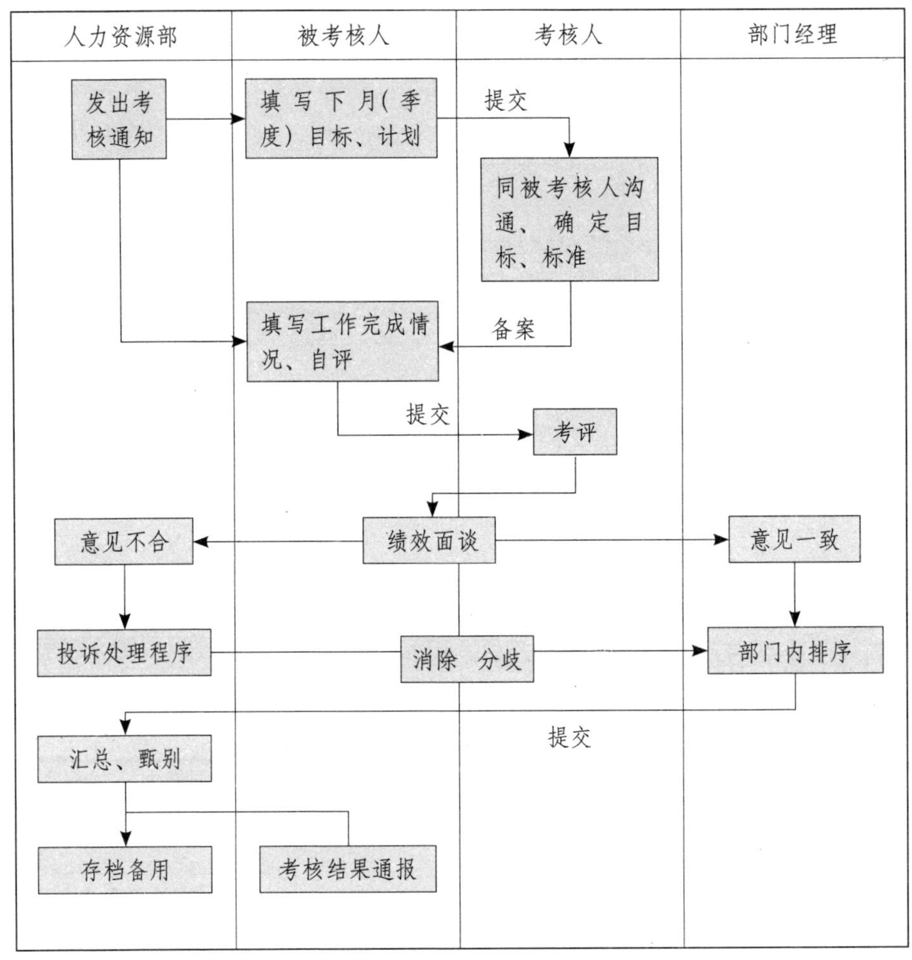

个人考核流程

除此之外，万科集团每月、每季度都会对相应的部门和个人进行考查，并填写考核表格，尽量让考核人与被考核人之间达成一致意见，避免考核给员工造成负面情绪。考核不外乎是行为与结果的考核，所以工作方法和工作执行力是考核内容的重中之重，这两个方面的考核有了成效，那么团队的战斗力自然就不在话下了。

总之，不管是小企业，还是跨国大企，既然有考核，就要有策略地考核。考核不能有失偏颇，不能有人搞特殊，既要考核成绩，也要考核能力和态度，同时调动晋升、报酬及教育培训等手段，以提升员工的能力、素质和士气。

第二章
用表格定标准：标准管人，人人服气

事后控制不如事中控制，事中控制不如事前控制，千万不要妄图节省“麻烦”而招致更大的麻烦。企业以标准为执行标杆，从标准规范中分析问题根源，可以让员工投注精力于事情和结果上，可以让员工最先意识到是哪个环节没有达到标准。如此，不仅能最快地解决问题、改进方法，还为最终的追责和处罚确立了更为精细的执行标准，避免员工产生抱怨心理。

一、标准要事先制定，而不是事后确定

从前，有一个农夫家里养了十多只羊。白天，农夫赶着羊到山上吃草，傍晚，他把羊赶回羊圈，清点对数以后，安心回屋睡觉。

一天早上，农夫发现羊少了一只，查找一圈后发现羊圈破了一个窟窿——可能是狼趁夜黑叼走了羊。邻居劝农夫说：“赶紧把羊圈修一修，堵上那个窟窿吧。”

农夫说：“羊都已经丢了，还修羊圈做什么？”

第二天早上，农夫准备去放羊，刚走到羊圈，发现羊圈上的窟窿更大

了——羊又少了一只。他这才后悔昨天没有听取邻居的劝告。

这一回，农夫赶紧找来一些木材，修补好羊圈的窟窿。修补好的羊圈比以前坚固多了，羊圈里的羊再也没有丢失过。

这个故事告诉了我们一个道理：生活中出了差错，应设法及时补救，免得再受损失。不过，这个故事还告诉了我们另一个道理：如果能够在问题发生之前就做好预防措施，那么，就能避免损失——“亡羊补牢”固然不晚，但相较于“防患于未然”，还是棋失一招。

在经营管理过程中，要知道，有些管理流程、细节，一旦出错，造成的后果无法挽救，根本不给我们“亡羊补牢”的机会，最典型的就是安全管理。

2010年6月21日凌晨1时40分左右，平顶山市卫东区兴东二矿发生井下火药自燃爆炸事故，47人死亡，26人受伤，其中6人重伤。经调查，此爆炸事故是一起非法违法私藏炸药组织生产导致的特大炸药爆炸责任事故。事发矿为整合技改矿井，生产能力由每年6万吨改为每年9万吨，属低瓦斯矿。改矿采矿许可证于6月6日到期，卫东区已于6月7日晚8时对该矿实施断电，而该矿主在区政府实施断电后非法接通电源，违法组织生产，结果导致悲剧发生。

2014年8月2日，江苏省昆山市中荣金属制品有限公司发生粉尘爆炸事故，当天导致75人遇难，185人受伤。该公司专业生产电镀铝合金轮毂，生产车间会产生大量的可燃铝粉，由于车间除尘设备简陋，也无专门除尘人员管理，以及工人缺乏安全生产培训，对粉尘爆炸常识缺乏认识等一系列管理上的漏洞，最后造成悲剧的发生。

智者用经验防止事故，愚者用事故总结经验，所以说，与其“亡羊补牢”，不如“未雨绸缪”。不独企业的安全管理如此，任何方面的管理都是如此，即，事后控制不如事中控制，事中控制不如事前控制，千万不要妄图节省“麻烦”而招致更大麻烦。同理可知，企业管理中的标准规范，也应事先制定，而避免事后才确定。要知道，企业没有标准，员工就像是在没有交通路标的路上驾车，无所适从，进退维谷；而标准的存在，等同于是给员工树立了一个导航路标，既保证行车安全，也能提升车速，还节省行车时间。

一家经营了百年的方便面加工厂，经过市场的考验和岁月的沉淀，在业界享有良好口碑，之所以如此，最关键的原因就是其细致、严格的管理标准。可以说，标准规定的每一个细节都考验员工的执行力。下面就列举一个简单的表格加以说明。

细节规范表格

部门	细节规范要求
采购部门	采购部将面粉采购进厂前，一定要在工厂大门的水池中把车轮上的泥沙冲净，以免不小心将泥沙掉到面粉里。
仓库管理部门	1. 面粉一定要存放在通风干燥处，底下架上木板，避免受潮。 2. 新进的面粉必须放在底下，把未使用完的面粉放在上方。保证面粉不因长时间堆积而受潮、变质。
生产部门	加工产品所用的油料要放在阴凉干燥处，当天没用完的半桶油料要注满，防止油氧化。
维修部门	当天完工后，要对设备逐一排查和维护，发现问题及时修理，保证机器第二天正常使用。

虽然这个小表格的内容只有200多字，但是却对这个方便面厂具有非常重要的作用。如果没有这些标准要求，任何一个小环节被疏忽，都可能导致多个环节停滞，以及企业信誉的严重受损。

一个人在危机发生后能迅速力挽狂澜，那是魄力；一个人能事前把控，防患于未然，那是睿智。做人如此，管理企业也是如此。在战略竞争上，需要的是化腐朽为神奇般的魄力，而在管理整合中，需要的是平稳和安定。因此，管理员工，不要只关注员工本身，还要关注员工身后的家庭——“稳”是最能打动人心的良药。要让员工往长远看，标准一旦形成规范，带来的不仅是高收益，还是高保障。下面再列举一个危机责任分析查处流程以结束本节内容。

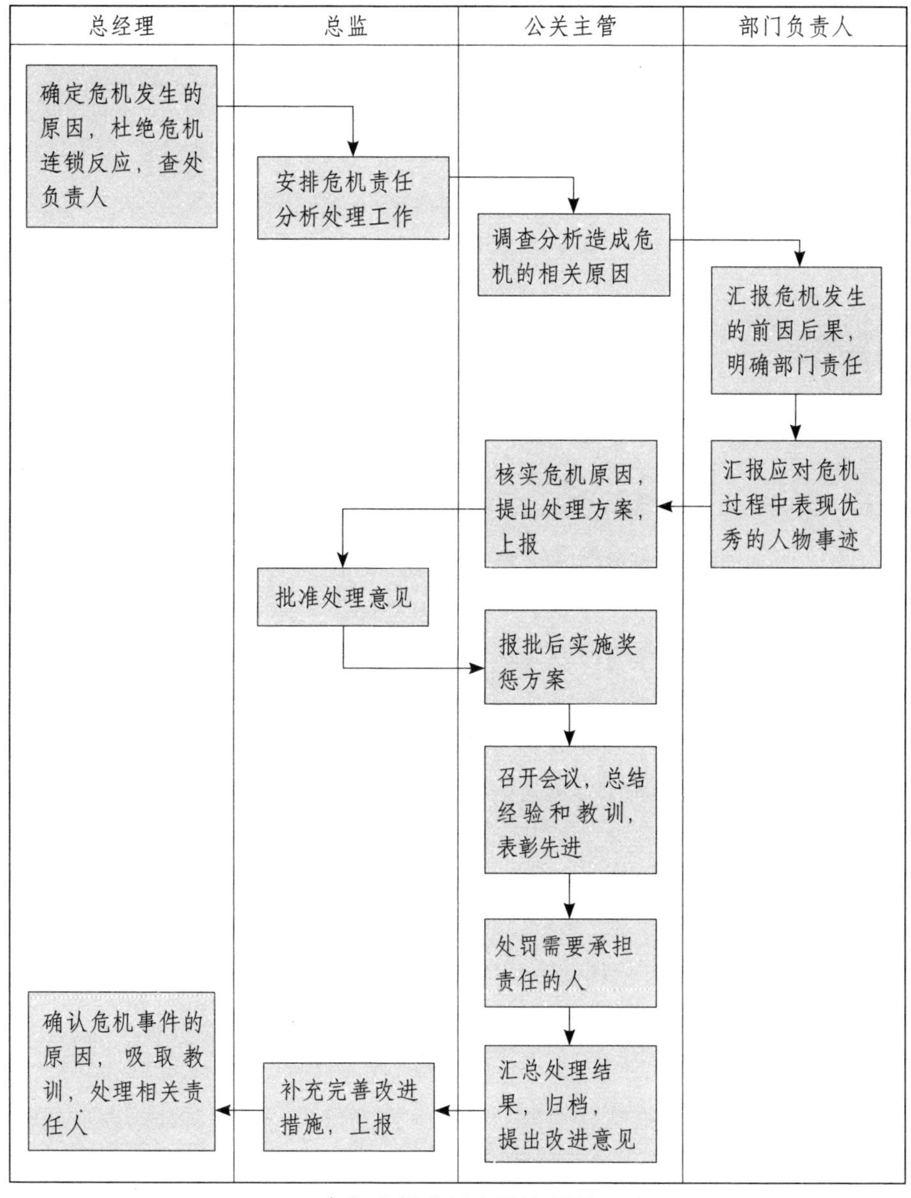

危机责任分析查处流程图

二、标准对事不对人，要法治不要人治

中国有句老话，叫作“对事不对人”，抛开它的本义，不妨解释成：原则面前一律平等，一旦触犯了原则，不管触犯者的身份为何，都得承担责任。具体对企业管理者而言，就是说，管理者要按照管理标准来管理员工，而不能凭个人感情好恶对员工区别对待。简单说就是，管理企业，要法治不要人治。

中国还有一句老话，叫作“富不过三代”，指的大多是家族企业的发展命运。这种现象不单在中国，在亚洲甚至全球都很常见。比如，葡萄牙有“富裕农民—贵族儿子—乞丐穷孙”的说法，德国则用“创造—继承—毁灭”来表述三代人的命运。为什么很多家族企业都无法摆脱“富不过三代”的命运？公认度最高的原因就是：这些家族式企业采用家族式管理，任人唯亲，家族控制，管理者权力大于企业制度……归根结底就是重人治轻法治。不过话说回来，家族企业本身并没有错，很多世界500强企业都是家族式企业，只是在管理上，这些家族企业采用的是公司制管理，聘请职业经理人运作，家族仅作为投资者置身幕后。这样做，就能够某种程度上突破家族式企业采用家族式管理所造成的人才困境、情感两难以及战略执行容易受阻等局限性。

“人治”的弊端不光存在于采用家族式管理的家族企业，在部分——甚至是多数——的采用公司制管理的企业中也存在。

比如，很多管理者在发现公司骨干没有按预期完成任务的时候，碍于对方非常辛苦、其下属配合工作可能不到位等原因，担心批评处理会影响其工作情绪，导致其产生误解，进而生气，严重些甚至“抛弃”公司，就选择做“老好人”，不予过问、不管事情、一团和气、得过且过。如此一来，久而久之，等于是向其他员工传递这样的信息：只要对公司有功，就可以不按标准办。反过来说，不追责那些不按标准工作的“有功之臣”，表面看好像对其有益，其实往远了看，对其工作能力的提高无疑起着相当大

的削弱作用。

所以说，管理企业不能凭感情，要靠标准。

不过话说回来，管理者靠标准不靠感情管理企业，并非意在提倡管理者在任何情况下都应该冷酷无情。同理而言，管理企业要法治不要人治，也并非意在提倡管理者在任何情况下都坚持冷冰冰的标准，而不念及将心比心的人情。但是，任何情况下，人情都只是在不破坏标准的前提下出现，绝不能任其对标准形成挑战。下面这则事例就是对这一认识的最好说明。

美国国际农机商用公司的大老板西洛斯·梅考克是一位坚持原则的企业家。有一次，一个跟随他 10 年的老工人违反了工作制度——上班时间酗酒闹事，且经常迟到、早退。按照公司员工行为准则规定，他应受到开除的处分。

当人力资源部门将这一开除通知书递交给梅考克时，他犹豫了一下，但还是签字同意了。

梅考克跟那名老工人是故交，原本打算下班后安慰一下对方，但没想到决定一公布，那名老工人顿时火冒三丈，冲入梅考克的办公室，大声理论："当年公司债务累累、濒临倒闭，我坚持留下来跟你患难与共，3 个月不拿工资也毫无怨言，现在因为点儿鸡毛蒜皮的小事儿，就把我扫地出门，真是卸磨杀驴呀！"

梅考克耐心地劝慰老工人平复一下情绪。最后得知对方是因为家里出了事情才借酒消愁，影响工作。梅考克就安慰对方说："现在你什么都不要想，赶紧赶回家，先处理家里的事情。我跟你是朋友——一辈子的朋友，绝不会看着你有困难而袖手旁观。"说着，从抽屉里拿出一沓钞票塞到老工人手中。

老工人顿时流下眼泪，抽搐着说："谢谢！你是要撤销开除我的决定吗？"

"你希望我这样做吗？"梅考克亲切地问。

“不，我不希望你因为我破坏公司的规定。”

“对，这才是我的好朋友。放心，我会做适当安排的。”

一个月后，梅考克安排老工人到一家牧场做管家。

公司员工看到梅考克不仅是一位坚持原则、按标准管理公司的杰出企业家，还是一位人情味十足的普通人，就对其更加信任和尊重，对公司也更为认同。

总而言之，人是人，事是事，凡事都有一定的执行标准，管理企业就应该按照标准执行。如果因人而调整企业标准，那么标准的制定就没有意义，企业的运作程序就无法进行下去，最终的结果只会导致企业止步不前。

三、用标准做准绳，用结果来说话

20 世纪 90 年代，美国通用电气公司的 CEO 杰克 · 韦尔奇作出了一项非常重要的决定：每年企业基层管理队伍要从退伍军官中选拔，公司各级管理人员必须分批到西点军校接受军训。

事实证明，韦尔奇的这一决策在当时的确给通用电气公司带来了非常有利的影响，而他之所以采用军事化的管理方式来管理员工，主要是因为军队的管理方式能最高效地改变员工的习惯，让员工更职业化地工作。

美国社会心理学家马斯洛说过，管理者管理员工时，最不可缺失的就是纪律维护；人性容易散漫，如果没有相关的纪律来约束员工，管理将乱成一团。所以，如果想让员工的工作有序地进行，就必须打造一个有组织、有纪律的团队，而这样的团队，最适合在军队的管理方式下磨砺——西点军校培养管理高才的事实就是最有力的证明。

据《美国商业年鉴》统计，自第二次世界大战后，在世界 500 强企业当中，西点军校培养出来的董事长有 1000 多名，副董事长有 2000 多名，总经理、董事有 5000 多名，数据证明，世界上任何学院和机构都没有培养出这么多优秀的管理人才。

西点军校是一所军事管理学院，以严格训练著称。在这所军校，无论是学员还是军官，一旦接到命令，就不能以任何借口推脱任务，必须无条件地完成任务。曾毕业于军校的美国总统艾森豪威尔说过："当需要你发表意见的时候，你要坦言之，尽量陈述你的理由。而一旦上司决定了什么，你一定要坚决服从、努力执行。因为，军队是一个上下贯通的命令系统，任何一个环节出现违抗命令或延迟命令执行的现象，都可能酿成严重的后果。"

很多人都不明白，为什么像西点这样的军事院校却能培养出杰出的管理人才，其实从艾森豪威尔的话中就不难明白其中的缘由——"用结果说话"是学员从西点军校学到的最重要理念。军事化的教育方式就是让人绝对服从，制定一个目标，就要无条件地实现。这样的磨炼能够让人的执行素质更趋坚决、果断，同时还能让人的内心更加强大、思维更加敏锐。企业管理者对这些优秀品质的需求，强过对再多的学问和培养的需求。

企业强调执行力其实也是强调结果。结果，是企业的命根子，因为结果是企业存活的决定性条件。一个团队的工作和行为会给公司带来什么样的结果，以及这个结果能创造多大价值，决定了企业能否生存下去。

企业以成败论英雄，而员工要在企业立足，也要用结果说话。

强调结果的管理方法其实也是对规范标准的一种重视，企业自然不能像军队一样训练员工坚决服从命令、按标准执行、不达目的不罢休。但是，员工将企业的执行标准当成军规一样重视也未尝不可。因为很多时候员工执行力低，跟他们在执行之前习惯花费时间评判标准正确与否大有关联。其实认真说来，企业所制定的标准，并非条条都符合科学规律，部分标准会偏向于艺术性。遇到这种情况，员工要是拿科学的标尺去衡量企业制定的那些带有艺术性的标准是否合适，岂不是没事儿找事儿、浪费时间？所以说，员工要提高执行力，把企业的标准当成军规一样重视未尝不可。请看下面的案例。

长城汽车公司是一家典型的以管理严苛著称的企业。在这家企业中，存在许多别人很难想象到的严苛执行标准，全都被列在一本24页的《企业文化手册》中。企业要求员工对手册内容烂熟于心，背不出具体内容的员工会面临罚款。摘录几条标准如下：

办公的电脑桌上贴着3道标志线，分别规定显示器、键盘和鼠标的具体摆放位置。

就餐时间，所有的员工必须全都排成一字队列，吃米饭的人不能用筷子，只许用勺；筷子只有在吃面条的时候才可以用。

非生产车间工作人员，上半身要穿工作服，下装可以穿裤子或裙子，但是不能穿短裤，裙子必须过膝且不能颜色太鲜艳。此外，穿高跟鞋的女员工鞋跟不得超过3厘米。还有，在厂区里走路必须三人一行、两人一伍，更不能打伞遮阳。

除此之外，长城汽车公司还规定同事结婚随礼不能超过50元，抽屉里每层放什么物品都要统一……

在外人看来，长城汽车公司的管理标准的确近乎严苛，但是却是该公司管理者权衡以后认定的最佳管理方式。所以说，评价企业标准对与错并不重要，重要的是标准所促成的结果如何。长城汽车公司采用严苛管理标准教会员工绝对服从，给该公司带来了销量的提高和营业额的增长，有了这一结果的支撑，一切质疑都无关重要。

每一个企业的发展和经营都有其独特的模式和方式，制定企业标准的根本目的也都是为了让企业发展经营得更好，而不是为了博取外界的好评。不同的企业标准促成不同的企业文化，但用结果说话是所有企业衡量企业标准是否有利于自身发展经营的根本准绳。

四、事事都有标准，人人都要执行

美国质量管理学家菲利普·克劳斯比曾经说过这样一句话：一个由数以万计的个人所构成的公司，经不起其中 1% 或者 2% 的人存在偏离正轨的行为。这话的意思就是企业内部必须形成统一标准，人人都要按照标准执行，否则企业就会出现杂乱无序的局面，进而导致企业无法正常运转、面临破产的困境。

标准是每个企业管理工作中必不可少的环节，它约束员工的同时，也制约着管理者；保护员工人身安全的同时，也维护了管理者的管理效率。因为员工以标准来执行工作，按要求操作，就能避免安全事故发生；管理者以标准来要求员工，人人都按标准执行，管理工作就能事半功倍。所以说，企业提升员工执行力的必要方法之一就是事事都要有标准，而且标准人人不可违。

凯恩是一名车间工人，负责用切割机加工零件，在企业已经干了 6 年。切割机加工零件时转速快，比较危险，稍有不慎就会切断双手，所以公司规定凡是在操作切割机时都必须装上防护挡板，避免事故发生。凯恩自认干这项工作轻车熟路，为了提高速度就擅自将防护挡板卸了下来——这样一来，没有视线和行动上的障碍，操作起来的确快了很多。

有一次，车间主管突击检查，看到凯恩在没有防护挡板的情况下操作，非常生气，立刻要求凯恩装上防护挡板，并批评了他。凯恩原以为事情就这样过去了，却没想到第二天来上班时接到了公司的解雇通知。

凯恩很是不甘心，认为主管小题大做——这么点儿小事就上报公司，导致自己失业，而且事故并没有发生，公司却不由分说就解雇自己，实在太冷血。于是，凯恩就找到总经理理论。总经理心平气和地告诉他："你是一名老员工，更应该明白安全意识对公司意味着什么。你速度慢点儿，少加工几个零件，只是利润少点儿，对公司来说不是无法挽救的问题——只要从其他地方补救就可以。但是，如果你发生事故，失去了健康甚至生命，不管是对你，还是对公司，造成的损失都难以弥补。公司之所以辞退你，正是因为你对待安全操作的态度。——在这一点上，公司对任何人都不会网开一面。希望你能明白。”

看似一个小小的用切割机加工零件的工作，其背后的操作标准既关联着员工的生命安全，也折射出公司的经营理念。可以说，每一个成功的企业都是由这些或小或大的标准搭建而成的，标准就像是支撑企业大厦的基石一样，一旦被破坏、拆除，随之而来的将是整座大厦的摇摇欲坠，甚至片刻倾颓。

正所谓，“凡事预则立，不预则废”，经营企业一定要执行事务之前就制定好相应的标准化作业体系。标准化作业内容必须根据企业经营所涉及的各个领域——包括人员、设备、环境、制度等——制定一定的标准准则及相关的配套表格，以保证企业执行标准做到真正行之有效。具体来说，大多数企业的标准化体系如下：

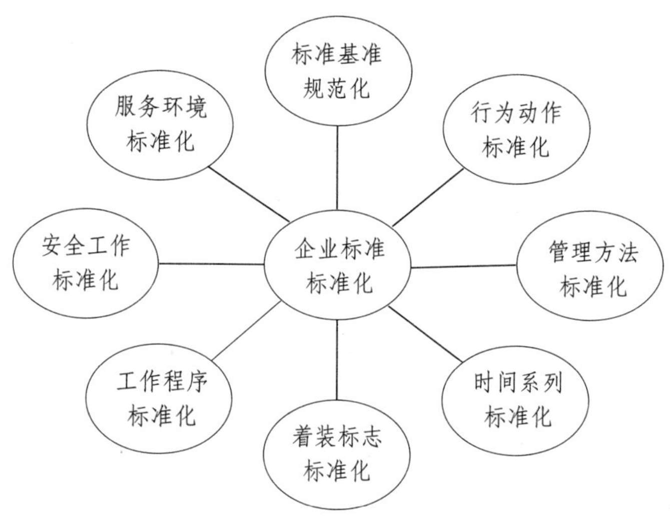

标准化作业之所以对企业至关重要，主要是因为标准是工作人员更安

全、更容易工作以及企业确保质量、服务和生产力的最有效方式。

管理层对于实际工作中遇到的情况，很难用单一的指标进行客观评价，而多重、精细的执行标准却能够更准确地衡量实际工作。这些标准能避免因语言上的差错及误解而造成事故，还能在调查执行行动时有文字可查，既方便追究责任，也对改进方法提供依据。

下面就以行为动作标准化和着装标志标准化这两个经常被人们忽视的细节来举例说明标准化管理方式的主要内容。

行为动作是员工的日常活动，看似简单，却需要长久坚持。行为动作标准化是员工素质提高的一项重要措施，也是一个需要不断完善、提升的重点管理项目。

行为动作标准

操作行为标准	眼到、手到、口到、耳到；确认、确信、确实、再操作
管理理念标准	工序服从、专业搭接、权力委让、运营组织、职务资格双轨制、以人为本
语言标准	说普通话、讲标准专业语言、对话准确
思维方式标准	定时更新，工作要点、标准、方针、行为准则
走路标准	不准横排同行，不准手插在衣兜里，要走人行道
行为规范标准	不断更新每月一事，例如无烟尘、禁烟等

着装标志代表了企业的软实力，企业形象设计和员工的形象设计是企业凝聚力、员工士气的一种具体展现。

着装标志标准

衣着标准	员工形象设计，工作服颜色、款式，不同级别、部门要在质量上有所区别
形象标志标准	员工的等级标志，不同工种与各种管理者的标志
工具、用具标准	员工所佩戴的仪器用具，如检查用工具仪器、财务管理用计算器等
环境标志	各种警示牌——触电、有害气体、井盖等，以及安全停走路线、吸烟处、厕所等指示牌
塑像、艺术品	企业绿化，塑像、艺术品的设置，企业品牌形象，等等
产品及品牌	广告宣传区域规划、优惠产品管理

环境标志举例

必须穿工作服	 必须穿工作服	必须戴安全帽	 必须戴安全帽
必须戴防护手套	 必须戴防护手套	必须系安全带	 必须系安全带
必须穿防护鞋	 必须穿防护鞋	禁止带火种	 禁止带火种
禁止合闸	 禁止合闸	当心电缆	 当心电缆

对于管理者来说，随时注意和把控事务执行过程中的每一个细节，通常是不可能的，也是浪费时间、精力和没有必要的。但是，在执行中把注意力集中在一些主要影响因素上，控制住关键点，让整个工作、管理、操作系统能够有章可循，就能把控全局，健全有效地运行。这里的“章”其实就是执行中的标准。企业标准化是一切标准化的支柱和基础，搞好企业标准化对于提高企业质量管理水平具有重要意义。通过实施标准化管理，能够把企业生产全过程的各个要素和环节组织起来，达到事事有标准、人人都执行的局面，使各项经营活动都能按照规范化、科学化、程序化体系运转起来，建立起生产、经营的最健康模式。

五、执行标准要坚持，员工才能规范化

古人云：“天下之事，不难于立法，而难于法之必行；不难于听言，而难于言之必效。”对于个体来说，把意识转变为行动可能是件并不困难的事，但是对于团体而言，把规划的文字变成意识，再把意识变成行为，再把行为变成一种习惯，就没那么容易。天下的事为何“难”，其实并不在于“知”，而在于“行”，人们做好一次事情不难，但却很难次次把事情做好，也就是说，很多人在处理事务时缺乏的不是思维和意志，而是实践和坚持。

古希腊大哲学家苏格拉底在开学的第一天对他的学生们说：“今天我要教你们做一件最简单也是最容易做的事——每人把胳膊尽量往前甩，然后再尽量往后甩。”说完，苏格拉底就自己先示范了一遍，并要求大家从当天开始，每天做 300 下。

如此简单的动作引得同学们哈哈大笑。在被问及是否能够做到，学生们都自信满满地回答能够做到。过了一个月，苏格拉底再问学生：“每天甩手 300 下，这么简单容易的事，哪些同学坚持了？”这时每一个同学都自豪地举起了手。又过了一个月，苏格拉底又问哪些同学坚持每天甩手 300 下。

这一次坚持下来的学生只剩下八成。一年之后，当苏格拉底再一次问大家："最简单的甩手运动，还有谁在坚持？"这时整个教室里鸦雀无声，只有一个学生举起了手。这个学生就是柏拉图——日后古希腊的又一位大哲学家。

时间是最大的敌人，一个人即使具备了把意识变成行为的意志力，但是如果被时间打败，缺乏坚持，最终也还是会失败。就像企业管理一样，很多企业都不缺乏规范的、系统的执行标准、程序文件和相关要求，但仍然不具备高效的执行力，就是因为缺乏一贯坚持。

众所周知，一个好的管理者能够促使员工劲往一处使，齐心协力达成目标。换句话说，如果想要让员工形成标准化的执行力，就需要一位优秀的管理者来制定和更新执行标准。因此，选拔优秀的管理者是企业成功进行标准化管理的一个关键的、决定性的因素。

管理者不仅对标准化管理的实施具有决定性的作用，对执行标准的坚持也至关重要——如果执行标准在一群员工手中得不到贯彻和坚持，那么一切标准化管理都是空谈。所以，优秀的管理者还是标准贯彻执行的引导者。

张瑞敏就是一位非常成功的企业管理者，他带领海尔集团挤入亚洲 500 强企业榜单（位列第 11 位）。多年来，张瑞敏不断地将自己的经营理念和执行方式植入企业，并影响企业的所有员工。他致力于让企业形成系统、规范的标准化管理，其中最突出的一个理念就是"全心全意为客户服务"。基于这个理念，海尔集团内部有一条非常著名的法则，即"一二三四"法则。

『一二三四』法则	
	一个结果：服务圆满。
	二个理念：带走用户的烦恼——烦恼到零； 留下海尔的真诚——真诚到永远。
	三个控制：服务投诉率小于万分之一； 服务不满意率小于万分之一； 服务遗漏率小于十万分之一。
	四个不漏：一个不漏地记录用户反映的问题； 一个不漏地处理用户反映的问题； 一个不漏地复审处理结果； 一个不漏地将结果反馈到设计、生产、经营部门并追究责任。

服务是最能打动消费者的东西，张瑞敏重视服务标准正是因为他明白其中的经营管理之道，并且把这种标准变成执行标准来规范员工，形成习惯，渐渐地让员工、企业和用户形成一个长久的利益共同体，共创价值，持续共赢。

以标准管理，员工更加规范化；以规范促标准，标准执行更有持久性。标准化经营与管理，可以使企业从上到下有一个统一的标准，形成统一的思想和行动，更有助于考核和检查，避免因为个别员工而影响整个企业的形象，尤其是对于经营管理模式正处于扩张的企业，执行标准的规范化有助于经营模式的成功“复制”，避免“走样”。

下面就用华润物业客服部的服务标准来看看一个标杆企业的服务品质。

华润物业客服部服务标准

文件名称	检查内容	检查方式			
		检查频率	检查比例	检查方法	评价标准
1.主动帮忙	(1) 在巡查时，如遇有需要的业户应主动上前为其打开单元门；	季度	抽查2人	问：工作人员若遇业主进门时，应怎样主动帮助？	不清楚：不合格
	(2) 对于需要帮助的业主，服务人员主动帮助业户刷卡；			问：工作人员若遇业主提重物进门，应怎样主动帮助？	不清楚：不合格
	(3) 如遇业户上下电梯，应主动上前帮助按电梯按钮；			问：工作人员若遇业主上下电梯，应怎样主动帮助？	不清楚：不合格
	(4) 如遇身体不适、老弱病残幼、孕妇或携有大宗物品的业户时，马上主动上前询问是否需要帮忙，并尽可能予以帮助；			问：在园区巡查时，若遇身体不适、老弱病残幼、孕妇或携有大宗物品的客户，应怎样主动帮助？	不清楚：不合格
	(5) 发现有查找需求的人员时，应主动礼貌询问是否需要帮助，并作出指引。			问：在园区巡查时，若遇业主有找人需要，应怎样主动帮助？	不清楚：不合格

续表

文件名称	检查内容	检查方式			
		检查频率	检查比例	检查方法	评价标准
2. 便民物品配备	(1) 园区配备购物车；	年度	抽查1处	查：购物车是否配备，功能是否正常。	未配备：不合格 功能不正常：不合格
	(2) 客服中心常备雨伞架、蜡烛、应急灯、红药水、创可贴、风油精等物品；	季度	100%	查：客服中心是否配备雨伞架、蜡烛、应急灯、红药水、创可贴、风油精等物品。	未配备：不合格
	(3) 客服前台应为中老年客户配备放大镜或老花镜；		100%	查：客服中心前台是否配备放大镜或老花镜。	未配备：不合格
	(4) 客服中心配备轮椅，有需求的业户在登记房号、姓名、联系方式并出示有效证件后即可免费使用。		100%	查：客服中心是否配备轮椅，是否有登记借用记录。	未配备：不合格 无记录：不合格
3. 营造安静环境	(1) 将车道窨井盖的四周用橡胶皮固定，避免车轮压过时产生噪音；	年度	抽查2处	看：项目是否使用防噪措施对窨井盖进行处理。	未使用：不合格
	(2) 非紧急情况下，物业人员应避免用餐时间、清晨和晚上21时以后给业户打电话。	月度	抽查2人	问：客服前台，哪些时段不宜给客户拨打电话。	不清楚：不合格
4. 方便缴费	(1) 当业主提出上门收费需求时，客服人员应详细记录业主姓名与门牌号，提前一天与业主约定具体时间，出发前致电业主，并携带有效工作证件、充足的零钱、微型验钞设备、票据、支票夹和鞋套，对于办理银行转账支付物业管理费的业主，根据业主要求可上门递送相关发票。	季度	100%	问：客服前台，业主若来电要求上门收费(确实有需要的客户)是否可上门收费。要带些什么物品？ 查：上门收费验钞设备、票据。	不清楚：不合格 无设备：不合格
	(2) 在收费高峰期调整收费人员上下班时间，方便业户办理缴费业务。	季度	100%	问：每月业主收费高峰期集中在什么时候？ 查：高峰期是否安排人员保障收费。	未安排：不合格

续表

<table>
<tr><th rowspan="2">文件名称</th><th rowspan="2">检查内容</th><th colspan="4">检查方式</th></tr>
<tr><th>检查频率</th><th>检查比例</th><th>检查方法</th><th>评价标准</th></tr>
<tr><td>5. 先进评选</td><td>定期组织评选物业“服务之星”，如BI之星、微笑大使、技术能手等，在小区公示。</td><td>季度</td><td>100%</td><td>查：是否评选服务之星。
查：是否小区公示。</td><td>未评选：不合格
无公示记录：不合格</td></tr>
<tr><td rowspan="2">6. 便民活动</td><td>(1) 将突发事件应急处理、生活小常识、社区（小区）活动信息等发布于公告栏内，定期更新；</td><td>月度</td><td>抽查1个</td><td>查：信息发布记录，是否定期发布此项信息。</td><td>未发布：不合格</td></tr>
<tr><td>(2) 定期组织磨刀、废品回收、家电维修等集中服务。</td><td>季度</td><td>100%</td><td>查：活动方案、记录、签到、评估报告。</td><td>未开展：不合格</td></tr>
<tr><td rowspan="2">7. 信息公示</td><td>(1) 在园区显眼处公示项目管理团队、客服人员、片区管家的照片、姓名和联系方式；</td><td>季度</td><td>100%</td><td>看：是否公示。</td><td>未公示或公示不全：不合格</td></tr>
<tr><td>(2) 在客服中心设置服务监督栏，张贴服务人员照片、姓名，方便客户监督服务工作。</td><td>季度</td><td>100%</td><td>看：是否张贴。</td><td>未张贴或张贴不不合格</td></tr>
<tr><td rowspan="5">8. 接待礼仪</td><td>(1) 接待客户来访或投诉时，工作人员应请其入座，送上茶水，耐心倾听、解答并做好记录，解决不了的问题迅速上报，严禁言语失礼；</td><td rowspan="5">季度</td><td rowspan="5">抽查2人</td><td rowspan="5">模拟：扮演客户，抽查2人是否按接待礼仪要求进行接待。</td><td rowspan="5">不符合：不合格</td></tr>
<tr><td>(2) 投诉接待人员必须第一时间向客户反馈投诉处理情况，听取意见并表达诚意；</td></tr>
<tr><td>(3) 业户集中反映的问题处理完成后，及时回访；</td></tr>
<tr><td>(4) 客户来接待中心前台时，客服专员应微笑起立，弯腰15度并问好，站立迎接客户；</td></tr>
<tr><td>(5) 客服人员在与客户交谈后要离开时，应先退后三步再转身离开，以示尊重。</td></tr>
</table>

以上只是华润物业客服部服务细节检查标准的一部分，但是从这一部分就能看出其服务态度和品质。品质贵在对服务标准的精益求精，贵在对执行标准的坚持，所以，作为一个管理者一定要坚持标准、执行规范，这样才能形成规范化管理模式，节省更多管理成本。

第三章
用表格走流程：管人抓节点，管事抓进度

流程可以将一个硬件条件不足、缺乏工作经验的新人在很短的时间内打造成为企业的“标准员工”。相比通过长期的培养付出的人力和财力，流程这一“造人”方式可以说简单高效、成本低。员工能否被流程训练成一个高素养的职业化人才，还需要借助一个重要的工具——表格。

一、造物之前先造人，造人必定有流程

俗话说，“十年树木，百年育人”，同样的道理，经营企业也是要有“造物之前先造人”的理念。企业固然是以创造财富为最终目的，但创造财富之前的首要任务是培养人才，只有培养了适合企业的人才，企业才能发展壮大。

但是，很多中小企业对人才的培养往往是力不从心——没有强大的人力、物力、财力支持作后盾，培养自己的人才只能是空谈。当然，企业对人才的培养，除了用常规的方法之外，还可以用一套完善的流程，利用工具化的表格来做到。

华为总裁任正非说过这样一句话："一个新员工，看懂模板，会按模板来做，就已经标准化、职业化了。你三个月就掌握的东西，是前人摸索几年、几十年才形成的，你不必再去摸索。"流程可以将一个硬件条件不足、缺乏工作经验的新人在很短的时间内打造成为企业的"标准员工"。相比通过长期的培养付出的人力和财力，流程这一"造人"方式可以说简单高效、成本低廉。

一位企业的董事长这样说过："我不需要投机取巧的人，我只需要能把流程做到位的人。"一个企业，即使所有部门的员工都是精英，但是流程设计有漏洞，也很容易导致各个部门互相扯皮、推卸责任；反之，如果企业各个部门按照一个完善的流程执行，问题一发生就能找到相应的部门，层层追责、步步改善，同样的现象就不会再发生了。

在现实企业中，很多员工往往会忽视流程的重要性，带着满腔热血，一心一意要为公司作出成绩，但是最终反而给企业带来了莫大的损失。

有一家公司的销售员刚刚签订了一个大订单，由于客户要求紧急发货，销售员就直接向销售经理汇报，请求尽快发货。而正为订单任务发愁的销售经理一接到下属报告的消息，欣喜万分，直接向总经理报告情况。总经理听到销售部门的喜讯立刻下令订单部门跟进。接到订单通知的订单部门原本要按照流程接到信用审查合格通知后，才发货，但迫于总经理的压力，最后也省略了这个程序，直接将产品发售出去。

不料，产品发出后，货款却没有按期入账。这下子生产、销售、订单等部门都开始着急了，负责订单的销售员立刻亲自赶到客户的工厂调查。这才发现，这个"大客户"，其实就是一家濒临破产的公司——连银行贷款都无法偿还。

谁也没有料到，原本可以完全避免的风险，却因为销售部门和订单部门只考虑效率，忽视了流程，最终给公司造成巨大的损失。

做事做到位，这是流程对人的基本要求，这也是为什么新人可以在一个流程完善的企业快速成长的原因。

所以说，企业一定要把流程分配到每一位员工手中，在每个员工之间、部门之间达成“遵守流程”“执行流程”“维护流程”的共识，这样才能让“流程宪法”在企业内部畅通无阻。

员工要通过流程训练成长为一个高素养的职业化人才，还需要借助一个重要的工具——表格。表格看似简单的条框与色块组合，却是企业流程中最好的布局和定位，简单说就是“各司其职”，这对企业内部运营来说，是最理想不过了。就拿“例会”来举例吧。

例会流程是最能看出企业效率的一个环节，例会时间长并不代表效率高，参会人讨论激烈并不代表就有可行性意见生出。三言两语就能讲清楚的会议内容却被拖延三个小时，一人发言多人表决就能达成共识却演变成菜市场一样的讨论会，这样的企业效率即使是再有热情的员工也会一听开会就头疼的。

例会要走流程，走流程就要有“表”可依，这样的流程才能在时间、任务、成本、岗位安排上达到最优组合，让流程表更加具有指导性和操作性，避免造成人员冗杂、任务懈怠、目标不明等现象；让所有的员工都把例会当作真正的任务和目的来执行，而不仅仅是怠工的借口——“我在开会”，最终演变成一种“走过场”的形式。

销售部门例会通知

本周五下午 16:40，请销售部门全体员工到公司三楼会议室集合，召开一周例会。相关领导要对一周销售情况进行汇报，由总经理进行总结，请大家做好准备。会议期间不得接听电话、看报或杂志，无故不参加会议者将以旷工形式作出处罚。

总经理秘书

××年×月×日

×××公司第×周例会

会议名称	公司销售部第 × 周例会
会议时间	× 年 × 月 × 日下午 16:40
会议地点	公司三楼会议室
会议目标	1. 检查、掌握销售部门工作效率，追踪部门工作进度； 2. 集思广益，加强上下级员工的沟通与合作； 3. 对工作中发生的重点、难点、热点问题进行探讨，达成共识，找出解决方案； 4. 对客户提出的意见进行总结，并提出改进方案； 5. 对销售部门的部分员工提出相应的奖惩。
会议主要发言人	总经理
参会人员	销售部经理及销售部全体员工
会上发言人顺序	1. 总经理发言 2. 销售部经理发言 3. 销售顾问发言 …… （以上发言时间每人请控制在 3~5 分钟）
会议要求	1. 与会人员要准时到会，没有特殊情况不得缺席周例会，不得迟到、早退； 2. 与会者必须严格遵守会议纪律，将手机调至静音或振动状态，不得看报纸、杂志及做其他与会议无关的事情； 3. 例会上讨论的问题属于公司机密，参会人员不得将会议内容泄露出去。
处罚规定	无故缺席人员将罚款 50 元，无故迟到半小时以上者罚款 20 元，无故早退人员按缺席处理。
会议效果跟踪	销售部所有员工要对会议内容进行总结，并向上级领导提交总结报告，提出想法和意见，最终由总经理审核通过。

以上就是两种不同形式的会议通知。很明显，表格的形式更加直观、有效，既节省了例会时间，也达到了开会目的，避免例会成为个别领导的独角戏，让每一位员工都能积极地、自觉地投入到例会流程中来，承担流程中的重要部分，从流程中学到更多工作经验，这比那些传统的培训更加快捷、有效。

此外，用表格表述流程还有一个优势，那就是能够将工作精细化。看似“会议效果跟踪”这一流程没那么重要，但是有和没有却是两种截然不同的效果。很多领导都抱怨自己公司的会议效果总是不好，多数员工都是当作听书一样走过场，开完会就忘得一干二净，工作还是按照以前的经验来，完全没有意识到会议的必要性，不懂得把会上听来的可行性方法转化到实际的应用中，这种现象就是忽略了流程中的“会议效果跟踪”。“会议效果跟踪”这个小小的细节可以让员工自觉地收集会议上的宝贵资源，认真汲取经验，让无意识的参与变成有意识的积极改变。这样的话，无论会议长短，都能达到理想的效果。

总之，与其投入大量的人力、物力、财力做培训，或者不断换人来提升执行力，企业不如设计一套表格化的流程，让表格化的流程来帮你训练员工。用表格将流程精细化，给员工竖好路标，给企业塑造组织能力，这样一定能够事半功倍，提高企业效率。

二、没有规范流程，管理就是空话

对企业管理者而言，最担心的就是有令不行、执行不力。再完美的战略，如果没有规范的执行力去实现，那么也终将成为一纸空文。而一谈到管理问题，大多数的高管首先想到的就是制定严格的制度，明确规定每个岗位的具体职责和工作内容，可是真正到了实际运营过程中，这些制度和规定却成为挂在墙上的空话，员工们天天看，却视若无物，仍然我行我素。

到底是哪里出了问题？是管理者的制度不够严格，还是员工的能力有问题？其实都不是。管理是一项系统工程，如果要避免这一工程沦为纸上谈兵，就要把它落实到工作流程的每一步，让员工无法忽略它。

企业管理者首先要意识到，管理一定要有规范的流程，可能你制定了一项员工制度，对个别的员工起到了很大的作用，但是不一定对企业的全体成员都能产生理想的效果。而流程管理与规范化管理结合起来的规范流程却能够充分发挥人的积极性——这里的“人”不是少数人，也不是少数领导干部，而是企业的全体员工。

另外，很多人都把“管理”理解为划分职位权限，规定职位级别，领导下令，员工执行，唯领导之命是从，唯领导马首是瞻……这些传统的管理方法在工业化时代确实能够起到巨大的作用，但是在当今信息化时代，这种事事听领导、事事都请示的工作方法已经远远无法应对瞬息万变的市场。时代进步了、科技发展了，管理方法也要顺应时代的要求。现在的企业管理不仅要让员工都能够尽职尽责，同时还要能够让员工的大脑动起来，让员工成为企业发展的自主能动性的生力军，而不是个别领导的胳膊和腿。

因此，企业管理需要流程规范，用流程规范思考，让流程规范行为，向流程要效益，从流程省成本，越是规模大的企业越需要流程管理执行，越是竞争激烈的行业，越需要流程规范管理，总之一句话，规范化的企业就要有规范流程。只有规范化的流程体系才能发掘每一个员工的潜力，这是企业最有利的竞争优势。

何飞鹏是中国台湾著名出版人，也是台湾最大出版集团——城邦出版集团的创始人之一，今天的城邦能够坐稳全球华文繁体字出版老大的位置，与何飞鹏的管理“创意”有很大的关系。

很多人都认为，文字工作人员和媒体人一样，都是从事思想型、创意型工作，而要想让员工的创意飞翔，就要给员工营造一个自由空间，让他们过着“自由不羁”的生活，凡是那些标准化的工作间管理对文字工作者而言都是对其思想、创意的约束和戕害。当然，何飞鹏最初也是如此认同的，所以，他对员工的管理比较宽松，不做要求，也不强加管理，最怕自己的干涉破坏了最美的创意。可是，事实却并不如此。在“自由”的工作空间下，何飞鹏发现，自由并不一定带来好的创意，放松管理并不代表就能如期完成工作，经常会出现工作不能如期完成、成果质量低劣、作品不够精准……于是，何飞鹏就发起了管理改革。

“绝不可以把纪律管理当作洪水猛兽。”何飞鹏强调，创意和创意的落实是两回事情，更长的时间未必能够得到创意，延迟未必能够提升质量，是人决定了创意的生成和质量，而并非时间。如果人具有了规范意识，那么创意和质量都不会丢失，都可以被管理和预期。即使创意无法被约束和管理，但是创意的生产流程管理却可以和其他产品一样，准时、精准、标准化、规范化、严格审核、品质监督等，必须制定合理的制度，让创意和制度和谐相处，共同促进组织的发展。

在这一颠覆性的认识下，何飞鹏重点抓了集团内部规章制度的建立和旗下子公司之间的业务整合，为集团制定了多项管理规则和作业流程，包括采编人员采访、约稿等的作业流程，所有的工作都变得可以规划和预期，与厂商的协作流程也更加顺畅，更重要的是，员工错误开始减少，成本直线降低，产品质量、效率、业绩都得到了很大提高。

变通固然是好，但是跳过流程的变通往往就隐藏着风险。我们总是倡导创新理念，但不按流程执行的创新，往往就意味着结果的失控，导致企业的损失。我们总是大刀阔斧地抓管理、定制度、讲赏罚，却没有一个规范的流程去约束执行，就意味着管理没有原则、没有根据，更没有可行性的实施土壤。管理的最终目的不是为了让员工减少失误、服从命令，而是让员工提高绩效、提升业绩，如果员工能够把工作流程化、标准化、规范化，那么管理工作就会有条不紊，员工也会由被动工作转变为主动工作，工作业绩也能明显提高。那些工作效率很高也很少出错的员工，通常就是因为有一套自己的标准化工作方法。

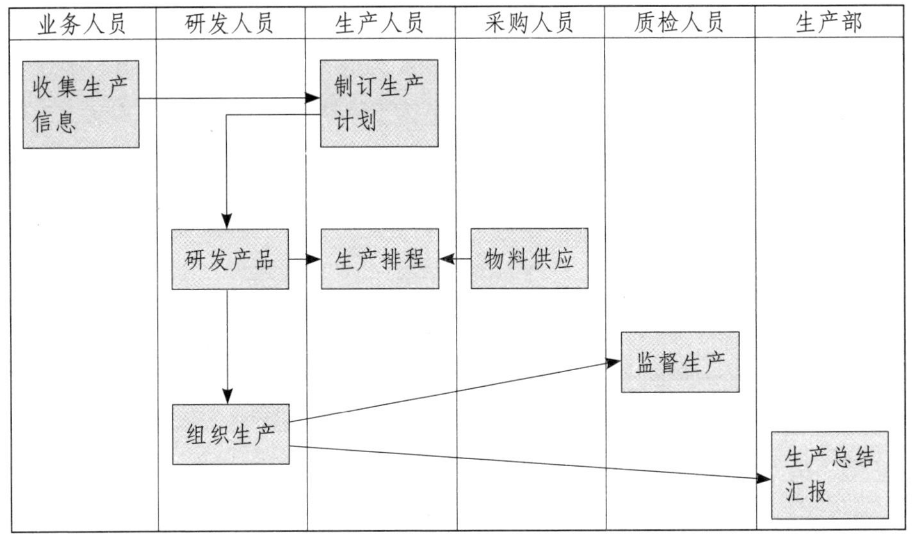

生产管理工作流程图

产品生产流程表

序号	任务名称	责任人	时限	相关说明
1	收集生产信息	业务人员	随时	提供客户订单等市场需求信息
2	制订生产计划	生产人员	×× 工作日	根据企业的生产能力、业务部客户订单和企业常规计划要求，生产部制订生产计划
3	产品研发	研发人员	×× 工作日	根据客户需要研发、设计新产品，并编制生产工艺文件
4	生产排程	生产人员	×× 工作日	制订合理的生产计划，控制订单进度，预防订单变更
5	物料供应	采购人员	随时	根据生产需求，以适时、适量、适质、适价和适地的原则采购所需物料
6	组织生产	生产人员	随时	生产部根据生产计划进行生产排程，安排各项任务的生产时间和交接时间，安排负责人员、场地、设备，分析技术难点，预防品质问题的出现等
7	生产监督	质检人员	随时	积极配合生产部的工作，及时解决生产过程中出现的技术问题，监督、控制生产过程
8	生产总结汇报	生产部	即时	生产工作按计划完成后，生产部应对整个阶段的生产过程进行全面的总结与评估，并向相关领导汇报，对生产过程中的相关资料进行整理、存档

很显然，清晰明了的流程可以让员工明确了解各个岗位应该如何工作、怎么工作、做什么工作。传统的管理方法可能会让员工认为制度是针对个人而设定，是为了限制他们而实施。但规范的流程管理却是把制度规范普及到全体岗位，是对每个岗位的设定，是对岗位职责的要求，而不是针对员工。员工们按照流程规范操作，不但不会因为流程规范的制约而觉得不自由，而且还会主动地依照流程安排工作，因为流程规划更能帮助员工简化工作，让工作可以有序进行，还不容易出错，业绩自然也就得以提高，这种事半功倍的效果自然是员工们最喜闻乐见的。

另外，用表格规划的流程表更能提升管理的执行力。每一个流程步骤由谁完成、职责由谁承担、工作内容的标准是什么、岗位权限如何等，一目了然，员工们即使出错，也不会出现扯皮推诿的现象，这样的话也等同于明确了权责和赏罚。这种流程管理制度，看似弱化了老板的权威，一切都以流程规范为准，但实际上却是让老板的管理更加得心应手。企业管理的最终目的是业绩，没有业绩只有权威的管理就是空话，就是虚设。

三、不错位、不缺位、不越位，人人都按流程走

很多企业老板都推崇“自动自发”“多学多做”的工作理念，不断地向员工输入“公司是大家的，工作是为自己干”的思想，希望员工能够像老板一样关心公司的赢利，多做贡献，多提意见。但是，真正在实际工作中，很少有人愿意主动地去做自己职责范围之外的事情，“各人自扫门前雪，休管他人瓦上霜”恰恰就证明了人性的这一弱点。

因此，站在公司的角度考虑，与其花心思打动员工多做贡献，倒不如花时间把每个职位的责任、权力、任务划分清楚，严格要求不错位、不缺位、不越位，让每个员工都明确知道需要做什么、不该做什么、应该怎么做，这样的话工作效率反而更加理想。

孔子说：“不在其位，不谋其政。”企业管理也是同样的道理，每个岗

位职责都有一定的规范流程，不能越过流程擅自行事。如果公司职位权责不明，就会导致责任不清，推卸责任；如果工作岗位可以互相干涉，就会导致员工越俎代庖、各行其是的混乱场面；如果为了争功任意越位，就会导致领导不像领导，下属不像下属，职权规划就成了摆设。所以，为了避免“好心办坏事”“越帮越乱”的现象发生，企业必须制定一个完善的岗位流程，让员工首先做好自己的本职工作。

“打工皇帝”唐骏刚加入微软工作时就曾经犯过越位的错误。戴维是唐骏的直属上司，按照微软公司的规定，唐骏有任何问题和意见都应该以电子邮件的方式直接请示戴维，经过同意后，才能进行调整。

当时，唐骏和部门同事正在研发 Windows NT 的测试版，几乎每天都会出来一个新的版本。有一次，唐骏发现刚出的测试版本不够稳定，还存在一些漏洞，戴维又恰好出差不在公司，联系不上，于是唐骏就擅作主张给同事及相关部门经理发送了一封邮件，指出测试版本的问题，告诫大家不要使用。同时，也给戴维发了一封邮件，报告了自己的想法和做法。

原本以为，唐骏的这个做法会得到表扬和鼓励，但意外的是，戴维出差回来后对唐骏的邮件非常生气，批评唐骏擅自越权给部门经理发送邮件，即使他发现问题对公司很有帮助，但是他的越位行为严重违反了公司的规定，做了他不该做的事，这对微软这样的外企来说是绝对不允许的。

从唐骏的案例可以看出，员工越位并不是好事。微软公司之所以发展为世界 500 强企业，成为全球最大的软件供应商，其原因之一必然与其规范化流程管理有关。

越位不允许，错位就更不允许。在企业中，我们常常看到这样一种现象：很多部门主管、总监或者组长为了不影响部门的整体业绩，无意中替下属做了很多工作，希望能由此帮助下属提升能力，但长远看来这种做法却是让下属产生依赖心理，永远都不能独立胜任工作。因此，管理者要明白，不懂得放权，就永远培养不出优秀的员工；如果没有下属能够取代你，那你就永远无法获得晋升。

下面以中国移动公司内部培训师岗位职务说明书为例，看看它们的职位管理是如何规划的。

内部培训师岗位职务说明书

<table>
<tr><td colspan="6">职位基本信息</td></tr>
<tr><td>职位名称</td><td>内部培训师</td><td>职位编号</td><td></td><td>所属职级</td><td></td></tr>
<tr><td>所属部门</td><td></td><td>直接主管</td><td></td><td>管理幅度</td><td></td></tr>
<tr><td colspan="6">职责概述</td></tr>
<tr><td colspan="6">协助制订培训计划，开发培训课程，按计划实施培训，达到所拟订的培训目标。</td></tr>
<tr><td colspan="6">主要工作内容</td></tr>
<tr><td>岗位职责</td><td colspan="5">1. 培训需求调查，发掘移动公司内在的培训需求；
2. 协助人力资源部门编制培训规划；
3. 制订与实施专项培训计划；
4. 在公司原有培训教材的基础上，开发培训课题，编制培训教材及培训课件；
5. 跟踪外部培训市场变化，发掘并利用外部培训资源；
6. 不断创新培训课程，开发新课程，讲授培训课程；
7. 设计学员乐于接受的培训形式和方法；
8. 设计培训评估体系并组织或协助评估培训效果。</td></tr>
<tr><td colspan="6">职位要求</td></tr>
<tr><td>教育水平及工作经历</td><td colspan="5">人力资源、管理或相关专业本科以上学历，专业功底扎实。</td></tr>
<tr><td>身体素质</td><td colspan="5">个人形象较好，身体健康，具讲师特质。</td></tr>
<tr><td>培训经历</td><td colspan="5">接受过现代人力资源管理技术、雇员培训与开发、职业教育与课程开发等方面的培训。</td></tr>
<tr><td rowspan="3">素质及技能</td><td>沟通能力</td><td colspan="4">具备较强的与公司各级人员沟通的能力，发现公司内部深层次培训需求。</td></tr>
<tr><td>业务技能</td><td colspan="4">掌握中国移动的基本运营模式，熟悉移动业务；熟练制定移动公司培训课程规划及培训课件；较强的移动公司业务及服务分析能力及对应的课程研发能力；熟练使用各种办公软件。</td></tr>
<tr><td>专业知识</td><td colspan="4">具备人力资源管理知识，能够熟练使用现代培训工具。</td></tr>
<tr><td>其他</td><td colspan="5">内部培训师无权决定员工的升职加薪。</td></tr>
</table>

从上述表格中，我们可以清楚地看到该职位的所属部门、所属级别以及相应的直属主管。另外，对岗位的责任和工作内容逐一列出，等于是在告诉员工应尽职责的同时，其他超出职权范围内的事情就不该越位。最后，更重要的是，指出内部培训师没有权力左右员工的升职加薪，也就是变相地要求员工与培训师之间不能存在任何利益关联，避免员工为了博得培训师的好感而越位、错位。

其实，每一个成功的企业，其内部各个岗位都是由一份职务说明书规范起来的，每个职位的工作都有其相应的员工负责，大家都按照自己岗位的流程操作，就不会发生工作管理失职的情况。有人越位就必然有人错位，有人错位就必然有人缺位，你在做别人的工作时，你的工作自然无法保证，工作就出现了缺位，不管是无意识的缺位还是有意识的缺位，其结果都是对个人和公司的伤害。

因此，岗位职责流程设计就像是用环环相扣的链条串联起员工的工作任务。对于那些需要管理成千上万员工的企业而言，如果没有一个完美的链条流程，没有相应的链条职责规范，一旦出现链条断裂的情况，就会牵一发而动全身，最终影响整个企业的运转。

四、有效控制流程节点，让管理事半功倍

企业的流程管理和公路非常相似，公路有起点和终点，流程也有起点和终点；公路根据交通量及其使用任务、性质可以分为一级、二级、三级、四级，流程也需要分类管理，比如市场管理流程，根据任务不同，分为市场开发流程和市场运行流程等；公路是由一个又一个的节点组成，每一个节点都会指向途经区域及下一个目的地，而流程也是由很多节点连接而成，每一个流程节点都由相应的相关部门和岗位来执行。

归根结底，流程就是由所有的流程节点拼接而成，每一个流程节点都能够被设计和管理，企业领导者如果能够有效地控制各个流程节点，

那么管理企业就变得得心应手。每一个节点位置上的员工都依照相应流程节点的规范要求完成工作内容，那么，由所有节点构成的整个企业运营流程就能有序地达成目标，企业的效率自然能够提高，管理工作自然能够事半功倍。

2012 年 3 月 15 日，在中央电视台的“3 · 15”晚会上播出了一段关于北京三里屯麦当劳餐厅的违规经营视频，其中包括了甜品派以旧充新、鸡肉超过保温期后没有准时从保温箱取出以及食材掉在地上不加处理就直接继续使用等违规现象。这些视频一经播出，就引起了消费者的极大反感，但是，同时也让很多观众看到了麦当劳对食品质量的严格把控，显然，麦当劳公司是严格要求员工必须按照公司的规定制作食品，哪怕是一秒钟都不能差，否则产品的质量就无法达到标准。而出现被“3 · 15”曝光的问题，就是因为三里屯店的个别员工没有按照公司规定的流程去执行才造成的，也就是员工的操作规范流程在这一节点上出现了纰漏所造成的。

由此看来，流程的任何一个节点都不能超越流程而任意改变，任何一个小小的流程节点出现了问题，都可能会影响整个流程系统的执行，导致企业名誉受损、产品质量不符合标准等，严格依照流程执行不仅可以保证质量，同时也可以规避风险。

美国哈佛大学教授理查德 · 哈克曼说过：“让每一个员工都按秩序来开展工作，这样才能最大限度地发挥团队的效应。”他的这句话可以这样理解，员工代表企业的流程节点，每一位员工的岗位、职责、工作内容就代表这些流程节点的流程规范，如果所有员工都能依照流程来执行工作，那么每个节点都能顺利运行，整个企业的团队力量就能得到最大限度的发挥，管理的目的也就达到了。而且，窥一斑而知全豹，从企业的任一流程节点的执行力也能看出企业的管理是否完善，而要判断企业的内部管理是否合格，就可以从企业的一个流程节点来着手。下面就来看看华为公司在接待流程节点上是如何执行的。

客户带领自己的团队到华为公司参观，华为公司办事处的秘书会先了解客户的基本信息，根据实际情况填写客户接待的电子流程单，会计会根据人员安排初步估算出申请出差的备用金。然后，华为公司安排客户工程部的接待人员再次跟客户方打电话核实信息，并对一些必要的行程进行修改。接机人员和司机去机场接机，并安排客户的住宿和吃饭，系统部职员知晓客户已成功入住，再打电话和办事处人员确认接待事宜，然后再告知公司领导，安排会面和商谈（这段时间，公司前台的电子屏幕上会出现“欢迎 ×× 公司来访”的欢迎字样）。之后在产品展示这一重要的环节中，华为公司将派出多名展厅人员陪同，一人负责讲解移动产品、一人负责讲解宽带产品、一人负责讲解传输产品、一人负责讲解软件产品……

如此周到、细致地接待客户，十足体现了华为公司严谨的工作态度：一个小小的接待任务，就组建了一个二三十人的团队，而且团队人员还能非常有默契地分工合作，不出现任何推诿、交叉状况。这都要归功于完善的接待流程设计。所以说，千万不要小看任何基础性的工作，如果这些基础工作环节的流程没有走好，那么，成千上万的战略投资也就付之东流了。

很多企业经常大谈企业文化、企业架构、企业目标，但是其内部的管理模式却是漏洞百出，尤其是那些基础性的流程节点经常被忽视，最终影响了大局，给企业造成相当大的损失。那么，到底应该如何把控流程节点，才能让管理事半功倍呢？其实很简单，就是必须做到严谨和详尽这两点。部门之间大方向的流程规划已经完善，那么就要保证大流程下的细小流程节点也能够有先有后、有主有次，这个时候不仅是要有思想，更要一丝不苟，让大节点下的小节点也能够尽善尽美，换句话说，就是每一个岗位的员工和工作任务都要不可或缺，即使是像门卫一样简单的工作，也不可马虎。

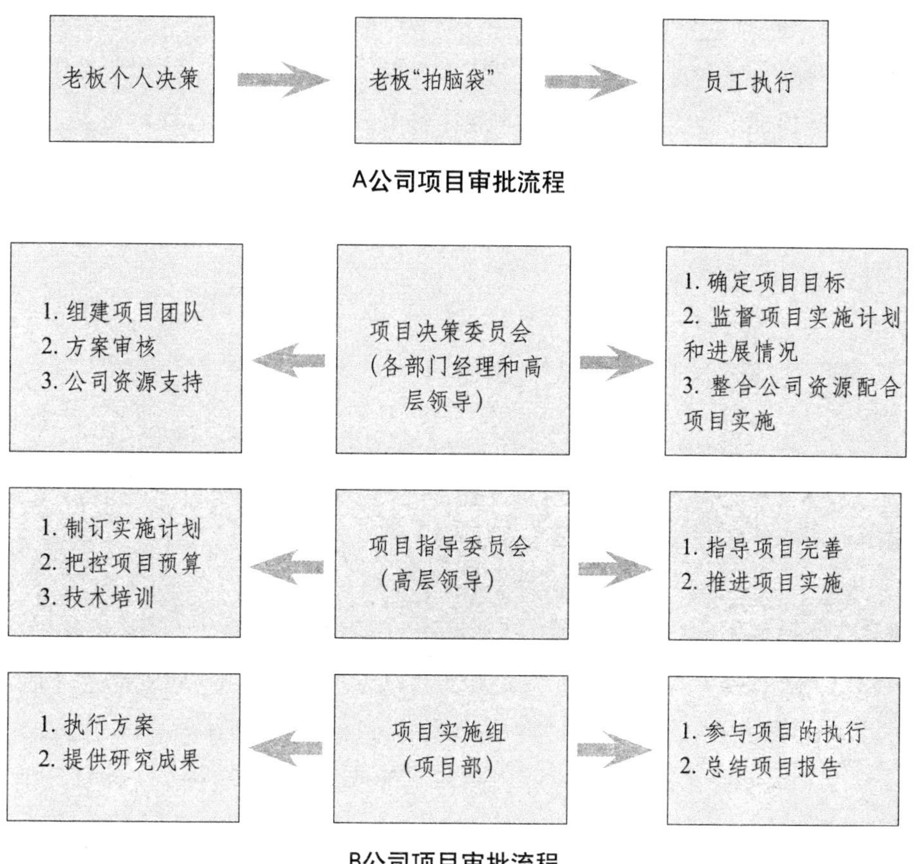

以上分别介绍了两个公司在项目审批这一流程节点上的执行方法，很明显，B 公司远远优于 A 公司。很多企业在成长初期存在着老板“拍脑袋”决策的现象，往往就会存在很大的风险，尤其是金融投资公司，决策稍有偏差，就可能导致巨大的损失。所以，很多企业都应该调整项目审批流程，像 B 公司一样，把控每一个流程节点，完善所有流程细节。

管理流程也要像管理公路一样，要时刻保持路面畅通，才能让车辆穿行不息。而保证路面畅通，就必须实时监控路面状况，及时排查拥堵路段和危险路面，而且路与路之间都是交叉相通的，一旦一条路出现了堵车停运问题，那么其他路段也可能会受到影响，严重情况下，还可能会导致多条道路瘫痪。管理流程也是如此，整个流程系统就是由各个流程节点组成的，必须保证节点的顺利运行，才能让整个流程系统正常运作，而且，还要定期监督各个节点的执行力，随时根据形势、信息的变动而调整节点流程，不时更新个别的流程节点，这样才能降低企业在市场竞争中的风险，管理企业自然也就游刃有余。

五、目标要到人，人人有事做

很多企业管理者都希望公司里人人都有事做、人人都能把工作做到位。可是，愿望是美好的，现实却是残酷的，现实社会中，很难有企业能够达成心愿，而且，越是规模大、员工多的企业，越容易出现有些人没事做，有些人事情做不完、职权不均、责任不明的现象，尤其是在一些国有企业。不过，现在很多小有规模的民营企业也出现这种“苦乐不均”的现象。而导致这种现象的原因既在于员工对工作的态度，也在于领导者的管理方式。

首先，很多中小企业还存在“不管大事小事，都由老板一人决策”的现象，员工——哪怕是基层员工——都要事事向老板报告，事事都等老板指示、命令，于是就导致很多事情没人管，很多人没事做。这并非员工不做事，而是因为没有老板的命令，不知道能不能做，不敢做事。所以，解决此类员工无事做的问题，就要老板大胆放权，规范企业管理，梳理公司的流程体系，决策分级，职责到位。

其次，很多企业虽然做了很多流程，但却难以落实到每一位员工身上，缺乏对流程体系的系统梳理，特别是在跨部门的业务流程上，部门之间的具体分工存在交叉，同一个工作，就有多名员工去做，然后每个员工再将结果各自归总到自己负责的部门，等同于多名员工在做着同样的工作，浪费了公司的资源。还有一种可能也存在，就是部门之间的职务交叉，导致一些人投机取巧，自己偷懒而借用别人的工作成果。而且，很多需要部门协作的工作，因为职能不明，有时候也会不知道该找哪个部门负责。这样总是依赖员工自觉性和岗位的人为协调，虽然短时间有成效，但长久发展下去自然会暴露管理上的弊端，以及加深员工之间的矛盾。况且人为协调也必然存在很大的滞后性。所以，要想员工人人有事做，还是要明确员工的岗位和分工，不要只给他们一个方向，还要给他们做好路标。

最后，任何企业都以创造价值为目标，企业的人员、设备都属于企业资产。企业资产都以营利为目的而存在，说通俗一些，企业的每一笔投资都是为了赚钱，包括聘用来的员工。因此，在企业就不应该存在没事可做的员工，不做事的员工，对企业而言就是负资产。

作为一名管理者，就要学会充分利用公司最有潜力的资产——员工，不要单纯地为填补职位空缺而招聘员工，而是要以员工能为公司创造价值为招聘目的。如此一来，员工从入职开始，就不会出现没事可做的情况。因为，从他入职的那一刻，他的目标——为公司创造价值——就非常明确了，他所需要做的就是始终不脱离这个目标，并不断地延展这个目标的范围。

惠普公司的CEO曾经在一次年度战略会议上向员工提出一个要求，要每一位员工都为自己定一个来年工作目标。其中一位负责欧洲业务的经理所提出的计划最为醒目：让公司产品在欧洲市场占有率由原来的第三位提升到第一位。虽然他的目标听起来有些好高骛远，但他还是博得了所有人的掌声，受到CEO的鼓励。之后，CEO问这位经理："你打算如何实现你的目标呢？"这位经理当场就愣住了——这个问题他还真没考虑到。CEO告诉他："我可以给你指个方向。你就以你刚刚的目标为结果，然后寻找条件来满足你的结果。这就是你接下来需要做的工作，比如你的目标客户是哪些人，你的优势和劣势分别是什么，你准备扩大的市场主要集中在哪里，你需要哪些资源，等等。"

在CEO的指导下，这位部门经理很快就制订出了一份具备可行性的计划书。这也让其他经理从中学到了很多东西。这种从目标到人的任务分配方法体现了惠普公司的管理之道。

虽然说企业希望公司内部人人都有事做，但是，并非人人有事做就一定完美；员工或领导要有事做，但也不一定要事事做。每一个岗位在公司流程中都必须是一个增值环节，但如果它在某些流程中的存在是非增值部分，那么就必须简化掉，否则不仅会浪费公司资源，还会让员工感觉永远有做不完的事。

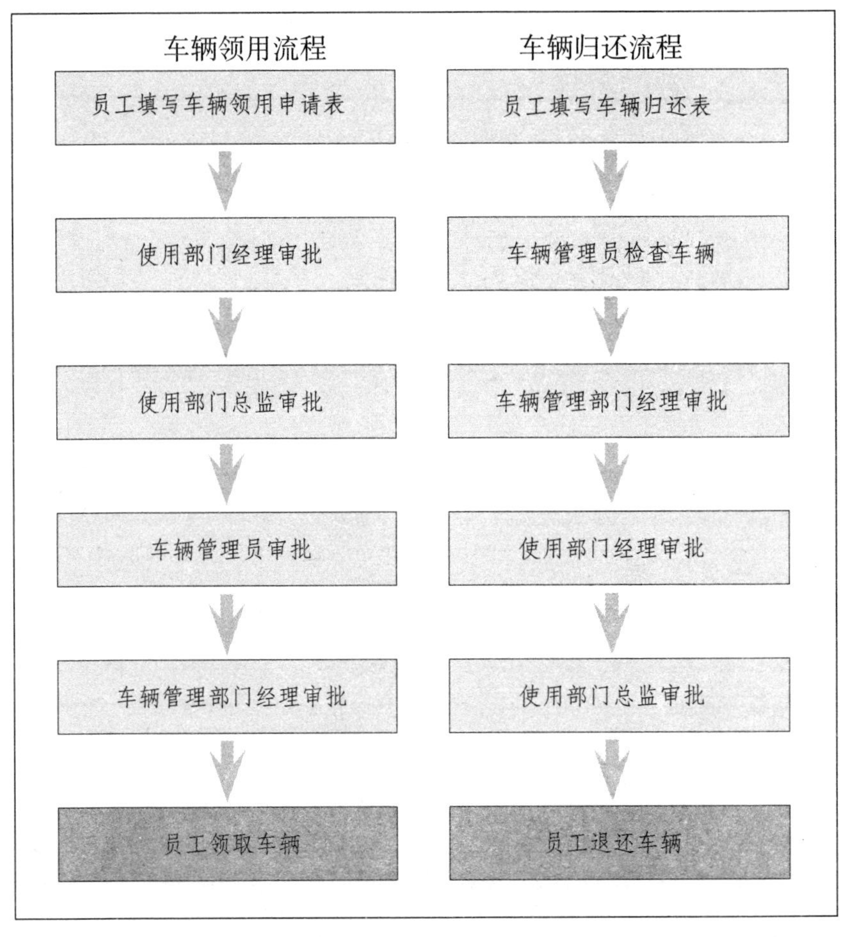

优化前的车辆领用和归还流程

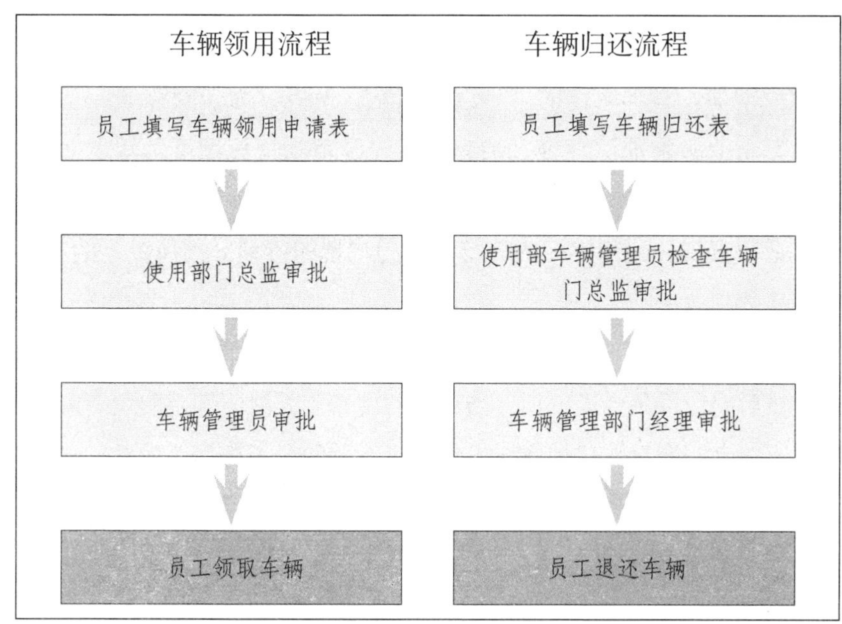

优化后的车辆领用和归还流程

以上案例通过对车辆领用和归还流程的优化，说明了在流程中所存在的非增值环节需要被简化。遇到类似流程的制定，多问几个为什么就可以使制定工作一步到位，比如，为什么需要这个部门参与审批，审批的目的是什么，不审批会怎么样，能否简化这个环节。

凡事都有一个目的，任何环节都有存在的目的，那些没必要的环节就要尽早砍掉，以避免管理滞后——有时候可能只比对手慢了一步，就被对手打败。所以，管理者一定要经常多问为什么、多思考“目标”——职位的目标，员工的目标。这样的话，目标落实到每一个人，就能够人人有事做，事务不交叉，资源不浪费，管理更轻松。

六、职责划到岗位，事事有人管

有一位著名企业家说过：“任何管理方式都是时代发展的产物。”企业的规模越大，部门之间的部门墙也就越容易增多，由此，部门之间的沟通成本就会增加，管理工作的困难就会加剧。所以，为了能够适应竞争激烈的市场，企业必须消除管理上的弊端，提高市场反应速度。基于此，企业管理变革的尝试层出不穷，而实践证明，当企业部门规模日益扩大的时候，调整“把职责划分到部门”的传统做法为“把职责划分到岗位”的新做法，更能提高管理效率。

通常情况下，企业管理中会把性质相同及相似的工作集合在一起，形成岗位，然后岗位再集合成部门。当部门的规模不大时，部门的负责人主动担负起部门的全部职责。这种做法虽然通过专业的分工提高了效率，给管理带来了进步、控制了风险，但同时导致部门间协调力差，缺乏客户导向。

客户是企业的衣食父母，没有客户消费，就没有企业的收益，因此，企业首先要满足的是客户的需求。但是，谁最终负责解决客户的问题？还是岗位负责人。

企业应把工作流程环节细化到每一个岗位，而不只是到部门。这样，因为每一个岗位都设定了专人对工作负责，所以，不管是这个岗位的工作流程没人做，还是出现了严重失误，最后都会有一个人来负责，不会像传统做法“把职责划分到部门”那样，出现部门之间互相推诿的现象。

不过，仅仅做到这样还不够的，管理企业不只是管人，也是在管理制度，制度上的漏洞就是企业风险的存在。如果制度不够严谨，就会有不公的现象发生，稍微处理不当就会导致员工心理不平衡，也令管理者左右为难。所以为了提升管理的执行力，还是事事有理有据最能服众。而要想凡事有理有据，就必须凡事做好记录。工作记录看似非常细小的环节，但在企业管理上却是非常重要的一部分。这种记录是根据岗位来制定的，每一个在岗员工都必须按照这一要求执行，即使有员工离职或休假，其所负责的岗位工作也不会出现任何问题，工作流程仍可以顺利进行。

岗位的记录方式，当然表格形式最可取。就以客户反馈为例，如果一个企业在客户反馈上做得不够完善，那么，无疑是管理上的一大失败——客户的投诉和建议对企业来说不仅是自我提升的一个标准，还代表了企业的信誉。所以说，这个环节一定要重视。下面以客户投诉处理单举例说明。

客户投诉处理单（一）

填报时间：　　　　　　　　　　　　　　　　　　　　年　月　日　时　分

受理部门		受理人		客户姓名		联系电话	
投诉内容							
业务所属部门	□市场部　□维修部　□生产部　□技术部　□其他						
受理人无法回复，转向其他部门	□市场部　□维修部　□生产部　□技术部　□其他						
原因调查	处理部门：　处理人：　时间：						
回复结果	处理人：　时间：						
答复情况	答复投诉人时间	□期限内答复　□超时答复　□未答复					
	内部答复时间	□期限内答复　□超时答复　□未答复					
客户满意度	□很满意　□满意　□一般　□不满意　□非常不满意						
投诉分析	填写人：						
改善建议	填写人：						
备注							

客户投诉处理单（二）

客户及企业名称		投诉时间	
联系人及联系方式		被投诉部门	
投诉内容： 年　月　日			
调查情况： 年　月　日			
处理方案： 年　月　日			
处理结果： 年　月　日			

以上就是两种不同的客户投诉处理记录表格，显而易见，“客户投诉处理单（一）”和“客户投诉处理单（二）”鲜明的区别就在于是否对负责每项工作内容的人员进行记录，虽然两个工作表格记录内容大致相同，但这点微小区别却可能产生不同的效果。“客户投诉处理单（一）”对每一项任务：受理、调查、答复、回馈、改善建议、总结等，这些流程的负责人都在记录中作出了详细的说明，任何一个环节出现了问题都能找到相关人员负责解决和承担，完全不会出现类似推诿、诬陷等纠纷，而且，这个表格可以清晰地看出每个岗位员工的工作方法和效率。

一个企业，如果凡事都做到有表可查、依表执行，那么流程运行就更加高效，“事事有人管”就不会只是悬在半空的空话。管理者一定要明白，每一份职务都是由“人”担任的，而不是部门担任，部门只是一个机构，不能承担责任。如果工作出现问题，企业首先想到的是部门而不是负责的具体岗位，那么这样的企业就很难杜绝扯皮、推诿的现象发生。相反，如果把职责落实到每一个具体岗位，就意味着落实到每一个“人”，那么企业内部沟通时间就会大大缩短，管理效率也将大大提高。

第四章
用表格规范台账：人人有本账，事事有记录

规范化的台账记录，能够提升公司的管理水平，保证各项工作流程正确有效地执行，减少扯皮、推诿的不良现象。定期的资料报送和台账总结也能够使公司上级及时掌握公司状况和工作动向，提高工作质量和工作效率。

一、每天都记账，持续提升效率

“台账”原指摆放在台上供人翻阅的账簿，用于记录工作和学习中的日常事件。因为形式简单、阅读方便，目的是为了便于管理与记忆，因此又称为流水账。

后来，这种形式被广泛应用于企业管理，成为一种新的管理理念。企业为了规范管理，更加详细地了解某些方面的信息，就设置了一种辅助账簿。所谓的“辅助账簿”，即没有固定的格式，没有固定的账页，不必按凭证号记账，企业可以根据实际需要自行设计账簿。比如，在仓库管理中，详细记录了什么时间、什么仓库、进什么货、数量多少、出库多少、运往哪里等。这样做有很多优点，最大的优点就是提高当事人的工作效率。

仓库收、发台账

物料名称		规格型号				生产厂家					
收货记录						发货记录					审核人及日期
日期	批次号	数量	单位	委托质检单号	收货人	日期	批次号	数量	发料人	领料人	

现在很多企业开始实行这种“台账式管理”，效果非常明显。请看下面的例子。

某大型企业开始推行台账管理。最高领导按照每年度的任务，针对企业中的重点工作、重要工程、基础管理等分别建立详细的工作台账，将台账中的工作任务量化分解到部门，责任具体到每个员工；建立逐级负责制，要求每个部门的管理者在每周例会报告工作最新情况，形成自上而下抓落实的闭环执行管理链条。

与此同时，还加强了跟踪督办机制，企管部对重点工作的进展情况进行重点督办和跟踪问效，并把工作进展情况和督办结果记录入册，每月工作的完成情况直接计入每位职工的绩效考核。

工作任务台账

部门			制表人			审核人				更新时间	
序号	事项	具体要求及办法	事件来源	安排任务时间	要求完成时间	实际完成时间	累计超期天数	绩效扣分	是否完成	责任人	备注

工程工作台账

序号	主管	协管	合同编号	工程名称	施工单位	合同工期	开工时间	计划完成时间	是否滞后及滞后原因	工程现状描述	现场存在问题及解决措施

该公司通过建立一系列的台账，把工作落到实处，大大促进各项工作迅速、高效地开展，达到了提高工作效率的目的。从上述事例中可以看出，台账的确是企业管理者案头的最得力工具，能及时解决管理过程中遇到的问题。

那么，台账管理为什么能如此高效呢？这是因为台账具有以下特点：

台账的特点

内容的全面性	台账记录的不仅仅是一些统计数据，还包括一些文件、工作计划、工作汇报、工作总结以及其他有关信息。这些文件、资料在分门别类、整理成册的同时，也强化了管理者对工作的再认识。比如，在梳理某一工程项目资料时，可能发现新的问题或不合理的地方，就可以及时予以解决。
内容的真实性	在制定台账时需要深入一线，收集相关数据、信息，因此在真实性上也比其他记录形式更可靠、更准确有效。如果有作假或者含糊不清的成分，不但会影响阅读者的判断，还有可能致使所有的工作功亏一篑。所以，管理者需要经常深入一线，对信息进行收集整理，并进行核对分析，对于存在的隐患及出现的问题要如实登记，排查出原因，及时处理。
内容的及时性	工作台账是一个动态的系统，也就是说内容要根据实际情况及时更新。在很多企业中，台账的内容是随着工作的进展而不断更新的，绝不允许出现一旦建立就束之高阁的情况，否则内容陈旧就会失去其查询价值。所以，需要及时更新过时的内容，补充详细资料，保证台账记录的内容最新、最真实。

想要做好一本台账，就不能随心所欲记录，三条基本原则需要谨记。

（1）真实无误。台账所收集的信息、数据必须是真实的，如果作假，就失去建立台账的意义。

（2）及时。坚持按时记录相关的数据和措施，时间要准确。

（3）规范记录。台账资料的记载要规范和分类，该记载什么内容就记载什么内容，不能乱记，否则就不便于查找，也不利于归纳和总结。

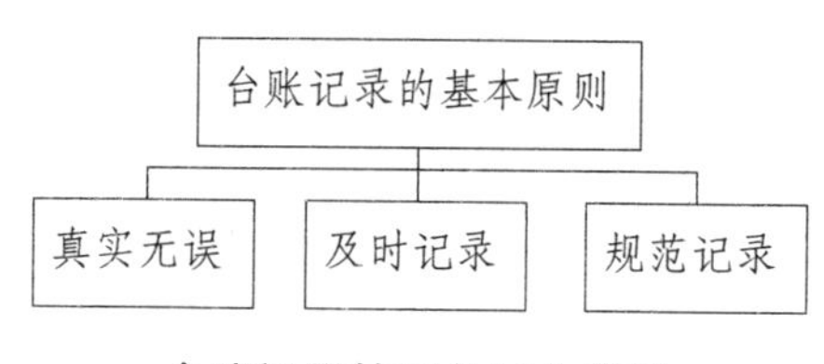

台账记录的三条基本原则

规范化的台账记录，能够提升公司的管理水平，保证各项工作流程正确有效地执行，减少扯皮、推诿的不良现象。定期的资料报送也能够使公司上级及时掌握公司状况和工作动向，提高工作质量和工作效率。

二、专人有专账，各司其职不乱

很简单的一件事，如果搅和的人多了，就容易人多嘴杂，问题不仅得不到解决，还有可能越扯关系越乱，工作效率得不到提升。造成不好的影响之后又无奈于法不责众，落实不到每个人身上。所以，任何事务最好具体到个人，做到专人专账管理，条理清晰，方便快捷，节省额外时间。

企业中也是这样的道理，将整块的任务分割成一个个的小块，合理分工，职责到人。合理地分配任务既能够减轻公司的负担，使任务明朗化，看起来没那么杂乱，也能够让每个员工在自己的岗位上，各司其职、各尽其责。

项目部主要工作任务及管理职能分工表

职能代号：I 表示“信息”，P 表示“决策准备”，D 表示“决策”，E 表示“执行”，C 表示“检查”。

<table>
<tr><th>阶段</th><th>编号</th><th colspan="2">工作任务</th><th>集团、公司领导</th><th>项目部经理</th><th>专业工程师</th><th>档案管理员</th></tr>
<tr><td>……</td><td>……</td><td colspan="2">……</td><td>……</td><td>……</td><td>……</td><td>……</td></tr>
<tr><td rowspan="13">施工准备阶段</td><td>11</td><td colspan="2">编制《项目建设管理大纲》</td><td>D</td><td>PE</td><td>I</td><td></td></tr>
<tr><td>12</td><td colspan="2">三通一平</td><td>C</td><td>DC</td><td>IPE</td><td></td></tr>
<tr><td>13</td><td colspan="2">选定工程承包商、材料供应商</td><td>D</td><td>PI</td><td>I</td><td></td></tr>
<tr><td>14</td><td colspan="2">签订合同</td><td>D</td><td>IPC</td><td>E</td><td></td></tr>
<tr><td>15</td><td colspan="2">地质勘察</td><td>C</td><td>C</td><td>IEC</td><td></td></tr>
<tr><td>16</td><td colspan="2">规划放线</td><td>C</td><td>C</td><td>IEC</td><td></td></tr>
<tr><td>17</td><td colspan="2">工程开工手续</td><td>DC</td><td>IC</td><td>IE</td><td></td></tr>
<tr><td>18</td><td colspan="2">临建设施及临水、临电</td><td>D</td><td>IPC</td><td>IE</td><td></td></tr>
<tr><td>19</td><td colspan="2">施工图会审</td><td>DC</td><td>IPEC</td><td>IE</td><td></td></tr>
<tr><td>20</td><td colspan="2">“四新”工程技术、经济评估</td><td>D</td><td>IPC</td><td>I</td><td></td></tr>
<tr><td>21</td><td colspan="2">编制项目施工进度总体计划</td><td>D</td><td>IPC</td><td>IE</td><td></td></tr>
<tr><td>22</td><td colspan="2">分包单位、甲供材进场计划</td><td>C</td><td>IPC</td><td>IE</td><td></td></tr>
<tr><td>23</td><td colspan="2">工程资金使用计划</td><td>D</td><td>IPC</td><td>IE</td><td></td></tr>
<tr><td rowspan="16">工程施工阶段</td><td rowspan="5">24</td><td rowspan="5">质量控制</td><td>材料定板</td><td>D</td><td>IPC</td><td>IE</td><td></td></tr>
<tr><td>材料进场验收</td><td>C</td><td>DC</td><td>IPEC</td><td></td></tr>
<tr><td>分部、分项工程验收</td><td>C</td><td>DC</td><td>IPEC</td><td></td></tr>
<tr><td>样板工程验收</td><td>C</td><td>DC</td><td>IPEC</td><td></td></tr>
<tr><td>施工质量问题、事故处理</td><td>D</td><td>PC</td><td>IEC</td><td></td></tr>
<tr><td rowspan="5">25</td><td rowspan="5">进度控制</td><td>项目施工进度总体计划</td><td>D</td><td>PC</td><td>IE</td><td></td></tr>
<tr><td>单项工程进度计划</td><td>D</td><td>PC</td><td>IE</td><td></td></tr>
<tr><td>施工总进度计划</td><td>C</td><td>DC</td><td>PC</td><td></td></tr>
<tr><td>工程形象进度周报、月报</td><td>C</td><td>C</td><td>IE</td><td></td></tr>
<tr><td>工期签证</td><td>D</td><td>PC</td><td>IEC</td><td></td></tr>
<tr><td rowspan="6">26</td><td rowspan="6">投资控制</td><td>施工方案审核</td><td></td><td>D</td><td>IPEC</td><td></td></tr>
<tr><td>工程设计变更</td><td>D</td><td>IPC</td><td>IEC</td><td></td></tr>
<tr><td>工程现场签证</td><td>DC</td><td>DC</td><td>IPEC</td><td></td></tr>
<tr><td>年度、月度工程款计划</td><td>D</td><td>PC</td><td>IEC</td><td></td></tr>
<tr><td>工程款支付</td><td>D</td><td>PC</td><td>IEC</td><td></td></tr>
<tr><td>工程结算</td><td>D</td><td>PC</td><td>IC</td><td></td></tr>
</table>

续表

阶段	编号	工作任务		集团、公司领导	项目部经理	专业工程师	档案管理员
工程施工阶段	27	合同管理	合同签订	D	PC	IEC	I
			合同台账	C	C	I	IE
			合同存档	C	C		IE
	28	信息管理	往来文件管理	C	C	I	E
			工程资料管理	C	C	I	E
			工程档案管理	C	C	I	E
			设计变更、工程现场签证台账	C	C	I	E
			合作单位评估	D	PC	IEC	
	29	组织协调	部门内部组织协调		DE	I	I
			公司内部协调	D	IPE	I	I
			合作单位组织协调		DE	IPE	
			政府职能部门协调	D	IPE	IE	
			相关往来单位、机构协调	D	IPE	IE	
			周边村民工作协调	D	IPE	IE	
验收交楼阶段	30	竣工验收		D	IPEC	I	
	31	交楼验房		D	IPEC	I	
	32	售后维修		D	IPC	I	
	33	与物业公司交接		DE	IP	IP	

台账作为企业规范管理的重要工具、得力助手、有效依据和实用工具，是规范各专业运行管理工作的专项记录本，以纸质形式进行记录，存放在各专业值班点，便于现场查询和校对，丝毫不能马虎。

台账运行程序包括：台账建立、台账督查和台账反馈三个步骤。首先，各部门根据公司提供的台账模板建立相应的本部门工作台账，全面推行台账管理。其次，按照职责分工对台账相关事项实行跟踪督办，周督办、月提醒、季度检查、半年点评、年终总结。对重要工作、重点工程、重点项目，适时组织相关部门开展联合督查，及时公开督查结果。最后，再按照职责分工对台账相关工作进展情况按月进行登记，并进行结果认定，每个季度进行一次通报。

项目部台账种类

序号	台账名称	保存位置
1	公司内部文件台账	项目部
2	固定资产台账	项目部
3	工器具台账	项目部
4	项目部管理制度台账	项目部
5	特殊工种证件台账	项目部
6	考勤表台账	项目部
7	请假单台账	项目部
8	会议记录台账	项目部
9	文件收发记录台账	项目部
10	材料设备管理台账	项目部
11	工程承包合同台账	项目部
12	分包单位台账	项目部
13	资料管理台账	项目部
14	安全学习资料台账	安全员
15	安全教育考试台账	安全员
16	安全生产责任书台账	安全员
17	安全检查记录台账	安全员
18	安全学习记录台账	安全员
19	安全例会签到表台账	安全员
20	工作外安全保证书台账	安全员
21	施工技术交底台账	安全员
22	工作票台账	各专业
23	请假单台账	各专业
24	消缺单台账	各专业
25	质量台账	各专业
26	班前十分钟例会台账	各专业
27	设备台账(电子版)	各专业
28	设备定期给油脂台账(电子版)	各专业

《运行台账制度》中关于台账记录作出了相关规定：记录、台账的填写要有专人负责，禁止无关人员任意涂改；要有固定格式的记录簿、台账，应按记录簿中的要求将表格栏内的项目全部填写，不得遗漏或缺项。所以，企业中台账的管理要具体化、规范化，最好实行专人专账的管理办法。

现在无论是大企业还是小公司，企业内部制度都有一个独特的框架，各部门分工各不相同，就像小小的溪流最终汇入大海一样，各个部门最终都是为了整个企业的正常运转在努力。为了保障各部门分工明确，来往账务清楚，大多都建立健全了台账的建立、督查和审核制度，规范了公司的台账制度和记账流程。实行“专户、专人、专账”的管理方法，完善公司的账务管理，除了能够使公司业务条理化、账目清晰化之外，最重要的就是能够责权到人，使员工各司其职，避免纰漏百出。

一个企业中事务繁多，台账的记录包括多个方面，记录的资料也涉及各个部门。台账录入要及时、准确、清晰，记录时要格外谨慎，台账种类是否齐全、内容是否完善，直接反映一个项目部对标准管理的认识程度。台账要专人录入，数据、信息、记录内容要真实，与实际相符。在专人记录台账资料时，在整理资料和积累的过程中能够起到自我督促、强化管理的作用。台账要设专人管理，定点存放，无关人员不得随意移动、查看。

用专人记账、专人管理，有利于账务清晰，记录有条不紊，便于查询；专人记录台账，职责到人，将权限细化，缩小范围，分工明确，提高记录人员的记账警觉性，避免不必要的麻烦；专人专账的管理办法，有利于各部门各司其职、各尽其责。专人专账管理，要求记账人员责任心强，胆大心细，负责具体台账内容，办理台账业务，及时注记完成每日台账报表，平时要做好来往业务的明细台账。

专业的记账人员在记录收款台账时，要详细记录应收款的基础资料，包括每个客户的客户类别、客户名称及联系资料、信用额度、信用期限，每笔业务的订单编号、合同编号、经办人员、批准人员，项目明细、产品

企业内部制度框架体系
法人治理制度
经营管理制度
职能管理制度
业务管理制度
经营制度
横跨多个职能系统的制度
各职能系统的统领性制度
行政办公系统制度
人力资源系统制度
财务系统制度
审计监察系统制度
文书管理制度
后勤管理制度
会议管理制度
人力资源规划制度
薪酬管理制度
绩效管理制度
招聘管理制度
培训管理制度
员工管理制度
工程建设类管理制度
地产开发类管理制度
金融服务类管理制度

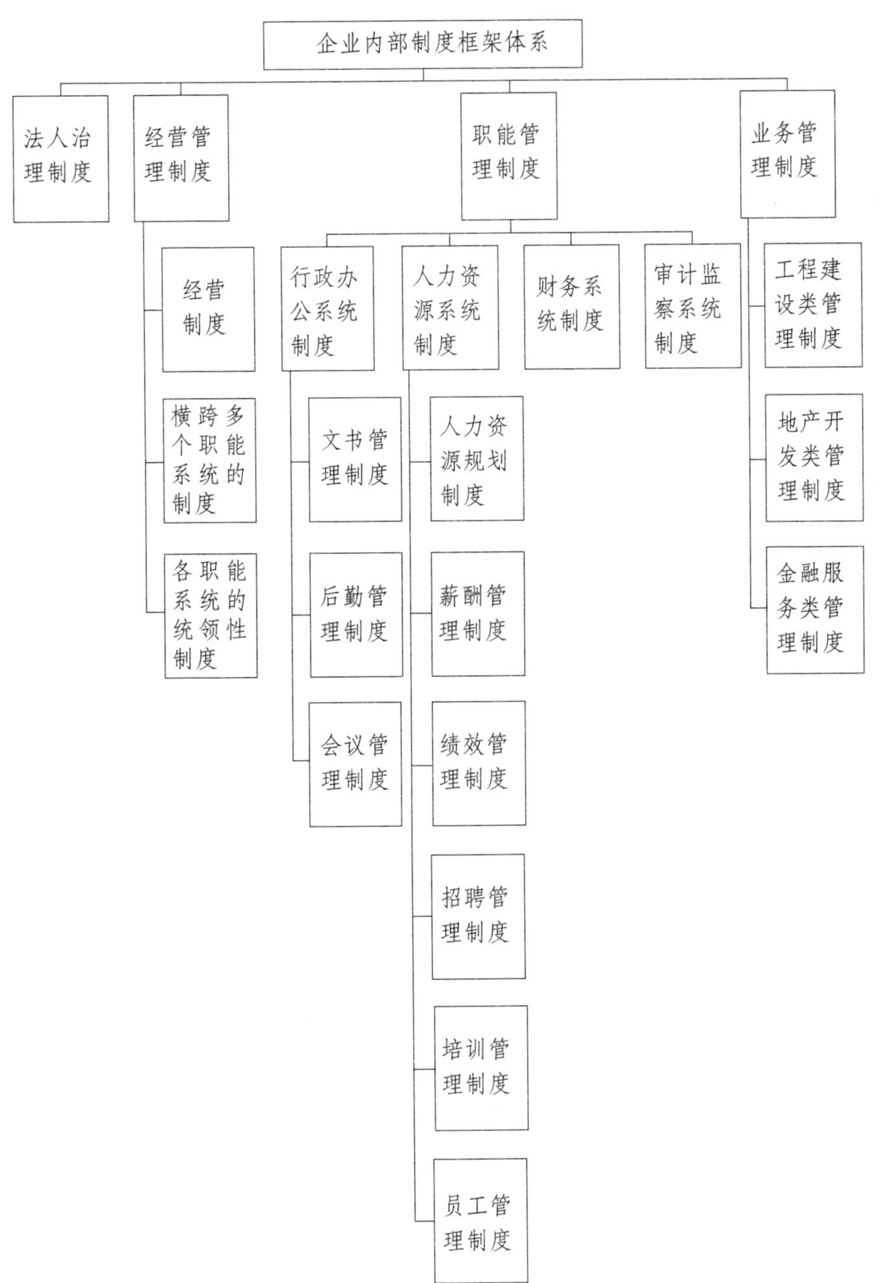

企业内部制度框架体系

明细、货款明细、发货单编号、货物签收情况、发票编号、货款回笼情况和对账、催收记录以及上述相关发生的日期等。详细的记录便于及时查看，既是对以前的回顾，也是对现在的提醒。

做事讲究有始有终，台账的记录之所以要专人负责，就是要完善台账记录的流程。台账记录完之后，专业的业务人员还要对所做的记录全程负责，并对客户的经营情况、偿付能力进行追踪分析，及时了解客户资金持有量与调剂程度，保证应收账款的回收。这就要求记录人员要具有专一性和持久的耐力，一个客户直到业务完结，这份台账才算真正记录完整。

专业人员记账时需要对客户进行分类管理，在一定的时间区间内按照规定分为不同的方式提醒客户：账期内的应收账款应在到期前 30 天及时提醒客户按约付款，在到期前 10 天传真提醒客户按约付款；逾期的应收账款，业务人员提交分析说明及清收措施交部门领导审阅，并向客户寄、送催款书。

记账人员除了要在本公司内部记好账之外，还需要定期与客户对账，对账结果要仔细加以确认，最后的确认书应由双方盖章，并及时交财务部门，确保债权明确有效。双方对账有问题的，必要时由财务部门提供对账支持，连同业务人员一起与客户对账。

专人记账虽然看起来流程很麻烦，但是真正实施起来确实便利了整个企业，因此，将关键的这块做好，一切烦琐的事务都可以迎刃而解。

三、凡事有记录，减少事后纰漏

企业中要“凡事有据可查”，所有管理活动都要留下痕迹，有依据、可追溯，在流程运行中按照文件规定做好台账记录，注意收集各类信息，积累各方面的资料，为流程管理体系的有效运行和管理决策提供依据，做到不留一处漏洞。

有句话叫作“好记性不如烂笔头”，就是说光凭记忆不如动手写下来来得牢靠。

例如，CANCL（中国实验室国家认可委员会）发布的《实验室认可准则》中要求：“干工作必须有程序，有程序必须执行，执行过的工作必须有记录。”这三句话句句提到记录，可见记录在工作中的重要性。

原始记录是工作的见证性文件，体现了真实的工作过程，是出具各种工作报告的唯一依据，所以做原始记录时应该做到规范性、原始性和可追溯性、严格性和保密性。

工作中的经验告诉我们，做任何事情动脑的同时也需要多动手，我们头脑的记忆力并没有像我们想象得那么好。只有将确凿的数据记下来，才能保证资料的持久性，不至于以后手忙脚乱。企业平时记账也是如此，部分同事不太重视记录，只是随手带过或者觉得不太重要根本就不去记，这种做法是错误的。记账人员的本职工作就是记录信息资料，即使有些资料现在用不着，却保不准以后会用得着，所以，记账的专业人员要有“事无巨细，能记就记”的工作态度。台账记录在平时的工作中能够起到自我督促、强化生产管理的作用，也能够提升企业的管理水平，便于随时查询、校对。

记台账时做好工作记录，用实实在在的账本说话，既避免白费口舌，也便于分清责任。将工作的每一个步骤需要记录的环节记录下来，这样当工作出了问题时就可以追根溯源，查明问题到底出在什么地方，责任人是谁，使得管理逐步走向规范化、制度化。多做账本记录也能够对自身的工作加以评估，可以有依据地、有针对性地对自己的工作态度或方式予以改进，从而提高工作能力，提高整体素质。

××安监局下辖企业基本情况登记表

<table>
<tr><td colspan="3">企业注册名称</td><td colspan="2"></td><td>经济类型</td><td colspan="2"></td><td colspan="2">企业创办时间</td><td colspan="2"></td></tr>
<tr><td colspan="3">企业所在地址</td><td colspan="2"></td><td>企业职工人数</td><td colspan="2"></td><td colspan="2">厂区面积 / m^2</td><td colspan="2"></td></tr>
<tr><td colspan="3">企业法人代表姓名</td><td></td><td>联系电话</td><td></td><td colspan="2">专职安全管理人员姓名</td><td colspan="2"></td><td>联系电话</td><td></td></tr>
<tr><td colspan="3">安全管理机构负责人</td><td></td><td>联系电话</td><td></td><td colspan="2">兼职安全管理人员姓名</td><td colspan="2"></td><td>联系电话</td><td></td></tr>
<tr><td colspan="3">企业主要生产产品</td><td colspan="2"></td><td>企业年产值</td><td colspan="6"></td></tr>
<tr><td rowspan="5">证照情况</td><td colspan="2">证件名称</td><td>发证单位</td><td>发证日期</td><td>有效期</td><td colspan="2">证件号码</td><td colspan="4">生产经营范围</td></tr>
<tr><td colspan="2"></td><td></td><td></td><td></td><td colspan="2"></td><td colspan="4"></td></tr>
<tr><td colspan="2"></td><td></td><td></td><td></td><td colspan="2"></td><td colspan="4"></td></tr>
<tr><td colspan="2"></td><td></td><td></td><td></td><td colspan="2"></td><td colspan="4"></td></tr>
<tr><td colspan="2"></td><td></td><td></td><td></td><td colspan="2"></td><td colspan="4"></td></tr>
<tr><td rowspan="3">从业人员分布情况</td><td>工种</td><td>电工作业</td><td>金属焊接切割作业</td><td>起重机械作业</td><td>厂内机动车辆驾驶</td><td>登高架设作业</td><td>锅炉作业</td><td>压力容器操作</td><td>危化作业</td><td>煤气作业</td><td>其他</td></tr>
<tr><td>人数</td><td></td><td></td><td></td><td></td><td></td><td></td><td></td><td></td><td></td><td></td></tr>
<tr><td>持证情况</td><td></td><td></td><td></td><td></td><td></td><td></td><td></td><td></td><td></td><td></td></tr>
</table>

记录台账时要分清主次关系，拣重要的记。在工作中分清轻重很重要，如一个客户来公司谈业务，确定了合作的各个环节，中午很愉快地和老板在公司吃了一顿饭，然后离去。像这种情况，台账中最需要记的就是客户

与公司的合作项目，这是最主要的。像中午吃的饭、客户的衣服手表、谈话方式等这些无关重要的就不需要记录。但是，其他比较重要的比如客户来公司的日期、洽谈业务的细节、项目的大小、与哪个部门有关、与公司的利害关系等内容，能多记就多记，无论大小事务都先记下来，免得到最后出现工作上的纰漏。

记录台账时要分步骤，一步一步记。记录主要是收集数据、记录资料，有的数据资料太过繁杂，不能一时全部记录下来，这时就需要先在账本上记大块，可以先分类，之后再分解。在记账之前先搞清楚将要记录的资料是属于哪一类的，分门别类，将纯文字的记录方式转化成表格形式，然后再一步一步分解，尽量多记录，将表格补充完整。如某单位的安全管理台账分类明细表：

某单位安全管理台账分类明细表

<table>
<tr><th colspan="2">台账序号</th><th>包括内容</th></tr>
<tr><td rowspan="3">台账一
安全生产保证体系台账</td><td>（一）
安全生产管理机构</td><td></td></tr>
<tr><td>（二）
安全管理制度文件</td><td></td></tr>
<tr><td>（三）
安全生产责任书</td><td></td></tr>
<tr><td colspan="2">台账二
人员动态管理台账</td><td></td></tr>
<tr><td rowspan="2">台账三
安全培训教育台账</td><td>（一）安全培训教育</td><td></td></tr>
<tr><td>（二）安全技术交底</td><td></td></tr>
<tr><td colspan="2">台账四
安全生产会议台账</td><td></td></tr>
<tr><td colspan="2">台账五
安全专项方案台账</td><td></td></tr>
<tr><td colspan="2">台账六
机械设备管理台账</td><td></td></tr>
</table>

续表

<table>
<tr><th colspan="2">台账序号</th><th>包括内容</th></tr>
<tr><td rowspan="2">台账七
安全检查管理台账</td><td>（一）安全检查督查管理</td><td></td></tr>
<tr><td>（二）安全日常检查管理</td><td></td></tr>
<tr><td colspan="2">台账八
安全设施标志管理台账</td><td></td></tr>
<tr><td colspan="2">台账九
安全费用管理台账</td><td></td></tr>
<tr><td colspan="2">台账十
应急预案管理台账</td><td></td></tr>
<tr><td colspan="2">台账十一
安全事故管理台账</td><td></td></tr>
<tr><td colspan="2">台账十二
其他</td><td></td></tr>
</table>

记录台账时要有技巧，善用记录笔记。在记录台账时，大多使用表格，用起来更加方便，看起来也很清楚明了。但是用表格记录也有一个弊端，那就是在表格记录不完整的情况下还需要补充资料，添加资料就会使整个页面显得特别脏乱，容易让人找不到重点，这就需要记账人员用专门的笔记来补充记录。可以自行找一个小小的笔记本作为笔记，也可以发挥自己的脑力在表格上巧妙地记笔记。在记录笔记时，要学会巧用，表格中已经出现的资料就不需要重新再记一遍，只需用不同的颜色着重标记一下即可；需要在每一类别下补充资料时，可以在这张表格下面再放上一张空白纸，在纸上每条资料前打上标记，说明是哪一类别的补充，以后查找起来也会更加容易。

详细记录台账，做到任何事情都有记录，是为了在以后工作中有据可查，也是作为以后判断现在工作是否正确的重要凭证，如果错误了就要及时改正、分析问题原因并进行彻底整改。

四、账本随时翻，抓好监督考核

查看台账是管理者抓工作落实情况的一个重要手段，是检查考核的必要环节，因而也就成了某些部门应对的重点。一个企业内部出现了问题，就意味着没有了发展上升的空间，内部出现问题就必须从自身方面找原因。因此，自查自审也是企业常常需要做的工作。一个强大的企业必定有自查自审的机制，一个良好的管理者也必定有强烈的自查自审意识。

但是，做好自查自审工作，只有意识远远不够，还需要更科学、更合理的方法。做好台账工作就是一个最直接、最有效的方法，它能使管理者更加清晰地认识到企业发展的现状和未来，能使企业在发展中不走弯路或少走弯路，避免经济损失或少些经济损失、多些成功经验。

王强是某生产企业安全科主任，为进一步加强企业的安全管理工作，他在长期的工作实践中建立了一套标准化、规范化的企业台账，包括 13 本安全台账、4 个档案和 1 本安全活动记录，比如安全会议台账、安全检查台账、隐患治理台账、事故台账、安全工作考核与奖惩台账、安全学习资料档案、安全教育等记录。

由王强的案例中可以看出，工作之余多记账，多翻看账本是很有必要的——在记录资料的同时也能够看到工作上的疏漏，在自我审查的同时审视工作成效，纠正以前工作中的失误，提高工作能力。

自查自纠情况台账

部门：　　　　　　　　　　　　　　　　　　　　　　　　时间：

目标任务	存在问题	分析原因	整改措施
做到落实工作不过夜、落实不了及时报告，切实解决作风拖拉、效率低下的问题。			

续表

目标任务	存在问题	分析原因	整改措施
做到落实工作有结果、结果有反馈，切实解决消极应付、敷衍了事的问题。			
做到在工作中主动发现问题、下大力气解决并及时报告，切实解决失职失察、慵懒怠政的问题。			
做到重视网上行政、对网民反映的问题及时处理并认真答复，切实解决衙门习气、脱离群众的问题。			
做到开会必到、不到告知，切实解决纪律涣散、自由散漫的问题。			
做到上级通报批评即调查、情况属实即问责，切实解决文过饰非、不担责任的问题。			
做到顾全大局、令行禁止，切实解决本位主义、部门利益至上的问题。			
做到坚持原则、团结共事，切实解决拉拉扯扯、团团伙伙的问题。			
做到生活正派、勤俭节约，切实解决作风庸俗、贪图享受的问题。			
做到廉洁从政、秉公办事，切实解决为政不廉、以权谋私的问题。			

填表人签字：　　　　　　　　　　单位负责人审核签字：

企业根据对工作的自查自审用表格记录台账，能够清楚地看出现状与理想的差距有多大，并分析其中的原因，然后根据实际情况作出具体的整改措施。

企业的自查自审工作兼顾多个方面，重点对统计的基础工作、公司规范制度的执行情况和主要记录的数据资料进行自查；要对照公司业务的实际情况和各项数据的原始记录、账本统计、业务合同台账（见下表）、公司管理等情况认真检查核实，填好自查表，将检查的结果和改进方法落到实处；对账本中存在的主要问题进行分析，并提出整改工作。

付款类合同台账

公司名称：　　　　　　　　　　　　　　　　　　　　日期：

序号	合同编号	合同名称	签约时间	单位名称	联系人、联系电话	合同主要条款			合同实际履约情况			变更解除情况	备注
						合同标的	主要条款	约定付款节点	付款时间	付款金额	付款凭号		
1													
2													
3													
4													
5													

用表格记录台账，快速便捷，最重要的是方便查询校对，只要原始记录准确，账面干净，整洁有序，那么后续工作节奏也会加快很多，也能够随时准备好接受监督考核。

任何东西被束之高阁都不能发挥效用，台账的记录是对现在情况的描述，也是为了以后能够翻看查询，查漏补缺，在错误中进步。所以，记录的台账要多加翻看、多次回顾，才能在保留真实情况的同时，促进公司发展。

平时多翻看账本，自我督促，提高自身的能力。人不可能不犯错，但可以少犯错。将自身工作中的失误和自己认为重要的关键点用账本记录下来，在整理资料的时候警醒自己下次避免出现同样的错误，进而在以前的基础上改善工作方式、提升自身的工作能力。

随时翻看账本，规范企业管理，提高管理水平。企业管理中，如果上令不能下达，上级决策得不到落实，那么一切都将是空谈。记账则可以将公司内部的各种通知、制度、决策都登记下来，以此规范每个员工的行为，使其按照公司的制度走，从而上下一体，公司管理加强，管理者水平提高，员工的工作效率自然也就提高。

账本随时翻，抓好监督考核。督查考核，强调的是公司制度的落实，用台账记录公司的全面情况（包括公司的行为规范），时常翻看账本，将各种管理制度铭记于心，正确之处继续坚持，错误之处及时改进，以此维护公司制度正常运行。

五、理清工作头绪，工作事半功倍

记台账需要合理运用表格，将繁杂的数据资料、公司基本情况、人事调动、出入库资料、业务往来记录以及具体的时间等多方面的详细信息填入绘制好的表格中，分门别类地排序，便于公司日后查询校对，提高办事效率。

用表格记台账，去除了纯文字的枯燥感，缓解了员工的视觉压力，而且采用图示法，使工作内容更为直观易懂，让员工更乐于接受。在做台账前要首先考虑清楚将要记录的类别、类型、内容多少、时长多久，先做大方向的内容，然后依次往表格中填充详细信息。表格中的各个项目要标示清楚，做到条理清晰，属于哪个部门的员工只需要看这一个项目的内容就可以了，去掉扰乱视线的条条框框，有利于员工快速明确目标，理清工作头绪。

用表格记账计算方便，便于总结。表格的基本职能是对数据进行记录、计算与分析。在实际应用中，它小到可以充当一般的计算器，计算个人收支情况，计算贷款或储蓄，等等；大到可以进行专业的科学统计运算，以及通过对大量数据的计算分析，为公司财政政策的制定，提供有效的参考，提高办事效率，做到事半功倍。

简单的上半年业务总结表

日期	1月	2月	3月	4月	5月	6月	总结	备注
部门								
负责人								
工作任务								
完成指标								

用表格记账节省了很多不必要的环节，以最直观的方式将资料信息呈现出来，优化了工作流程，节省了不必要的时间，是提高公司工作效率、提升企业效益的最佳手段。

要想合理地运用表格记账，理清工作头绪，就需要做到以下两点：

1. 基础台账的表格分类。将一整块的工作任务分割成一小块一小块，根据一定的划分标准将其分为不同的类别，包括内务管理账，各类会议登记账，工作方案（或措施、总结、小结）类账，规章制度账，各部门建设管理账等多种类型的基础台账。先确定分类，选定将要使用的表格样式，然后根据不同资料的不同类型进行补充，便于各部门人员及时查询自己想要的账务。

2. 规范台账的管理。时间久了，台账也会越积越多，这时候就需要一个合理的归类。一方面，可以将各种账本按照年度进行整理，形成规范的系统台账，装订成册；另一方面，也可以使用档案盒，按照顺序将同一类别的账本保存到统一档案盒中，分类保存，理清顺序，便于随时翻看。应当注意的是，档案盒上的分类名称需要谨慎填写，避免出现张冠李戴的现象。

表格作为记账的主要工具，无论是纸质的还是电子的，都讲究一个字：简。表格就是要越简单越好，最好少些文字，拣关键点写，最重要的是结构上要划分清楚。在分配任务时，要在表格上明确分工，各大版块不掺和，让人看了一目了然。见下表：

任务分配表

序号	姓名	部门	职务	负责地区	工作期限		工作结果	备注
					初始日期	终止日期		

关于台账用表格的具体要求，现在企业制度上并没有明确的规范，也没有要求必须用哪种表格。但是各大企业在表格的使用中摸索这么多年，对于如何合理、高效地利用表格记账还是有很多经验可供参考的。

首先，列最详细的清单。表格的类别要越细越好，最好细化到一个部门甚至一个职位。企业小的话，归类也少，就可以合理规划一下，表格不致显得拥挤；若是大企业、员工多、职位杂，一份表格不够，就需要准备多份表格，直到把具体情况说清楚为止。

其次，按部就班。在表格中记账要分清主次，标明关键点。思路不清，就难以找准工作主线，在工作中就抓不住工作重心，不知道哪些是应该干的，导致忙于各种具体事务中，眉毛胡子一起抓，分不清哪个是主要矛盾，哪个是次要矛盾，进而影响工作方式、方法的采用和选择。思路是工作之纲，纲不清，就不能做到纲举目张。用表格记账时，可以在一个表格中写出最重要的部分，如最紧急的工作、即将要完成的项目以及临时的人员调配。清楚的表格能够让人着重于大局建设，先解决主要问题，再解决次要问题，厘清关系，按部就班完成工作。

2012年××公司工作重点和计划表

序号	工作重点		工作计划和目标
1	基本生产指标		
2	职工培训	入职培训	
		安全培训	
		技术培训	
3	修订制度		
4	精减人员		
5	稳定队伍，选拔人才		
6	优化制度，加强落实		
7	加强自身技术、管理各方面学习，认真完成各项日常管理工作		

最后，及时归纳总结。表格记账刚开始的时候，可能会发生诸如项目划分不明确、职务分工搞混、工作善后不到位等情况。这就需要对表格利用不当之处，及时修改。及时总结既是对以前工作的监督，也是对自己的考核。要熟练运用表格记台账，让台账很好地为公司服务，就需要及时回头查看台账内容，及时总结，及时对不当之处作出修改。

六、账本妥善保管，汇报总结不难

一本台账完成之后，要妥善保管，避免遗失宝贵的原始记录和数据资料。账本涵盖一个企业中的各方面内容，及时保管，随时翻阅，能够发现规律。在翻阅账本的过程中回顾过去所开展的工作、所碰到的问题、解决问题的方法，从而发现规律。遵循这些规律可以达到事半功倍的效果，能更好地联系工作实际，达到顺利开展工作的目的。妥善保管账本，能够在以后的工作中查漏补缺，提升工作能力。

在企业的台账管理制度中，往往除了记录、反馈之外，还规定了台账总结制度——对一个时间段（通常是一个季度、半年或一年）的台账进行编次和总结。

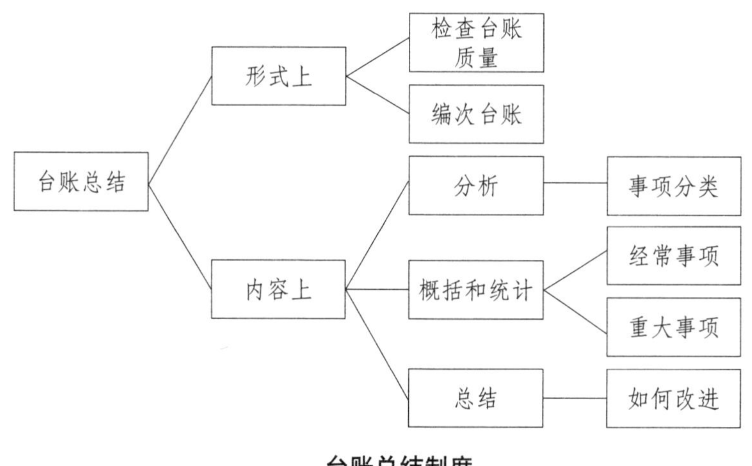

台账总结制度

台账总结是对一定时期内的台账加以总结、分析和研究，肯定成绩，找出问题，得出经验教训，摸索事物的发展规律，用于指导下一阶段工作的一种书面文体。台账总结所要解决和回答的中心问题，不是某一时期要做什么、如何去做、做到什么程度，而是对某种工作实施结果的总鉴定和总结论，是对以往工作实践的一种理性认识。台账总结不仅是对各项工作的具体做法、进展情况、取得经验进行总结，更是对工作中存在问题、不足及下一年工作安排的概括。因此，台账总结（特别是年终台账总结）应具有客观性、全面性和概括性。

台账总结是做好各项工作的重要环节。通过它，可以全面地、系统地了解以往的工作情况，可以正确认识以往工作中的优缺点，可以明确下一步工作的方向，少走弯路，少犯错误，提高工作效益。

台账总结还是对工作加深认识的重要手段，是由感性认识上升到理性认识的必经之路。通过台账总结，使对工作的零星的、肤浅的、表面的感性认识上升到全面的、系统的、本质的理性认识上来，寻找出工作的规律，从而掌握并运用这些规律。

台账总结的基本内容包括工作情况、过去的成绩和问题、解决问题的一些经验。

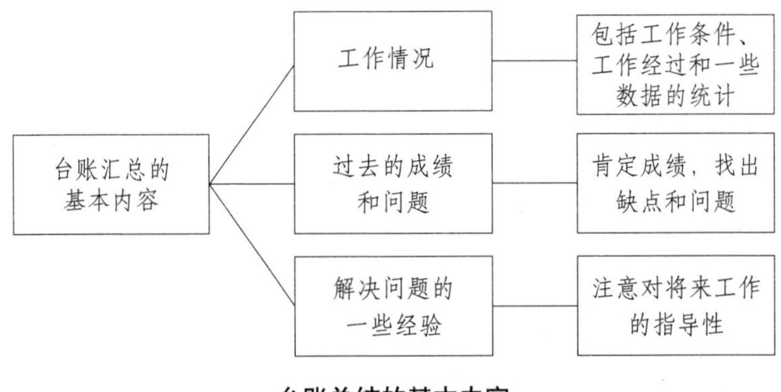

台账总结的基本内容

台账总结的写作要求

1. 编好写作提纲	在编写的提纲中，要明确回答想写什么问题、哪些问题是主要问题等。
2. 交代简要，背景鲜明	总结中的情况叙述必须简明扼要，对工作成绩的大小以及工作的先进、落后叙述一般要用比较法，通过纵向的和横向的比较，使得背景鲜明突出。
3. 详略得当	根据总结的目的及中心，对主要问题要详写，次要的要略写。忌"三多"：工作业绩多、虚话套话多、模糊字眼多。

其实，台账总结只需要把所干工作实实在在、有始有终予以全面客观的评价：对所做工作，既要看到成绩，又要看到不足；对于存在问题，既要实事求是，又要全面客观。所以，只有在真正干了工作的基础上，才能用"实绩"写出令人满意的"总结"来。

台账总结范文：

完善选矿厂设备台账，让设备管理更加到位

随着一个多月的选矿厂选矿工艺流程改造的圆满完成，设备的统计与管理也要做一些详细记录。为完善选矿厂设备的管理，为了解选矿厂在用设备的总装机容量，在选矿厂各位领导的带领下，我们陪同机械动力部共同完成了选矿厂的设备管理台账。

制作选矿厂的设备管理台账要考虑到方方面面。对于车间复杂的选矿工艺流程，同时考虑设备的整体性，最后决定还是以车间为"块儿"来进行统计与记录，这样看起来更加直观，以及容易了解到设备的具体方位。我们不怕脏、不怕累，找到一个个设备的铭牌进行详细记录。很多时候要在设备运转的情况下进行工作，这就要求我们更要注意自身的安全。这还只是初期的设备记录工作——我们还要进行整理归纳制作成电子稿件才算基本完成。

设备管理是一项最基本的工作，它对车间安全正常的运转起到非常重要的作用，能够合理地对设备进行利用、维护保养，增加设备的使用寿命，保证车间生产的顺利进行。

第五章
用表格执行制度：杜绝推诿懈怠，提升全员绩效

随着时代的进步调整制度，将自己的员工培养成为紧跟时代的新型人才，这将是一项伟大的成就。对待制度和流程只有尊重，才会自愿去执行；对制度信任，才会把工作做得最好；对流程尊重，才能规范执行。如果态度不严谨，执行不规范，即使再简单的工作，也无法百分百地按照流程执行。

一、一个好制度，让庸才变干将

很多人都把管理企业理解成单纯管人，但是结果绞尽脑汁也仍然没有把事情管好。其实，管理企业不是简单管人，而是带人，就是将整个团队培养成为精英团队，让所有的员工都成为企业的能人巧匠，而且是最适合企业运转的干将。

企业管理是一个借力的过程，只会单打独斗的“高手”并不是最适合企业的，具备领导力的将才才是最有利于企业的，因为会领队的人能够聚众人之力解决问题，从影响一个人开始逐渐影响整个团队，最终让一个成员在资质方面差距悬殊的团队变成能力不相上下的精英组合。

企业要把庸才变干将并不容易，首先考虑员工的素质，其次是能力和经

验，而要从根本上改变员工，仅仅拥有一个优秀的领头人还不够，还需要最精细的制度。因为领头人的言传身教只能起到精神上的引领作用，真正能够左右执行力的还是制度的约束。这是一场持久战，不是一朝一夕就能完成的。不过一旦用好了，就等同于开掘出了一个无穷无尽的宝藏，无论何时都不会出现无人可用的局面，再好的点子都不会是纸上谈兵，再好的项目都不会胎死腹中。

海尔集团董事局主席张瑞敏是一名优秀的管理者，他不仅懂得带人，更懂得利用好的制度把庸才变干将。他经常提出很多进步的管理理念和口号，并且落实“到位”，而这“到位”的标准就是制定制度，坚决执行。综观中国的许多企业，能够像他那样把企业口号执行到位的人少之又少。例如张瑞敏刚到青岛冰箱总厂时规定工人“禁止在车间随地大小便”。之后，他依靠严格的规章制度对每一道工序、每一个环节、每一个人实施把控，把每一个要求落实到每一个人身上，甚至连“几点几分由谁打扫厕所”“几点几分谁来检查”“检查者是否来检查”等都落实到制度、工序上。就这样一点一滴地积累，才有了逐渐成熟的海尔集团管理模式。

张瑞敏常常向员工灌输这样的理念：“说了不等于做了，做了不等于做对了，做对了不等于做到位了，今天做到位了不等于永远做到位了。”他深知人性的弱点——每天反复做一件事情就会逐渐松懈，不认真、不到位；每天工作欠缺一点，日久天长就成为落后的顽症——所以，他实施“日清日毕，日清日高”的 OEC 管理办法，以此要求员工当天工作必须当天完成。

“OEC”管理法是英文 Overall Every Control and Clear 的缩写，其中“O”代表 Overall（全方位），“E”代表 Everyone（每人）、Everything（每件事）、Everyday（每天），“C”代表 Control（控制）、Clear（管理）。其核心内容概括起来就是总账不漏项，事事有人管，人人都管事，管事凭效果，管人凭考核，其管理法的表现形式则是三本账，即公司管理工作总账、管理工作分类账、管理工作明细账，管理法的三个表包括 OEC 现场管理日清栏、3E 卡、海尔现场管理日清表，综合起来就是目标体系、日清体系、激励机制这三个体系的综合。下面就举例管理法中的三个表。

海尔日清栏

<table>
<tr><td colspan="3">日期：
车间：</td><td colspan="3">Haier__________日清栏</td><td colspan="2">表号：
第____次修改
生效日期：</td></tr>
<tr><td rowspan="2">时间</td><td>本日计划及标准</td><td rowspan="2">巡检区域或工位</td><td rowspan="2">问题分析(责任到人)</td><td rowspan="2">S
ST
兑现</td><td rowspan="2">整改措施</td><td colspan="2">审核</td></tr>
<tr><td>本车间共有__项目(区域、设备、工艺、工位)，巡检频次为__次/( )
____年__月__日</td><td>少发现问题索赔</td><td>签字</td></tr>
<tr><td>09:00—11:00</td><td>本时间段计划巡检____项目，发现问题____项。</td><td></td><td></td><td></td><td></td><td></td><td></td></tr>
<tr><td>11:00—13:00</td><td>本时间段计划巡检____项目，发现问题____项。</td><td></td><td></td><td></td><td></td><td></td><td></td></tr>
<tr><td>13:00—15:00</td><td>本时间段计划巡检____项目，发现问题____项。</td><td></td><td></td><td></td><td></td><td></td><td></td></tr>
<tr><td>15:00—17:00</td><td>本时间段计划巡检____项目，发现问题____项。</td><td></td><td></td><td></td><td></td><td></td><td></td></tr>
<tr><td colspan="3" rowspan="3">昨日小结：本月计划巡检____项目，发现并解决问题____项，截至昨日应巡检____项目，发现并解决问题____项，实际累计巡检____项目，发现问题____项，解决问题____项。
未解决项内容及今日对策：</td><td>昨日考评</td><td>班组</td><td>角度</td><td>责任人</td><td>激励</td></tr>
<tr><td>优</td><td></td><td></td><td></td><td></td></tr>
<tr><td>劣</td><td></td><td></td><td></td><td></td></tr>
</table>

注：(1) 此表通用于工艺、设备、文明生产、安全(人员状态) 等项目的车间日清；
(2) 发现的问题点按合同及市场链条款索赔责任人；
(3) 管理人员少发现问题按原价值的双倍由审核人索赔到位；
(4) 右下方的表格中根据日清栏的功能选填；
(5) “本日计划及标准” 栏中设定“项目” 有 X 个，日频次为 Y，则 X、Y 的乘积为本日四个时间段“计划巡检项目” 的累加；
(6) “发现问题_____项” 一栏必须发现问题，可根据不同的项目由管理者事先确认后执行。

项目	填表人	姓名	审核人	姓名
工艺	工艺员		技术科长	
设备	设备管理员		设备科长	
文明生产	车间主任		现场管理员	
人员状态	车间主任		安全员	

三E卡（A卡）

姓名		职工编号		车间		班组	

填写说明

1.OEC 考核台账分 A 卡和 B 卡两部分，A 卡为年、月度考核表，每个员工每年一张；B 卡为计酬、日考核表，每个员工每月更换一张，月底交厂计财科。

2.OEC 考核台账填写人为班长或班长制定本班组一人，个人必须签字认可。

3. 职工编号为银行工资代发系统的部门职工编号，课上敢为中序号(1) 为目前实际岗位。

4. 物耗、质量、价值券由台账填写人向车间主任索取后，填到 B 卡上，其他奖罚(如：现场、劳动纪律等) 由部门分管的职能人员当日填写。

5. 每日各型号产量均记在 B 卡背面；每日生产计酬(包括公休日、节假日加班) 均要求填写在 B 卡正面，其中加班日生产只计酬不考核；加班做盘点、现场整改等工作者填写到 B 卡背面。

6.OEC 考核台账的审核程序：填写人→班长(审核人) →个人→车间主任(复审人) → OEC 台账管理员→职能管理人员。

年度考核(人数)		1月份( )人	2月份( )人	3月份( )人	4月份( )人	5月份( )人	6月份( )人	7月份( )人	8月份( )人	9月份( )人	10月份( )人	11月份( )人	12月份( )人
当月													
累计													
月度考评	类别												
	典型事例												

说明：1. 本总账每人一份，年度总情况作为本人年底考核的主要依据。

2. 综合排序说明：当月排序 / 各月累计排序，当月排序根据指标完成情况来定，累计排序为各月名次累计之和；年度排序以按照年底累加进行(年底累计加值最小，当年排序第一，累计值最大，当年排序最后)。

3. 图形说明：每月的最优和最劣必须有典型事例剖析。

4. 考评与排序依据班组建设考核办法。

<table>
<tr><td colspan="2">部门：</td><td colspan="4" rowspan="3">OEC 日清控制纠偏单</td><td colspan="2">表号：</td></tr>
<tr><td colspan="2">编号：</td><td colspan="2">第(　)次修改</td></tr>
<tr><td colspan="2">共(　)页
第(　)页</td><td colspan="2">生效期：</td></tr>
<tr><td>序号</td><td>内容</td><td>责任人</td><td>责任价值</td><td>完成结果</td><td>兑现</td><td>纠偏与预防措施</td><td>备注</td></tr>
<tr><td></td><td></td><td></td><td></td><td></td><td></td><td></td><td></td></tr>
<tr><td></td><td></td><td></td><td></td><td></td><td></td><td></td><td></td></tr>
<tr><td>本日计划项目</td><td></td><td>上期转结</td><td></td><td>已完成</td><td></td><td>未完成</td><td></td></tr>
<tr><td>兑现责任价值</td><td></td><td>呈报问题</td><td></td><td></td><td></td><td></td><td></td></tr>
</table>

应用范围：各部、各处室、各分厂、各……日清用，主要反映本部门重点工作控制情况。

编号规则：部门号＋年＋月＋日，其中股份公司编号为 BG，质量部编号为 ZL，制造部编号为 ZZ，其他部门编号以质量手册规定为准。

对于企业来说，可能聪明人、做大事的人并不难找，但是踏踏实实做事的人却很欠缺。对海尔而言，没有踏实做事的干将，就自己培养——只要有完善、精湛的管理制度，再平庸的员工都能被培养成素质高尚、技能熟练的巧匠。毕竟人无完人，没有谁一出生就具备天生的优越资质和上升条件，只要科学地培养，就能够有不断的超越。这也是海尔至今仍在不断探索和完善的经营理念，并且在这一理念的影响下，能够坚持执行的员工必定是合格的员工（即使离开海尔就职，也必然是猎头公司争抢的对象）。事实证明了这一点。

管理之道的根本在于善于挖掘员工的潜能，利用一个好制度指引他们成长为出色的最适合企业的干将，督促他们时刻注意克服人性的弱点，增强工作执行力，将他们放在正确的位置上，让他们做正确的事情。这样才能轻松管好人才、用好人才，推动企业发展。

企业管理者一定要明白，企业管理的本质不是领导者事必躬亲，而是要扮演好“领头羊”的角色，高瞻远瞩、统筹全局。如果希望员工都能像自己或者自己预想得那样出色，那么就不要把你的下属看成一个个的个体，而要看成是规模庞大的集体的不可或缺的成员。要带领规模庞大的集体，就必须依靠最恰当的制度，用制度影响现在的员工、未来的员工，并且还要随着时代的进步调整制度，将员工培养成为紧跟时代的新型人才。这将是一项伟大的成就。

二、管理人性化，制度严格化

1764 年夏天的一个深夜，哈佛大学的图书馆发生了一场大火，许多极其珍贵的藏书都被大火烧成了灰烬，其中以古籍馆的损失最为严重。

图书馆被烧毁的消息很快在校园中传开，同学们都在谈论这件事，其中有一位学生陷入了焦虑不安中。原来，在大火发生之前，这名学生偷偷从古籍馆中带出一本藏书。——哈佛大学图书管理制度规定：禁止将古籍馆藏书带出，违者开除。所以，大火后，这名同学偷偷带出的藏书成了古籍馆唯一完整保存下来的古籍。这就让这位同学陷入两难抉择：是将书籍还给学校，还是占为己有。还给学校，可能会被开除；而占为己有，良心又实在难安。

经过激烈的思想斗争，这名同学最终敲开了校长办公室的门，把事情的来龙去脉交代清楚，归还了书籍。校长收下书很高兴，对这名学生的诚实进行了褒奖。但是没过多久，学校就开除了这名学生。因为，校规是任何人都不能违反的，一旦违反，任何人都要接受处罚。

从这个故事可以看出哈佛大学一方面坚持按照校规执行，树立了一个公正、公平的形象；另一方面又对学生还书的诚实行为进行奖励，对正直的品行给予了肯定。既不减损校规的震慑力，体现了“一切按照制度办事”的原则，为学院管理树立了榜样，也不会让人对校方的管理心生怨言，体现了校方在管理上的人性化。

人性化管理，就是在制度约束的环境中让员工感受一定的自由，享有一些私人的空间，在感受到被尊重的氛围里做好他们的工作。管理者实施人性化管理，其实就是把自己当成是员工队伍中的一员，主动去体会他们的苦乐，分享他们的喜悦，了解他们最需要的是什么，然后将心比心，理解员工。但是，理解员工不代表可以放弃制度，凡是涉及原则性的问题，就应该回归到客观、公正的立场，严格按制度办事，绝不能把私人感情和企业制度搅和在一起。

制度管理让企业更规范，是企业健康成长的保障；人性化管理能让企业保持持久生命力，是企业“长寿”的活力所在。如今，随着时代的发展和社会意识的转变，制度管理和人性化管理之间的“拉锯战”渐渐停歇，企业经营者逐渐明白制度管理和人性化管理相辅相成，缺了哪一个，都无法成就一个健康、充满活力的企业。

实践证明，单纯的严格管理容易把企业变成一潭死水，员工变成机器——没有归属感、缺乏创新能力。企业管理缺乏人性化，员工跟企业之间的关系就永远无法超越雇佣关系，双方只存在利益关联，很难避免因为利益分配产生矛盾。这样的话，企业也很难有光明的未来。

不过，一味地实行人性化管理，过于抬高员工的地位，一开始员工会带着感激的心理去工作，但是时间一长，也容易导致员工角色意识淡化，自以为是、出现消极怠工甚至违规乱纪等不良现象。这样也必然会把企业拖垮。所以说，不管是管理者还是员工，都应该清醒地认识到，从踏上工作岗位的那一刻起，自己首先就是一名有责任的职业工作者，而不是可以率性而为的自由人。

综观国内外实施人性化管理的著名企业，无一不具备一套行之有效的科学的管理模式。比如，荣获“中小企业 100 强”的深圳卡联科技有限公司，虽然是中小型企业，但是其管理模式和大企业相比毫不逊色。在严格的制度和执行标准下，卡联公司同时进行了人性化设计：员工定期体检、旅游，开展篮球赛、征文赛、三欣会、员工生日聚会，主持舞蹈培训、每日晨会、每月微笑大使评比等。在卡联科技总经理张权的心里，员工就是他的家人，他自己也是一名员工。正因为有如此人性化管理模式的支撑，卡联科技才能够越走越远，事业蒸蒸日上。

还有海尔集团，同样也是制度管理与人性化管理相结合的楷模。海尔非常重视以人为本的经营方式，对员工和消费者，进行了非常完善的人性化管理和人性化营销，事无巨细列成表格，与制度一起严格执行。

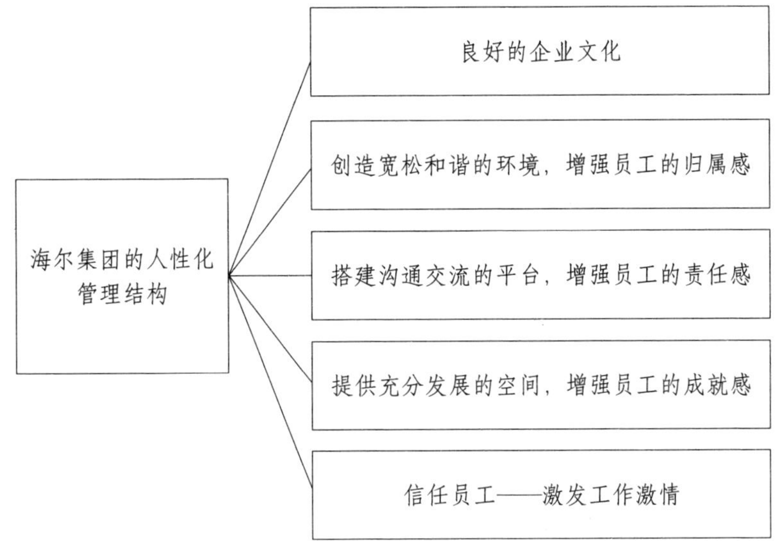

海尔集团人性化管理结构图

管理企业，最高的境界就是执行钢铁般的纪律、给予员工慈母般的关怀；实行“法治”的同时，再融入人性化管理，使制度充满人情味，让员工乐于接受，主动执行，进而在工作中调动起工作欲望和工作热情，发挥主观能动性和创造积极性，尽自己最大的努力做好工作。

三、执行不打折，制度来监管

被誉为“台湾经营之神”的王永庆说过这样一句话：企业的规模越大，管理难度就越大。如果没有严密的组织和分层负责的管理制度作为规范，企业的未来将十分危险。

作为管理者，一定要明白，你的指引对员工来说就是行动指南：你往哪里走，你的下属就往哪里走；如果你走偏一寸，那么你的下属就可能走偏百里。

管理者在下属眼里是高级指挥官，所拥有的影响力总是大于普通员工，特别需要指出的是，管理者在工作中的负面行为造成的影响，不仅比普通员工严重，还很容易就抵消掉之前自身正面行为对员工的影响力。所以管理者必须重视管理策略，必须依靠制度来管理员工，坚持以身作则，严格遵守制度，率先起模范带头作用。

制度不仅是管理者指引员工的方向标，还是规范执行标准的标尺。很多企业之所以管理失败，制度设计得不合理固然是原因之一，但更大的原因则是缺乏“执行不打折”的执行精神。做事打折的人，明明有十分工作能力，却只愿意使出八分，以这种心态工作，就算是做简单的清洁工作，也肯定会留下死角。执行打折的道理也是这样。所以，任何制度的生命力都在于严格执行，只有执行到位，才能实现制度的存在价值；只有人人都严格执行，才能让制度发挥作用。不然的话，有人执行，有人不执行，有人执行七分，有人执行五分，那么即便再科学合理的制度，也形同废纸。

IBM 公司有一项规定，不同区域的员工佩戴不同颜色的识别牌，浅蓝色代表厂区工作人员，粉红色代表行政人员，佩戴相应识别牌的人才能进入相应区域，任何人都不得例外。

有一次，IBM 公司的董事长托马斯·沃森带领几位客户参观厂区，走到门口时却被警卫拦住：“对不起，先生。您佩戴的是粉红色识别牌，按照规定，是不能进入厂内的。”站在一旁的董事长助理一听，着急道：“这位是我们公司的董事长，他要陪客人进去参观，还需要识别牌吗？”不料，警卫员坚定地回答：“非常抱歉，我知道您是董事长，但这是公司的规定，任何人都要按规矩执行，这也是我的职责所在。”

助理听后很是尴尬，但托马斯·沃森却很高兴：“能有这样负责的员工，我很高兴。对于公司的规定，任何人都要遵守，董事长也不能例外。你去取来正确的识别牌，我们再进去。”等到换上正确的识别牌后，警卫尊敬地说：“请进，先生们！”

制度不仅监管普通员工的行为，同时也监督管理者的行为，不管是普通员工，还是管理者，都应该极力维护制度的“尊严”。如果管理者无视现有制度，公然违反制度规定，破坏制度的实施与监管，那么，其管辖下的普通员工怎么可能维护制度的尊严呢？如果普通员工把制度当作空气，那么企业必然形成一种无视制度、任意执行的工作风气，这样的企业怎么可能长久存在呢？

所以说，衡量企业成功与否，不是看企业的规模大不大，所拥有的杰出员工多不多，而是看企业的全体员工具不具备自动自发、尽心尽力、工作不打折、执行要到位的工作心态。而这种工作心态的产生，除了要靠员工自身的职业素质，还要靠企业用制度对员工的行为实施监管。

大多数公司都离不开电脑，更离不开互联网。QQ、MSN、阿里旺旺等成了员工上班必备的工具，然而这些工具既能用于工作，又能用于私聊，很多软件甚至设置了“老板键”，以躲避老板的突然出现。作为管理者，面对这种局面就很纠结：一方面为了工作必须让员工上网；另一方面又不想员工利用上网的机会钻空子，做私人的事情。怎样才能让员工上网的时候用心工作而不忙乎其个人的事情呢？一方面要提升员工的职业素质；另一方面要用制度去监管员工的行为。这样双管齐下，才能让员工自觉地把制度作为行动指标，全身心投入工作。

请看某网络公司办公室工作纪律处罚制度。

×××网络公司办公室工作纪律处罚制度

处罚项目	处罚金额 / 元
员工工作期间在办公室化妆、吃零食、串岗聊天	20
员工离开办公区 20 分钟以上，电脑未关闭或未设置到系统待机状态	20

续表

处罚项目	处罚金额 / 元
员工上班时间因私事长时间占用办公电话	50
员工工作期间听音乐、看视频、玩游戏	100
员工上班期间浏览与工作无关的网页信息	50
备注：公司领导会不定期抽查员工上网记录，员工违反以上项目之一项，即扣除当月奖金，并记录在案，屡教不改者予以辞退。	

四、强调执行流程，按部就班拿结果

按照流程执行的时候，人们总是会感到不习惯，毕竟约束多了，不能像以前那样按照自己的想法随心所欲地工作了。

不过，习惯可以养成，也可以改变，如果坚持按照流程执行，认认真真地按照制度执行，经过一段时间的练习，规范化的工作方式就能成为习惯，流程也会成为潜意识的工作执行标准，看似员工脱离了主角，流程变成了主导，但实际上，员工却是成为疏通流程的必不可少的环节，而且，按部就班地执行流程，还能让员工省去不少精力和时间，对企业而言就节省了大量成本。

在戴尔，每一位员工都被要求严格遵守流程管理，每一位员工都必须自觉地认同自己是流程的一部分，没有任何人可以独立于流程之外。无论是产品的生产还是售后维护，都有流程控制；每一位戴尔的员工，无论职位高低、责任大小，只有严格按照流程作业，仔细做好业务的每一方面，才能达到公司的要求；即使是戴尔的电话销售人员，在客户电话沟通技巧、时间等方面也都是要严格按照细致的流程进行，这样才能算是合格的销售。

不过，有人会认为一味地依照制度流程来执行就是限制员工自我发挥的空间，让人丧失创造能力。这种担忧也不无道理，可是，相对于负面作用，执行流程的正面意义更大。在戴尔，只需要精英，不需要庸才，而精英过多，就容易造成能量过度堆积，可能出现个人价值的放大而导致企业价值的缩小，所以，在戴尔设定的流程管理制度中，个人能力的重要性永远不能超越流程，员工的价值就是为了符合流程设计的标准，员工的任何执行方式都在被控制之中。也许这种按部就班拿结果的方式非常枯燥，但是无论对员工还是企业，这种把所有事情都固定在设计精细的流程模式下执行的做法，都是利大于弊。正因为如此，也让戴尔一度成为全球最大的PC供应商，而其中起最大作用的就是流程管理制度。

不只是戴尔集团，海尔集团也是流程规范化企业，其成立的物流推进本部经过多年的努力已经被成功打造为以客户为中心的全方位的物流增值服务，重点负责海尔的采购流程，集中解决了成本、资源、速度的问题，是企业良性运作的一大“功臣”，例如海尔集团采购纸箱这一环节，就是一个非常典型的案例。

虽然瓦楞纸箱只是产品的一个外包装，但是从考核、调查、评审、实验等多个流程的操作和检验中就能看出海尔集团对客户负责的态度和经营理念。在这其中，海尔设立了非常精细的流程制度，包括订单下达流程、质量管理流程、信息平台检测流程、评估流程、纠偏流程等，而像这样严谨的流程制度在整个海尔集团内部却比比皆是，可以说海尔集团这个大型国际化企业就是靠流程控制在运作，它就像一个仪表盘，每次运作都需要许多流程齿轮相互转动来运作，任何一环出现问题，都可能给整个企业造成损失。

员工能否真正明白流程制度的意义，能够坚持按照流程执行，关键不是职业技能的高低，而是对制度和流程的态度。

对待制度和流程只有尊重，才会自愿去执行；对制度信任，才会把工作做得更好；对流程尊重，才能规范执行。如果态度不严谨、执行不规范，即使再简单的工作，也无法百分百地按照流程执行。虽然犯错对人而言是人之常情，并不是所有的工作都能制定出执行流程，但是我们可以通过严谨的制度来培养员工严谨的态度和规范化的执行，尽量减少问题的出现。这才是强调流程制度的最终目的。

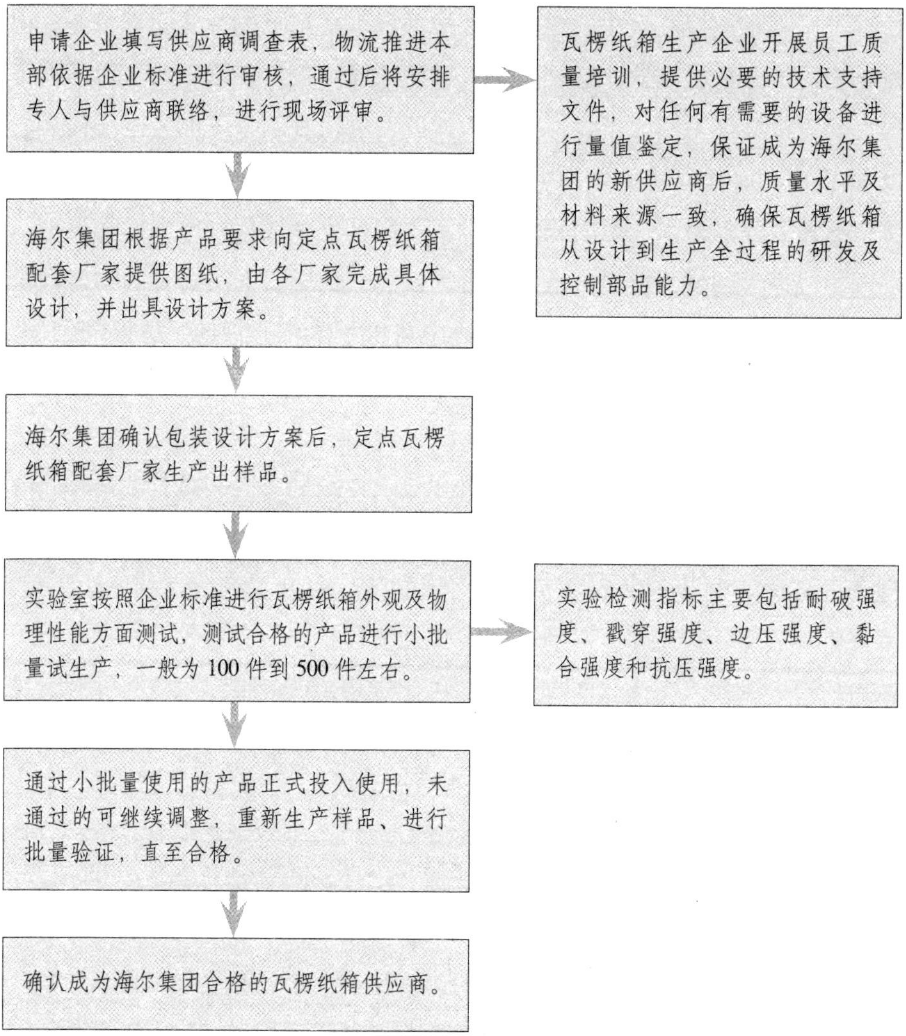

申请企业填写供应商调查表，物流推进本部依据企业标准进行审核，通过后将安排专人与供应商联络，进行现场评审。

→ 瓦楞纸箱生产企业开展员工质量培训，提供必要的技术支持文件，对任何有需要的设备进行量值鉴定，保证成为海尔集团的新供应商后，质量水平及材料来源一致，确保瓦楞纸箱从设计到生产全过程的研发及控制部品能力。

↓

海尔集团根据产品要求向定点瓦楞纸箱配套厂家提供图纸，由各厂家完成具体设计，并出具设计方案。

↓

海尔集团确认包装设计方案后，定点瓦楞纸箱配套厂家生产出样品。

↓

实验室按照企业标准进行瓦楞纸箱外观及物理性能方面测试，测试合格的产品进行小批量试生产，一般为100件到500件左右。

→ 实验检测指标主要包括耐破强度、戳穿强度、边压强度、黏合强度和抗压强度。

↓

通过小批量使用的产品正式投入使用，未通过的可继续调整，重新生产样品、进行批量验证，直至合格。

↓

确认成为海尔集团合格的瓦楞纸箱供应商。

海尔集团确定纸箱供应商的流程

瓦楞纸箱供应商重点控制的质量问题

1．加强对瓦楞纸箱用料的控制，确保纸板物理性能要求；
2．海尔集团要求瓦楞纸箱供应商提供包装箱的纸板样品和用料配比原材料样板，检验时进行对比，验证瓦楞纸箱用料的符合性，并且依据企业标准对纸板物理性能进行检测，重点控制纸板耐破强度、抗压强度、边压强度及戳穿强度，制定现场取样计划，从使用现场取样检测；
3．瓦楞纸箱尺寸准确，符合现场使用要求；
4．瓦楞纸箱的尺寸分为内径尺寸、外径尺寸、加工尺寸，海尔集团一般都对瓦楞纸箱的内径尺寸要求严格，以保证内装物能够装得下；对出口瓦楞纸箱来说，同时还对瓦楞纸箱的外径尺寸进行规定，以防止因尺寸问题影响集装箱装运；
5．版面印刷准确，印刷颜色统一，无模糊、上脏、漏白现象。瓦楞纸箱的版面多采用文字印刷，极容易发生错误，海尔集团要求瓦楞纸箱供应商必须重视瓦楞纸箱版面的校对工作，做到版面印刷准确；
6．印刷色样在不同批次供货中产生差异都将会被退货。这要求瓦楞纸箱供应商在严格控制油墨色相稳定的同时，最好的办法是在印刷第一批次产品时，将印刷色样存档，以便在以后印刷同一产品时进行核对，做到印刷颜色统一；
7．版面印刷模糊、上脏、漏白现象直接影响瓦楞纸箱的美观，海尔集团对此要求严格。版面模糊主要是印刷压力过大造成的，版面上脏主要是有多余的印刷痕迹。这需要瓦楞纸箱供应商在印刷工序重点控制，加强印刷操作人员的技术培训，提高对设备的驾驭能力，对不良的原因分析能及时找到答案，正确地予以排除和修正，将设备的加工品质和效率发挥到极致；
8．瓦楞纸箱摇盖耐折符合使用要求。摇盖耐折度是瓦楞纸板质量的重要指标之一。根据国家标准GB6543-86规定：瓦楞纸箱摇盖经开、合180°往复5次以上，一、二类箱面层和里层都不得有裂缝，三类箱板外面层不得有裂缝，内里层裂缝长度总和不得大于70mm。但在使用中，海尔集团要求摇盖向外、里、下折180°，里、外面纸都不得有裂缝，保证生产过程中满足现场使用要求。这需要瓦楞纸箱供应商控制好原材料的质量，尽量避免使用纸浆粗糙的低档瓦楞原纸，这样的瓦楞原纸可能会在摇盖折叠时将面纸顶破。同时，在生产过程中，一定要控制好纸和纸板的含水率及摇盖折线的压痕；
9．瓦楞纸箱面纸不允许有明显折痕或透楞，表面平整。瓦楞纸箱面纸有折痕主要是储存和运输过程中造成的。这一流通环节，往往都引不起瓦楞纸箱供应商的重视，缺乏质量监控力度。另外在纸箱生产过程中，面纸的强度不够，压力辊中高度不够以及面纸的含水率不均匀也会造成面纸带上折。瓦楞纸箱表面透楞，影响瓦楞纸箱整体视觉美观，且手感不平滑，不能满足外观精细化的要求，主要是由于面纸选用不好、克重低造成，其次是在瓦楞纸板生产过程中，面纸湿度控制不当造成。瓦楞纸箱表面曲翘将导致在堆码时出现瓦楞纸箱折的现象，导致瓦楞纸箱的承重能力下降，同时应保证瓦楞纸箱在尽量短的时间内使用，避免长期存放导致自然风干而造成的表面翘曲现象的出现。

五、定好执行制度，提高成果合格率

古人云："打江山容易，守江山难。"这句话用来形容当今众多企业生存现状也非常恰当。很多创业者白手起家，一点一滴地创建公司，经历了千辛万苦后公司大有起色，规模不断壮大，人员越来越复杂，管理起来就变得棘手，勉强维持几年后仍然无法摆脱被兼并或破产的命运。

但是"难"并不代表"不可能"，"打江山"离不开战略，"守江山"离不了制度。企业管理者们一直都在努力寻找着能够让企业长寿的秘方，结果寻寻觅觅，证实了只有制度才能打破"守江山难"的魔咒，只有制度才能让企业永葆青春。而到底为何制度有如此大的魅力，其实很简单，那就是一流的制度必有一流的结果，一流的结果必有客观的收益。这样的企业自然能守得住"江山"，稳得住"民心"，赢得了"口碑"。

1985 年张瑞敏刚到海尔（时称青岛电冰箱总厂）时，海尔生产出来的冰箱甚至任何产品都是需求量比供应量大，任何产品的销量都不用发愁。有一次，张瑞敏收到了用户的投诉书，说购买的海尔冰箱存在质量问题。张瑞敏觉得问题很严重，就突击检查了仓库，结果发现仓库中存有 76 台不合格冰箱。

当时研究的处理办法有两种：一种是作为福利处理给对厂有贡献的员工；另一种是作为"公关手段"处理给经常来厂检查工作的工商局、电业局、自来水公司的人，以拉近他们与公司的距离。但是，张瑞敏作出了一个有悖常理的决定：砸掉这 76 台冰箱。他说："我如果允许把这 76 台冰箱出厂，就等于允许你们明天再生产 760 台这样残缺的冰箱。"

后来，海尔搞了两个大展厅，把不合格的 76 台冰箱一一展出，并叫来全厂人员参观。参观完后，张瑞敏叫来所有负责生产冰箱的责任人，当着这些人的面将一台冰箱用大锤砸得稀巴烂，然后他将大锤交给责任人，让他们把剩下的冰箱全部砸掉。

当时，亲眼目睹了这一场景的员工都忍不住潸然泪下，虽然那时的冰箱和现在比并不贵，只要 800 多元，但却相当于厂里员工 3 个月左右的工资，一台冰箱是很多家庭都买不起的奢侈品。再者，当时海尔效益并不好，这 76 台冰箱问题并不大，有的只是表面有些刮痕。张瑞敏的这一做法，的确让当时的员工难以接受。

砸冰箱的举动虽然令人难以理解，但是却给全体员工上了一堂深刻的课：有缺陷的产品，就是废品。可以想象，张瑞敏一定经常当着员工的面要求产品必须完美，不能有任何瑕疵，但是仍然有不合格的产品出售，可见“言传”不容易让员工落实到行动，那么，这砸冰箱的“身教”却彻底稳固了“生产不合格产品就是不合格员工”的理念，打破了员工身上由来已久的懈怠、凑合等生产意识，同时也让员工明白产品有缺陷，不是设备和员工技术的问题，而是员工思想和态度的问题。

从此，“零缺陷”制度就成为海尔全体员工都严格遵守的一项执行标准，每一个人都力求生产细节上的精心操作。正是基于这种“高标准、精细化、零缺陷”的管理理念，海尔企业一步步地提高产品的合格率，用最完美的合格产品打动消费者，赢得了忠诚的用户和良好的口碑。

产品是人监督制造的，高质量的产品是高素质的人打造出来的，归根结底，产品的质量取决于人的工作质量。在产品设计质量确定的前提下，产品的合格率主要由工作质量决定，而工作由多个工作过程构成，每个过程又是由多项活动构成，而每个活动的支配者是员工的意识控制，员工的质量意识越强，要求越高，工作完成的质量也就越高。因此，强化企业员工的执行标准，提高企业员工素质，才是保证产品合格率的根本。

不过，俗话说得好，“好苗子要有好土壤”，员工素质的高低虽然跟个人的职业道德有关联，但是制度环境的影响对员工素质的提高具有决定性的作用。就像海尔集团的“零缺陷”理念就是从意识控制来影响员工的执行标准，利用一流制度来约束员工，影响员工，用事实结果说服员工，进而改变员工，逐渐培养员工自觉按制度执行的主动意识。如此一来，即使制度不说话，员工也不会放纵执行。

有7个人住在一起，每天分食一桶粥，总是不够喝。一开始，他们抓阄决定谁来分粥，每天轮一人。于是每周他们自己分粥的那一天是最饱的，因为谁分粥谁就给自己留最多。后来，他们开始推选一个道德高尚的人来分粥。然而，强权产生腐败，大家开始挖空心思去讨好他、贿赂他，最后搞得整个小团体乌烟瘴气的。接下来，大家又组建三人分粥委员会和四人评选委员会，每天互相攻击、争论，难达成一致，争论结束后吃到嘴里的粥都是凉的。最后他们想出来一个办法：轮流分粥，但分的人要等其他人挑完后，他才能拿最后剩下的一碗。为了不让自己吃到最少，每人在分粥时都尽量分得平均，就算不平均，也只能认了。从此，大家和和气气、日子越过越好。

这个小故事虽然简单，但是却说明了一个道理：好制度能够导致好结果。有时候一个聪明人能把事情办好，但许多个聪明人聚在一起反而未必能把事情办好。对企业而言，成果的合格率不是一个人能够完成的，需要多个部门、多个行动、多重过程合力使劲才能完成，如果没有一个有效的制度组织、统筹，那么就可能造成“1+1+1<3”的结果；反之，如果有一个好的制度统筹意识、组织行动，那么即使行动再复杂、过程再烦琐，结果可能都比预想的要好，实现“1+1+1>3”的超预期值。因此，制度的优势其实就是统筹所有的细节与过程，环环相扣、步步把控，不让任何一个环节出现可以预防的问题，直至结果合格。这既是最简单的事情，也是最难的事情。

比如质量管理制度。这一制度是为了规定产品开发和产品质量先期策划的必要步骤和方法，确保开发的产品满足顾客的质量要求，根本目的就是保证产品质量合格，而实施这一制度不是简单的操作人员能够完成的，需要有关部门的相互沟通和合作，比如采购部必须保证采购的材料合格、技术部保证技术引进符合要求、设计部保证设计样稿无差错、生产部保证生产环节完全达标，还有质检部保证检查过程绝对严格……可想而知，任何一个环节出现纰漏，结果就是千差万别，越是合格率要求高的成果其执行过程必然越复杂，细致程度要求越高，制度的先行性就更为重要了。

进料检验记录

<table>
<tr><td>供应商</td><td></td><td>品名</td><td></td><td>规格型号</td><td></td><td>订单号</td><td></td></tr>
<tr><td>批量</td><td></td><td>入厂日期</td><td></td><td>类别</td><td colspan="3">□原材料　□外发加工料
□客供品</td></tr>
<tr><td>序号</td><td>检验项目</td><td>检具</td><td>抽样数</td><td colspan="2">实测结果</td><td colspan="2">判定结果</td></tr>
<tr><td></td><td></td><td></td><td></td><td colspan="2"></td><td colspan="2">□OK　□NO</td></tr>
<tr><td></td><td></td><td></td><td></td><td colspan="2"></td><td colspan="2">□OK　□NO</td></tr>
<tr><td></td><td></td><td></td><td></td><td colspan="2"></td><td colspan="2">□OK　□NO</td></tr>
<tr><td colspan="2">检验标准书编号/版本：</td><td colspan="2">量具编号：</td><td>综合判定</td><td colspan="3">□OK　□NO</td></tr>
<tr><td colspan="8">检验员：________　审核人：____________　批准人：________</td></tr>
</table>

原材料性能试验报告

<table>
<tr><td colspan="4">供应商：</td><td colspan="3">零件号码：</td></tr>
<tr><td colspan="4">检验机构名称：</td><td colspan="3">零件名称：</td></tr>
<tr><td>试验种类</td><td>材料规格编号</td><td>日期</td><td>规格</td><td>供应商试验结果</td><td>合格</td><td>不合格</td></tr>
<tr><td></td><td></td><td></td><td></td><td></td><td></td><td></td></tr>
<tr><td></td><td></td><td></td><td></td><td></td><td></td><td></td></tr>
<tr><td></td><td></td><td></td><td></td><td></td><td></td><td></td></tr>
</table>

产品审核报告

<table>
<tr><td colspan="3">客户名称：</td><td colspan="10" rowspan="2">零件名称：
零件号：
图纸日期：</td><td colspan="2">生产批号 / 数量：</td></tr>
<tr><td colspan="3">编号：</td><td colspan="2">生产日期：</td></tr>
<tr><td rowspan="2">序号</td><td rowspan="2">检验项目</td><td rowspan="2">规范要求</td><td colspan="10">检验结果</td><td rowspan="2">缺陷点数</td><td rowspan="2">质量特性值</td></tr>
<tr><td>1</td><td>2</td><td>3</td><td>4</td><td>5</td><td>6</td><td>7</td><td>8</td><td>9</td><td>10</td></tr>
<tr><td>1</td><td>产品标签</td><td></td><td></td><td></td><td></td><td></td><td></td><td></td><td></td><td></td><td></td><td></td><td></td><td></td></tr>
<tr><td>2</td><td>产品包装</td><td></td><td></td><td></td><td></td><td></td><td></td><td></td><td></td><td></td><td></td><td></td><td></td><td></td></tr>
<tr><td>3</td><td>产品外观</td><td></td><td></td><td></td><td></td><td></td><td></td><td></td><td></td><td></td><td></td><td></td><td></td><td></td></tr>
<tr><td>4</td><td>产品尺寸</td><td></td><td></td><td></td><td></td><td></td><td></td><td></td><td></td><td></td><td></td><td></td><td></td><td></td></tr>
<tr><td>5</td><td>产品特性</td><td></td><td></td><td></td><td></td><td></td><td></td><td></td><td></td><td></td><td></td><td></td><td></td><td></td></tr>
<tr><td colspan="15">缺陷总点数：　　　　　　　　　　　　质量特性值：
审核日期：　　　　　　　　　　　　　审核员：</td></tr>
<tr><td colspan="15">审核结果：□符合规范要求　　□不符合规范要求，产品审核不符合
通知单编号：</td></tr>
</table>

产品不合格处理报告

产品名称：	不合格发生地：	不合格数量：
零件图号：	年度内同类不合格次数：	
责任单位 / 供应商：		
不合格状况及特征： 报告人：	IQC 检查员对不合格品的特征、数量标志认可签名：	
不合格影响：	品质部主管：	
市场部门处理意见：	市场部主管：	
生产部门处理意见：	生产部主管：	
开发部门处理意见：	开发部主管：	
工程部门处理意见：	工程部主管：	
最终处置办法：□返工　□返修　□退货　□特采　□报废 处置意见： 责任单位填报人：		

好制度决定好结果，但世界上没有一种凭空想象出来的“好”制度，真正的好制度是企业在不断地实践过程中检验出来的，而且往往只能适合企业本身，无法复制到任何其他企业。所以，制度的完善是每一个企业成长的必经之路，不具备一流制度的企业是一个不完整的企业。

第六章
用表格监督执行：管理不靠猜，事实作依据

管理表格化是企业规范化管理的主要实施途径。把制度转化为表格，表格化是落实制度的重要途径。其具备简洁、明了、易操作的特点，易把制度化的东西转化为可实际操作的东西。数据化是企业规范管理的现实体现。只有数据最能体现结果。无论是制度化，还是表格化，最终能体现规范管理的只能是数据。

一、"责权利"要一表到位，执行要一跟到底

在现代管理体系中，责任、权力、利益是三位一体的关系，任何一方的缺位都会导致管理失效：责任缺位，只有权力和利益，将会直接影响工作结果，如果干好干坏都没事，那就不会有人好好干；权力缺位，只有责任和利益，将会严重增加工作难度，大小事情都需要请示，管理者不得不事事亲为，结果就是工作效率无法提高，而且极大地增加了风险出现的可能性，因为只有一个决策者作出决策，往往容易出现疏漏；利益缺位，只有责任和权力，则员工无法产生工作积极性，如果干好干坏对于自己来说

都是一个样，那也不会有人好好干；相反，员工还会想尽办法在工作中给自己牟取利益，这就包括各种消极怠工的行为。

所以说，责任、权力、利益三者之间应该达到一个平衡，这样才能让企业的工作效率达到令人满意的水平。

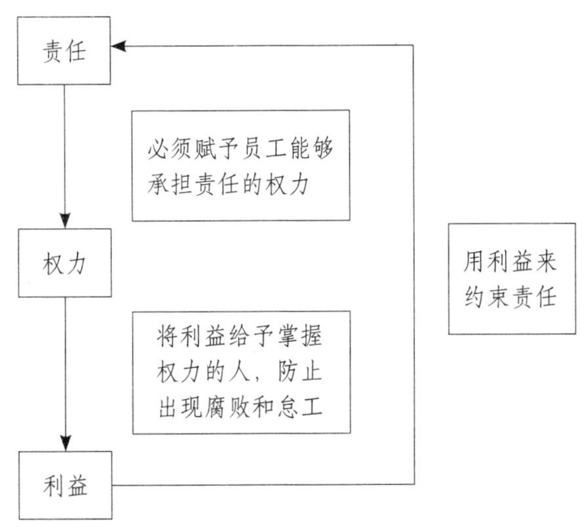

责任、权力、利益三者之间的关系

某地一家烟花爆竹生产企业发生爆炸事故，造成了多人死伤，最终承担直接责任的是一个企业里最基层的安全管理人员。

我们来分析一下这个安全管理人员的责任、权力、利益：他是否应该对所有的安全事故承担责任，他的管理行为是否能够得到贯彻和执行，他的几百元工资能否和他所承担的责任相适应。

作为安全管理人员，是否承担责任要看具体情况，但是，事实上，为了不影响生产，很多企业都是不到快要搞出人命、致人伤残的时候，是不会听从安全员的整改意见的。安全员承担的责任包括行政责任、民事责任、刑事责任，都是在安全员的收益范围内承担的，也就是按照工资比例罚款，除非确实是安全员工作的疏漏，发生任何事故责任最大的是第一责任人和安全总监，而不是安全员。

经过简单分析，我们发现如果这个安全管理人员不是直接肇事者，那么他明显承担了过多的责任。这是一个明显有失公允的责任体系。这个人不是替罪羊，就是顶包的。

责任、权力、利益三者的有机结合，才能构成有力的责任体系。具体来说就是，权责对等，按照责任确定权力，没有权力则无法承担责任；利责相当，按照责任确定收益，没有收益就不会有人愿意承担责任。反过来说，这个责任体系要做到“权为责用”，权力的设置是在责任范围之内；“按责定利”，利益的产生是源于尽到了自己的责任，或者反之亦然，利益的减少是因为自己的责任有瑕疵。

那么如何做到“责权利”对等呢？不同情况的企业肯定有不同的措施，但是基本框架应该是这样的：

(1) 根据企业目标和组织架构来确定本职目标与岗位职责，据此来确定任职资格，选拔人才；

(2) 根据各岗位职责和工作任务，为各个职位设置必需的工作权限；

(3) 主要根据岗位职责，并参考公司的行业定位、员工个人的工作能力和资历、行业的薪酬水平，来制订员工薪资；

(4) 采用全程考评的方法，对员工进行正负激励，既包括奖金、罚款等金钱直接奖惩，也包括表扬、批评等精神奖惩，还包括员工培训、职务晋升等行政方式，并根据具体情况及时调整“责权利”，保证“责权利”三者的动态平衡。

以上这些都是理论，我们在具体的管理过程中，需要把握以下三点：

第一，责任就是结果。表面工作做得再好，也不如实实在在的工作成绩；而凡是工作成绩，都可以转化成具体的数字，可以作出直观的比较。例如，一个销售经理的岗位责任包括制订公司的销售计划、管理销售人员、促使公司产品销售额的提升，但是，真正对公司有意义的结果，既不是制订得无懈可击的销售计划，也不是把销售人员管理得服服帖帖，而是公司产品销售额的提升。我们是根据销售额来确定一个销售经理是不是合格乃至优秀的。

第二，权力就是决策。商场如战场，有一个优秀的领导是很重要的。一个及时、果断、正确的决策抵得上千军万马般激烈的竞争。这个决策说的就是权力。在其位，谋其政，一个成功的管理者能够准确分析市场情况，不盲从，掌握商场动向，进一步大胆地作出全新的决策。这是权力实施的最理想的形态。

第三，利益应该是实实在在的。做事皆有目的，付出一份劳动，若没有得到相应的回报，则后继之力不足，积极性锐减，工作也就自然不可能做得长久。就拿一名底层的工作人员来说，他努力工作的目的就是为了养家糊口、有口饭吃。如果长时间没有薪资，利益收入为零，生活维持不下去，他无奈之下也就没有了好好工作的信心，不是懈怠误工，就是另谋出路。所以说，对劳动者不要克扣薪资，用实实在在的利益让别人为你踏踏实实地工作才是最重要的。

很多企业都制定了相应的职务说明书，下面就是一般的职务说明书格式：

岗位职责表

<table>
<tr><td>职位名称</td><td></td><td>所属部门</td><td></td></tr>
<tr><td>直接上级</td><td></td><td>直接下级</td><td></td></tr>
<tr><td>岗位定员</td><td></td><td>晋升方向</td><td></td></tr>
<tr><td>工资等级</td><td></td><td>薪酬类别</td><td></td></tr>
<tr><td>本职</td><td colspan="3"></td></tr>
<tr><td rowspan="5">职责一</td><td>职责表述</td><td colspan="2"></td></tr>
<tr><td rowspan="3">工作任务</td><td colspan="2"></td></tr>
<tr><td colspan="2"></td></tr>
<tr><td colspan="2"></td></tr>
<tr><td>考核重点</td><td colspan="2"></td></tr>
</table>

续表

职责二	职责表述	
	工作任务	
	考核重点	
职责三	职责表述	
	工作任务	
	考核重点	
权力		
工作协作关系	内部协作关系	
	外部协作关系	
任职资格		
其他	使用工具、设备	
	工作环境	
	工作时间	
	所需记录文档	
备注		

上面的表格比较明确地规定了岗位的职责、权力、利益。根据表格，员工可以很清楚地知道自己在企业中应该做些什么、有权做些什么、能够得到什么。

我们以销售经理为例，填制岗位说明书，结果如下：

销售经理岗位职责说明书

岗位名称	销售经理		岗位编号	
所在部门	销售部		岗位定员	
直接上级	销售总监		工资等级	
直接下级	销售、后勤		薪酬类型	年薪
晋升方向	大区经理、销售总监		分析日期	2013-10-25
本职：经总公司授权，全面负责子公司的管理工作，保证子公司经营目标的实现。				
职责与工作任务				
职责一	职责表述：根据公司整体经营战略，制订子公司发展规划，领导子公司完成经营指标。			
	工作内容	1. 根据公司总体经营战略，制订子公司发展规划，经总部批准后执行。 2. 将总公司下达的经营指标进行分解，分解到季度、月度，分解到团队成员，形成绩效目标责任书，确保子公司的各项指标按计划完成。 3. 科学、合理使用资金，有效控制各项费用，确保子公司各项业务顺利运行。		
职责二	职责表述：销售与市场			
	工作内容	1. 协助团队成员进行重点客户开发、技术服务等工作，解决客户面临的问题，提升客户满意度，不断拓展新的销售机会。 2. 组织好子公司的各种会议，如季度会、月会、周会、例会等，确保经营目标按计划达成。		
职责三	职责表述：贯彻执行公司的企业文化			
	工作内容	1. 销售经理带头成为企业文化在销售公司的践行者、推广者和守护者，并成为榜样。 2. 推动企业文化在销售公司的贯彻，使企业文化深入人心，形成积极向上、团结一致的工作氛围。		

续表

<table>
<tr><td rowspan="2">职责四</td><td colspan="2">职责表述：团队建设与人才培养</td></tr>
<tr><td>工作内容</td><td>1. 将员工培养和能力辅导放在工作的重要位置，不断提高团队成员的工作能力。
2. 销售经理带头学习，在销售公司中打造学习氛围，号召全体人员自动自发地进行学习。</td></tr>
<tr><td rowspan="2">职责五</td><td colspan="2">职责表述：坚决执行公司的各项制度和流程</td></tr>
<tr><td>工作内容</td><td>1. 坚决执行总公司颁布的各项制度和流程，贯彻好总公司的各项方针、政策。
2. 接受监管部门对制度流程运行情况的定期检查，确保制度和流程的有效执行。</td></tr>
<tr><td rowspan="2">职责六</td><td colspan="2">职责表述：全面负责子公司的日常管理工作。</td></tr>
<tr><td>工作内容</td><td>1. 管理好子公司销售、后勤部门工作，支持业务有效运转。
2. 权限范围内，子公司各项费用的审核、审批，有效控制费用。
3. 权限范围内，销售价格的审核、审批工作。
4. 子公司人员组织管理工作，人员任免及调整方案，报总公司批准后执行。</td></tr>
<tr><td>职责七</td><td colspan="2">职责表述：完成领导交办的其他工作。</td></tr>
<tr><td colspan="3">主要工作权限：根据总经理授权，全面负责销售公司的日常经营和管理工作。</td></tr>
<tr><td colspan="3">任职资格(以岗位的实际要求为标准，而不是以当前在岗人员情况为标准)</td></tr>
<tr><td colspan="2">学历 / 专业</td><td>大专以上学历，企业管理、市场营销等相关专业。</td></tr>
<tr><td colspan="2">相关知识与技能</td><td>熟悉企业经营管理流程，3 年以上润滑油工作经验。</td></tr>
<tr><td colspan="2">相关履历</td><td>5 年以上管理工作经验</td></tr>
<tr><td colspan="2">综合素质</td><td>具有较强的领导能力、沟通能力、统筹协调能力、学习能力。</td></tr>
<tr><td colspan="2">性格潜质</td><td>诚实、正直、尊重他人、乐于分享、团队合作等。</td></tr>
</table>

所以说，“责权利”互相挂钩，企业内的责任、权力、利益三者要正确分工，清晰划分自己的权限，完善自己的领域。“责权利”明晰化能够使成员有责有权有利，使成员知道具体的责任内容、权力范围和利益大小，克服有责无权或有责无利的“责权利”脱节状况。

二、任务分配表格化，规避员工“坐等靠要”

一个企业是由多个级别、部门组成的，企业的正常运转靠的是公司内部所有人的努力，无论是上位者的决策、管理层的规划，还是员工的执行，都一样重要。将所有人紧密联系在一起的就是不同的任务分配，使大家各司其职、各尽其责，构成一个充满活力的共同体。

任务的分配在工作中是很重要的一个环节，有大的分配和小的分配，大分配着重于各个部门之间，小分配只在于个人。要想把任务分配得合适，首先要对自己的员工有一定的了解，综合考量个人能力、兴趣、优势等。要从一个人的能力、性格、态度多个方面来分析他是否适合做这个工作，以及他是否可以在这个岗位上使公司获得越来越多的效益（最好能量化）。其次要把握好任务分配，设定一定的目标难度以锻炼每个员工。怎样很好地分配任务，关系到工作的效率与成果，以及成员素质提升问题。那么，到底应该怎样进行合理地任务分配呢？

分配任务时有一个重要的原则：技术好的多做脑力活、技术次之的多做体力活。分配个人任务要说明工作内容、目标，具体到个人，用表格详细地分配任务，更加清晰明确。如某原料站管理人员的工作职责分配表：

某原料站管理人员的工作职责分配表

岗位	工作任务
站长	负责完成全站的各项管理工作
副站长	1. 负责协助完成全站的各项管理工作； 2. 主管新区 A 取样班、B 取样班各项管理工作； 3. 主要负责安全、设备、现场、稽查、检查监督、实操培训。
副站长	1. 负责协助完成全站的各项管理工作； 2. 主管老区取样班各项管理工作； 3. 主要负责工艺技术、质量异议、培训、检查监督。
技术员	1. 主要负责贯标、班组建设、复样、工作督办； 2. 协助负责工艺技术、质量异议、培训、检查监督、安全、现场。
统计员	1. 负责新区原料各项统计工作； 2. 负责全站的人事、考核、机物料成本计划、档案等归口管理及协调沟通工作； 3. 协助负责老区班组建设、现场、台账整理和检查工作。
统计员	1. 负责新区原料的各项统计工作； 2. 负责全站的党务、工会、女工、团委、新闻、办公用品、会议纪要等归口管理及协调沟通管理工作； 3. 协助负责新区、班组建设，现场、台账整理和检查工作。

另外，在任务分配时需指明一定的工作方法，同时设定工作完成时间。在成员能力范围内可以进行一定的压力测试，比如本来 3 个工作日完成的任务，压缩到 2 个工作日。

团队任务的分配要指定团队任务的主要负责人，指明相关配合人员，让负责人制订相应工作计划，并定期审查，修订后再实施。团队任务的分配有利于增强责任人的责任心，为工作全力以赴；也有利于激发员工的积极性，为达成任务目标而团结一致，增强集体荣誉感、提高工作效率。

人员的选择，任务分配要着重考虑人员的选择，一般同类型的工作是可以相互置换的，即使相互之间的能力兴趣相近，也会有一定的偏差，相互置换可以考验成员的学习能力，以及面对压力时的表现；另外，也可以同时安排一项工作，分几组进行竞争，优中选优，这样可以锻炼成员的竞争能力，激发个人潜能。

员工任务分配表

月份				店铺总任务			
姓名				当月个人任务			
日期	当日销售	达成占比	销售排名	日期	当日销售	达成占比	销售排名
1				……			
2				29			
3				30			
4				31			
……				合计			
当月达成				店长签字			
当月自评							

分配具体的任务可以将目标量化，分派任务时一定要明确任务的时间节点、需要的结果、预期达成的目标，等等。同时让成员表达自己的观点，获得一致认同后予以推进。

销售任务分配表

区域	人员配备 / 个			销售目标 / 吨	备注
	省	市	县		
北京		3		200	
天津		2		150	
江苏	4	1	2	120	
……	……	……	……	……	

任务分配还有一个优点在于能够修复漏洞。根据日常了解，打破企业中小帮派、小团体的局限性，特意安排相互之间不太了解的人员组成一组，

进行同一项目的操作。这样就能在任务过程中修复以往留下的团队管理漏洞，又可以避免三五成群、消极怠工的情况。

企业中的员工接触最多的是手上的工作，对一些眼前看不到的任务分配表、工作管理表都不是很敏感，甚至有些抗拒心理。有的人认为，工作重业绩，报表无所谓；有的人甚至瞎编数字，应付差事；有的人根本不会填表，从不知表格为何物；更有人认为表格根本就是多余。造成这些现象的原因如下：

表格设计不合理，照搬其他公司，或对上报的结果不重视。有些小企业，因为刚成立，很多方面都不完善，就连企业管理用的表格也没有，只好照搬别人的先应付一下。但是企业之间情况不同，公司机构、工作内容、人事安排等多个方面都有区别，想要用这种“偷”来的表格立规范，是不可能成功的。还有些情况是上级管理不严，只要效益不要规程，所以下级自然也就不将表格管理放在心上，只当其为花架子，摆着不用，自然也就发挥不了应有的作用。

员工本身对公司的报表理解不够，不知道如何运用表格进行管理。员工对报表理解不够，只会一头雾水、无从下手，做起事情来漏洞百出，受批之后更是诚惶诚恐，放不开手脚。所以，公司内部合理策划表格，内容尽量简单容易理解，才能使员工避免工作中出现不必要的错误，提高效率。

表格化运营管理体系的建设，务实地把公司的人力、物力、财力以及时间等因素作为资源，糅合成表格，以可靠、通畅、严谨的流程形式承接出来，以此为切入点，谋求企业内外协调发展。

公司上至管理决策层，下至基层员工，都以表格为红线，全面优化工作流程，形成有机的整体效用。在制订表格化运营管理的整体规划上，贯彻“强化理念，全面统筹，完善流程，注重实效”的方针，既考虑到优化局部管理，也兼顾部门间以及全局的资源优化配置，坚持用统筹的眼光来审视问题和解决问题；“科学设计，系统实施”是一个有效承接的过程，科学设计是指要用全局的思维、发展的眼光、合理的手段和有效的方法来设计方案，引导表格化运营管理体系的系统实施。

公司工作分配表

部门	人数	人员姓名	职责	备注
生产部				
设备部				
采购部				
……				
策划部				

表格是企业员工进行工作任务的指南，公司内部通常用表格分配任务。任务分配表格化以“全员参与，统筹规划；科学设计，系统实施；创新管理，持续改进”为指导思想；以建立表格化运营管理体系，用表格化语言固化职能、优化流程、提高效率，实现公司管理规范化的目标。在用表格分配任务时，需要注意的是：业务上的一些概念名词要注意讲清楚，不要一带而过；讲流程，把来龙去脉讲清楚；让员工明确职责，知道自己具体该干什么。

三、别让表格成摆设，细节落实到行动

安排过后有实施才叫完成工作，按照规定执行才叫遵照规范，凡事最忌只摆花架子，不见真功夫。企业中的工作分配、业务范畴、员工职责等各个方面都通过表格的形式展现出来，传达通知时能够省时省力；打印出来的表格时常翻看，不易遗忘重要事情；用表格分配任务时，能够最大限度地完善信息，减免临时忘记的尴尬；表格将每个员工的职责分配到人，清晰明了，不会造成岗位混乱、落实不到人的场面，让人人有事做，提升员工积极性，促进公司不断发展。

然而在许多公司中，虽然有严格的规范制度、有科学性的工作指导、

有可观的物质奖励，但是事实证明，有令不行还是十分常见的。各部门闭门造车，对于文字和表格这种白纸黑字的文件往往视而不见，有人是嫌麻烦懒得看，有人是看不懂，更有甚者根本就不将这种文件放在眼里，习惯了我行我素的态度。最后造成上级通知达不到全员获悉，更无从得到员工反馈意见。

在大多数企业中，报表在工作中起着重要的作用，但是真正在员工中实施起来却是难上加难。主要有两种问题：不填报表和填假报表。

关于工作中表格实施阻碍原因的问卷调查统计

调查行业	参加人数	原因					备注
		表太多了	表太离谱	表没有用	表太善变	表没制度	
广告传播	100	22	28	32	10	8	
影视传媒	120	30	25	25	14	26	
家具	300	142	36	52	35	15	
餐饮	260	30	150	50	10	20	
食品	200	30	130	18	12	10	

工作中表格难以发挥作用的原因

表格难以发挥作用的原因	表太多了	领导想了解的东西太多，或者想照搬抄袭大企业的报表体系，导致表繁多。
	表太离谱	有些表格设计根本就不符合市场的实际情况，下面的人看不懂，无所适从，没办法的时候只能瞎编一通。
	表没人用	报表到了上层那里就成了走过场，轻轻一瞥，甚至直接存入电脑，以后再无他用。长期下去，填表的人难免倦怠，也就没有了填表的动力。
	表太善变	一方面是缺少必要的督促、抽查制度，搞什么报表都是三分钟热度；另一方面，企业的管理层变动频繁，报表的格式多变，不能固化和沿袭。
	表没制度	有些报表，经常是某位领导说“我现在需要某个数据”，于是就开始有人着急忙慌地去设计，去收集，去汇总，等等。

其实，一个领导需要参考的决策数据，应该都能在日常的报表系统中搜罗得到。而因人因事临时发挥设计报表，难免导致基层人员手忙脚乱。

综上所述，这些都是报表常见的问题症结。报表和所有的管理工具一样，都是“用”才“有用”，“有用”才“用”。所以，要想让表格在企业中合理利用，充分发挥作用，还得下一大番工夫。

那么如何让表格在工作中发挥作用？需要从多个方面进行。

首先，摆正观念，正确认识表格。表格是近年来在大小企业中被广泛运用的一个用来传达信息的载体，和以前的口头传述、会议告知功能是差不多的。很多老工人对待新事物就会怀有一种“没接触过，所以更恐慌”的感觉，所以他们宁愿由别人告知，也不太愿意接触这种新事物。

其次，监督各部门的工作。制订部门计划和工作计划进度表，标清楚各部门的职务，约束员工行动，制定工作目标。报表就是联系管理者与基层人员之间的纽带，它能帮助管理者监督各部门的工作，将规则落实到个人身上，促进员工各方面的发展，提高企业整体发展力。

再次，抓典型，完善奖惩制度。在工作中，想要集体齐头并进，全面发展，就必须上下一心、团结一致，若有一个例外的典型，就必须立即加以修正，不然坏影响会越来越大。所以，管理者在用表格改进工作计划、提升工作效率的同时，要有一双锐利的眼睛，抓不守规则的典型，加以处罚，以儆效尤。同时，还要完善企业的奖惩制度，该赏的赏，该罚的罚。

奖励申报表

编号：　　　　　　　　　　　　　　　　　　　　　　　　日期：　年　月　日

<table>
<tr><td colspan="2">姓名</td><td></td><td>所属部门</td><td></td><td>职位</td><td></td></tr>
<tr><td colspan="2">奖励事由</td><td colspan="5"></td></tr>
<tr><td colspan="2">奖励依据</td><td colspan="5"></td></tr>
<tr><td rowspan="2">奖励方式</td><td>行政奖励</td><td colspan="5">表扬　嘉奖　记功　记大功　其他：________</td></tr>
<tr><td>经济奖励</td><td colspan="5">奖金：______元　　　其他：________</td></tr>
<tr><td colspan="2">本人签字</td><td colspan="5">签字：________</td></tr>
<tr><td colspan="2">部门经理意见</td><td colspan="5">签字：________</td></tr>
<tr><td colspan="2">人力资源部意见</td><td colspan="5">签字：________</td></tr>
<tr><td colspan="2">总经理意见</td><td colspan="5">签字：________</td></tr>
</table>

注：本表格一式两份，分别存入公司和员工档案。

惩处申报单

编号：　　　　　　　　　　　　　　　　　　　　日期：　年　月　日

违纪人			所属部门		职位	
违纪时间			违纪地点			
违纪事由						
处罚依据						
违纪程度		轻微　一般　严重　重大				
处罚方式	行政处分	警告　记过　记大过　解雇（辞退）　其他：________				
	经济处罚	罚金________元　　其他：________				
违纪人签字		注：本人确认以上事实，并接受相应处罚。 签名：________				
部门经理意见		签名：________				
人力资源部意见		签名：________				
总经理意见		签名：________				

注：本表格一式两份，分别存入公司和员工档案。

四、用流程规范执行，用表格来作依据

流程从本质上来说，就是活动的先后次序。在企业中，流程是一种赢利模式，是企业内部管理的思路和方式，也是一种操作规范和手册，对于企业中每个位阶的人来说，都是很实用的。

一般企业对某个部门内部的管控体系都有一定的管理办法，但对于部门之间的衔接却很难有较好的管控方法。这时就需要对企业运营的流程进行明确管理，使部门纳入到流程中，成为企业流程中的一个结点。流程一般包括岗位工作流程、系统业务流程、企业组织流程。在进行流程规范化的时候，必须先明确企业的战略方向和目标、识别流程及其现状，然后确

定企业的各个流程，并对流程进行科学的规划和设计，使企业运营达到效率最优。

流程要想运行得有效率、效果良好，企业内部一定要有与流程相适应的制度和绩效评估标准，否则，没有规矩，流程也就没有存在的意义。流程及与其相适应的制度和绩效评估标准，是企业的无形资产，要定期或不定期地进行盘点。很多企业对实物资产比较重视，但对于像流程这样的无形资产，重视不足，这是企业运行效率不高和效果不好的重要原因。

广告印刷制作流程

<table>
<tr><td colspan="6">收据号：NO.</td><td colspan="2">送货单：</td></tr>
<tr><td>客户单位</td><td></td><td>客户信息</td><td colspan="3"></td><td>接单日期</td><td></td></tr>
<tr><td>业务名称</td><td></td><td>预付金额</td><td></td><td>业务总额</td><td></td><td>交货日期</td><td></td></tr>
<tr><td>业务类型</td><td colspan="4">□设计 □传统印刷 □数码印刷 □广告类</td><td>原稿</td><td colspan="2">□有□无</td></tr>
<tr><td>广告类</td><td colspan="5">□户内广告 □户外广告 □标志牌 □展示器材</td><td>是否安装</td><td></td></tr>
<tr><td>印刷类</td><td colspan="5">□彩色数码 □黑白数码 □传统彩印 □传统黑白</td><td>是否送货</td><td></td></tr>
<tr><td>材质</td><td colspan="7">□ PP 纸 □相纸 □白画布 □灯片 □丝光布 □光膜 □哑膜
□普通喷绘布 □ 550 喷绘布 □大喷车贴 □精喷车贴 □单透贴
□双胶纸 □铜版纸 □无碳纸 □ KT 板 □ PVC 板 □其他</td></tr>
<tr><td rowspan="3">流程签字</td><td colspan="7">接单：　设计：　印刷：　打印：　写真：</td></tr>
<tr><td colspan="7">覆膜：　裱板：　装订：　裁切：　质检：</td></tr>
<tr><td colspan="7">安装：　送货：　提货：　开单人签字：</td></tr>
</table>

越来越多的企业认识到传统金字塔形的组织结构和环节复杂的业务流程已无法应付当下和未来业务的挑战，同时大量的研究也发现，在流程管理实践中，相当多的企业重视业务流程的规划，而轻视对业务流程的管理。

因此，导致企业的内部管理出现了以下最为常见的问题：

企业内部管理常见问题

企业内部管理常见问题	有流程，无执行	许多企业中也制定了完善的流程，但是大多停留在书面上形同虚设，真正被用于企业实践中的很少。由于外部环境的变化和市场上的变化，企业的运作也随之而变，导致流程与实际运作脱节，最后失去对流程的信任或者放弃原本的流程进行更改。
	流程与流程之间的割裂	单独的事物不能长久，只有连接在一起才有可能形成健康有序的链条，促进个体与集体的双向发展。在一个企业中，这种情况主要体现在跨部门和跨业务单元的流程上。由于流程之间的割裂，导致企业内部存在着大量的界面冲突，于是只好借助大量的会议、更多和更复杂的流程来试图解决。不仅浪费时间浪费精力，还可能导致流程管理混乱，即“一管就死，一放就乱”。这是各行各业中普遍存在问题。
	流程目标指向不准确	形成业务流程的根本是业务本身，但流程业务的授权和监管隶属于不同部门。当业务运作出现错误时，往往导致责任不清，找不到错误关键点，各部门之间互相推脱。由于流程繁多、层次不清，许多企业制定了大量的业务流程，但是公司内部并没有对流程进行体系化的分层和分级管理，以至于无法实现企业的战略目标。

上述问题的根本原因都归于对业务流程管理薄弱、不到位，直接导致了企业无法快速适应当前市场和经营环境的变化。因此，企业必须通过更加高效的运作系统来不断提高自身的应变能力和适应能力。这其中业务流程管理是最为重要和有效的方式之一，而优化流程是重中之重。

福特汽车公司在业务流程再造之前，采购部、收货部和应付账款结算部各有自己的数据库。在采购商品之后，采购部会把有关记录输入到自己的数据库里。在收到供应商发来的货物之后，收货部会把实际收到的货物数量记录到自己的数据库里。如果货物是分批收到的，采购部数据库里的记录与收货部数据库里的记录就会出现数量不一致的现象，而这种不一致会给应付账款结算部带来麻烦。

之后，公司优化了流程：使采购部、收货部和应付账款部之间的“公用数据”都被集成到了同一个数据库里，并且制定了一条新的“业务守则”，即应付账款结算部只在货物收到之后才向供应商支付货款，即只为已经收到的货物支付款项。这样一来，系统内数据不一致的现象就得以避免。

业务流程管理包括流程分析、资源分配、时间安排、流程管理、流程质量与效率测评、流程优化等多个方面，其中最关键的是流程优化环节。流程优化包括实时测评和战略性测评，两者之间的关系作为流程改进和创新的基础，能够保证业务的敏捷性。

流程优化在企业实践中是一项持续改进的工作，不可视为一成不变，或认为经过一次设计后从此再无更改，一本万利。市场环境是不断发展变化的，竞争对手也是在不断进步的，所以内部流程制定只能追求优上加优。从另一个角度来说，“沟通成本最低、沟通质量最好的方法”的说法本身就经不起推敲。这个世界上没有什么绝对的最好和最差，只有相对的好坏，今天觉得最优化的流程，几个月的实施后可能就会发现需要修改。只有持续地定期修改、优化并重新发布的流程才能保持生命力。——当然也不能朝令夕改，重新发布的周期在每半年或每一年就可以了。

企业的成长在绝大多数情况下也是一个渐变的过程，因此，绝大多数流程设计的工作是在做优化。流程并不因流程文件的存在而存在，即便没有形成文件，它也可能是存在于我们共同的经验之中。从这个意义来讲，流程再造实际上比流程优化的调整程度更大、更具有颠覆性。

企业内外环境的变化是一个客观事实，为了保证企业的流程体系适应企业的需要，通常会指定企业中某部门专人专责每年度进行流程效度的检验和平时运行的稽核，以确保所运行的流程与时俱进。因此在组织岗位职责设计的时候，要充分考虑到这项工作的安排，设计成为一项稳定的、例行的工作职责。那么谈到具体的流程优化的设计时，如何把这项工作做好呢？一般来讲，要遵循以下三个原则：

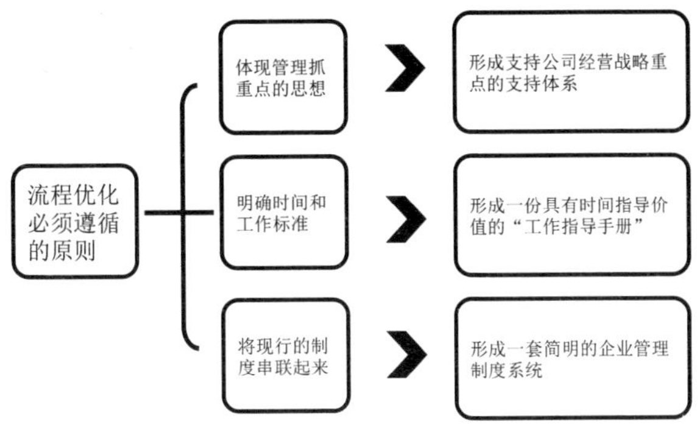

流程优化必须遵循的原则

流程优化的主要途径是设备更新、材料替代、环节简化和时序调整。大部分流程可以通过改造的方法优化。对于某些效率低下的流程，也可以完全推翻原有流程，运用重新设计的方法获得优化的效果。

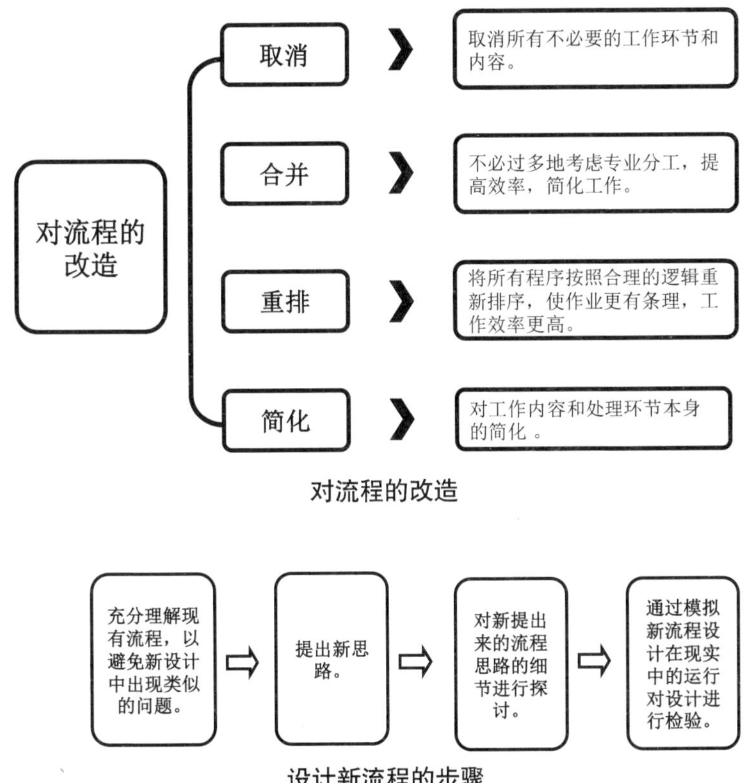

对流程的改造

设计新流程的步骤

×××公司的平面设计工作流程

步骤	内容	备注
1	需求部门提出制作设计要求。	填单人员视同需求部门，如需改版设计，须附上书面改版签呈报告。
2	需求人员按要求认真填写平面设计工作表。	如因填写不完整，导致工作延误，后果自负。
3	双方确认完成时间，设计人员当场签收，视同认可需求部门填写的需求内容。	
4	设计人员完成设计工作后通知需求部门对设计彩样进行审核会签。	
5	相关部门对设计彩样进行审核确认。	此会签过程由平面设计主管负责。
6	会签完成最终签字彩稿由平面设计留存一份，另一份交需求部门。由需求部填写申购单附签字彩样(部分加附光盘）交于采购部。	
7	由采购部将已确认的制作厂商通知平面设计，由设计主管安排将电子档发给对方。	以填写在平面设计工作表上的为准。
8	印刷文件由制作厂商发回电子档确认，上机印刷时由平面设计人员及采购人员共同前往看样，并现场确认签字。	
9	首批成品送货后，由平面设计人员和采购部人员共同确认签字确立标样，质检部依据标样验收。	平面设计人员负责版面、文字、颜色的审核；采购部人员负责与供方的沟通和材质确认；质检员负责依据标样进行验收。

五、一切按照表格走，执行不会有偏差

管理表格化是企业规范化管理的主要实施途径。把制度转化为表格，表格化是落实制度的重要途径。其具备简洁、明了、易操作的特点，易把制度化的东西转化为可实际操作的东西。数据化是企业规范管理的现实体现。只有数据最能体现结果。无论是制度化，还是表格化，最终能体现规范管理的只能是数据。

数据最能体现成绩和表达结果。理论化是加快企业规范管理的实际成果。在数据化的基础上形成更高理论体系，实现理论创新，制度化建设才能不断完善。企业的精细化服务是一个规范化、标准化、制度化、程序化、表格化、数据化、理论化循环往复的过程。然而，管理工作的成败，取决于能否作出有效的决策，而决策的正确与否在一定程度上取决于对整体把握和后期实施质量的程度。这就要求我们企业在经营管理上更加统筹化、层次化和条理化。理清工作流程，理顺管理思路，向管理要效益，善经营谋发展。这也是我们建立表格化创新管理体系的初衷。

表格是管理的书面表现，也是管理的工具。管理学上有一个著名的PDCA 循环：

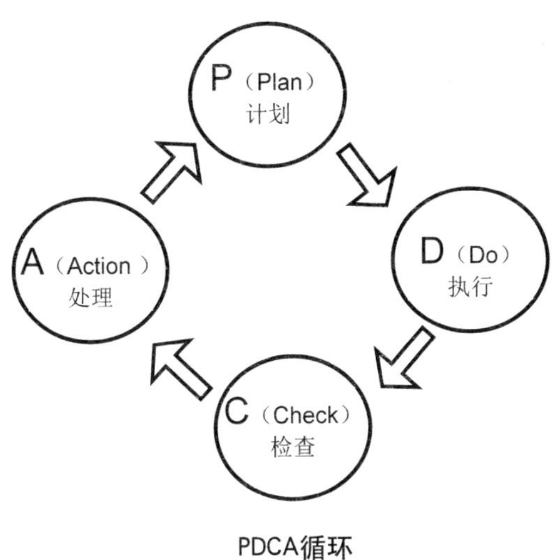

PDCA循环

有效的管理必须完整包含这四个步骤，而表格就是 PDCA 管理循环最直观的表达。将纷繁复杂的管理工作分门别类，会让我们的思路条理清晰，避免因无序导致时间及费用的浪费。

各种表格及其中的栏目，其实在告诉你，这些栏目，都是你要求员工必须要做的工作。通过表格，可以反映每个人的业绩。业绩，其实只是一个结果，结果的好坏是如何得来的，返回头又可以通过研究表格得出结论。

厚厚一摞表格，看似复杂，其实条理非常清楚，体现着管理的精神。

下面，我们来看一个公司的工作计划表：

第___周工作计划表

时间范围：　　年　　月　　日至　　年　　月　　日

<table>
<tr><th rowspan="3">序号</th><th rowspan="3">工作事项</th><th rowspan="3">预期完成起止日期</th><th rowspan="3">责任人</th><th rowspan="3">权重</th><th colspan="3">进展情况</th><th rowspan="3">主管领导核定评分</th><th rowspan="3">备注</th></tr>
<tr><th colspan="2">完成情况</th><th rowspan="2">未完成原因说明</th></tr>
<tr><th>YES</th><th>NO</th></tr>
<tr><td>1</td><td></td><td></td><td></td><td></td><td></td><td></td><td></td><td></td><td></td></tr>
<tr><td>2</td><td></td><td></td><td></td><td></td><td></td><td></td><td></td><td></td><td></td></tr>
<tr><td>3</td><td></td><td></td><td></td><td></td><td></td><td></td><td></td><td></td><td></td></tr>
<tr><td>4</td><td></td><td></td><td></td><td></td><td></td><td></td><td></td><td></td><td></td></tr>
<tr><td>5</td><td></td><td></td><td></td><td></td><td></td><td></td><td></td><td></td><td></td></tr>
<tr><td>6</td><td></td><td></td><td></td><td></td><td></td><td></td><td></td><td></td><td></td></tr>
<tr><td rowspan="5">部门负责人每周综述</td><td colspan="9">重点工作：
1.
2.
3.</td></tr>
<tr><td colspan="9">领导临时(计划外) 交办重要工作：</td></tr>
<tr><td colspan="9">存在主要问题：</td></tr>
<tr><td colspan="9">主要改进措施：</td></tr>
<tr><td colspan="9">备注</td></tr>
<tr><td>主管领导综合评述</td><td colspan="9">(此处留给领导评述或要求各部门跟进的事项)</td></tr>
<tr><td>核定评分</td><td colspan="9"></td></tr>
</table>

注：1. 评分级数及其对应分数按目标完成率确定。A：100 分—100%；B：90 分—90%；C：80 分—80%；D：70 分—80%；E：60 分—60%；F：0 分—60% 以下。

2. 权重：是指计划项在周计划中所占的比重(以百分制分权)。

编制日期：(每周星期五)　　负责人：　　　　主管领导：

或许有人会问，我们公司没有工作流程表格，该怎么办？答案很简单，就像麦肯锡的一位咨询顾问曾说过：“你所要做的事，以前已经有人做过了，把这个找出来。”如果我们能把他的成功经验流程表格化，然后按照流程表格执行，就一定可以提高绩效。

关键不在于公司有没有流程表格，而在于你有没有按照流程表格执行的意识。那些看到按流程表格执行的好处的人，即便公司没有流程表格，也会想办法把自认为高效的工作方法流程表格化、标准化，并予以严格执行；而那些看不到按流程表格执行的好处的人，即便公司有完善的工作流程表格，他们也会应付了事，该怎么干还怎么干。

有一个公司，按照流程表格，每个项目在每道工序必须达成相应的标准才能向下一个工序移交，但其他部门的同事经常无视这一规定，在自己的工作还没有按照要求完成的情况下，就将项目移交到了下一部门。结果因为上一道工序的很多工作没做到位，相关人员发现问题后就不得不跑到下一部门来进行现场修改，如此来回修改，直接影响了下一部门人员的正常工作，导致他们效力低下，把大量时间都浪费在反复修改上面。

发现问题所在后，公司主管决定，凡是上一道工序没有完成到位的项目，下一道工序负责人拒绝接受其移交。如此过了一个月，他发现，本部门人员因为无须再把时间浪费在反复修改上面，工作效率竟然翻了一番。而上道工序的同事们，虽然一开始颇有怨言，但在习惯之后，也竟然发现自身的工作效率有了很大提高，于是不再抱怨。

表格化管理能有效将工作任务进行细分，并形成工作模板，不仅能固化工作内容，提高工作效率，同时对新员工的培训有很好的指导价值。通过建立表格化运营管理体系，管理规范化目标在公司实际的运作和工作中得到贯彻和执行；在提高管理水平、降低公司运营成本的同时，也促进公司效益长足提高。

六、要做甩手掌柜，必先做好监督流程

现代企业，“厉害”的管理者其实并不在于他懂得多少，而在于他能够通过属下，帮他规划下一步的棋局并看到下一步的发展。而管理者要做的唯有对向心力的维护与激励，让自己做一个有效的“甩手掌柜”。

计划经济时代，中国的企业管理依赖的是行政指令（行政指令的特征是僵化性和独断性）。企业在这种传统的管理方式下，诸多问题都要反馈给管理者。由管理者决策，往往可能对市场、对许多变化的反应跟不上节奏，以致错失良机。在计划经济向市场经济转型的过程中，这种管理模式更加显示出它的弊端。面对社会企业生存环境的急剧变革，企业内部“自上而下”式的一言堂管理控制模式已经显得不再合适，有能力的员工越来越习惯运用自己的头脑与手脚，越来越不愿意接受上级的控制和管理。

在市场经济环境下，“充分授权”“管理越少越好”这样一些新潮的管理思想应运而生。但由于多年的集权思想，要让许多管理者放权并不容易。喜欢把一切事揽在身上，事必躬亲，管这管那，从来不放心把一件事交给手下人去做，这样的管理者在现代企业中仍不罕见。这样的管理者，虽然整天全力以赴忙个不停，但仍然疲于应对公司的大小事务。

在众多的企业家中，最令人佩服的是万科董事长王石。王石素来喜好游山玩水，有时他去登大的雪山，几个月不回家，那么大的一个“巨无霸”的地产公司照常运行，公司业务丝毫不受影响。王石有何神通？这一切得益于他的流程管理。所谓流程管理，就是根据工作事务的类型和处理方式，制定出标准化的解决步骤和程序；将处理问题的整个过程，划分成不同的环节，专业分工，每个环节都有相应岗位的人专职负责；明确每个岗位的功能、定位，明确岗位中每个人的权利、责任、义务及与之对应的奖罚措施；最终形成书面材料，让员工在工作岗位上各负其责，让公司按部就班运行。

工作流程表是许多经理人熟悉的方法，通过时间、工作内容、人员的对照，可以很清晰地看到工作的推进情况。

某公司办公室一日工作流程表

时间段	序号	工作内容	工作标准
晨会前	1.1	卫生区与北大门前卫生	无枯枝、败叶、字纸、烟蒂、包装袋等垃圾。
晨会	2.1	记录晨会内容	准确、完整记录晨会决定。
	2.2	谈本日应特别关注工作内容，是否有需要部门协调内容	实事求是，抓住要点，通俗易懂，对事不对人
	2.3	重要内容写入工作日志	将工作日志传给业务部，请领导审阅。
	2.4	提醒有关部门、领导注意监督会议决定实施情况	及时提醒，或先作查看，再作提醒。
	2.5	查看公司邮箱	选择有用的信息，分别提醒、通知有关人员查看、处理。
晨会后—8:30	3.1	必要时协助仓库工作	帮助发放纸箱：按照出具的领料单发货，码放好纸箱垛；打扫门前卫生。
	3.2	打扫办公室、接待室卫生	按照先地上、后地面顺序打扫，包括擦拭、拖地等，做到无垃圾、无灰尘。
	3.3	收集日前物资出入库账单。	顺路从质检部取回所有领料单。
	3.4	查看食堂饭菜准备情况、卫生情况	原则：不误职工用餐；保证饭菜安全，保证就餐环境卫生，协助饭菜发放。
	3.5	接待物资领用	原则：以旧换新，领用登记，不误工作、生产，及时申请采购。

续表

时间段	序号	工作内容	工作标准
8:30—11:50	4.1	接待报名	了解报名者家庭情况、原来工作情况、工作意愿、工资要求，精神状态，能否胜任公司工作；介绍公司情况、工作要求、入场须知；请生技部面试；报名登记；安排参观车间；确定是否录用；确定入厂日期。
	4.2	接待来访	迎接落座，询问单位，问明来意，联系接访；倒水递烟；与来访者攀谈，以避免冷场。
	4.3	记录晨会内容，记录工作日记	将晨会内容整理到个人工作日记中，以便于领导询问和重要决定执行情况监督查询。
	4.4	回顾昨日工作，继续未完成工作事务	按照既定工作标准继续昨天未完成工作。
	4.5	接打电话，收发传真	1. 打电话：接通电话后问好，说明单位，简要说明致电目的，解决问题，再见。 2. 接电话：接通电话后，问好，问明对方单位、姓名，问明找谁，问明有什么业务，客气分发信息，或直接回绝。最后再见。
	4.6	整理文件	将已经下发文件进行分类整理、归档，暂时不能归档文件存入未归档文件，妥善保管；对于正在落实文件要提醒督办部门进行督办完成，检查办理效果。
	4.7	车间巡查	1. 安全、现场、卫生管理查看，发现问题及时指出。 2. 厂区巡查，侧重于卫生、安全、环境。 3. 职工座谈：定期回访新来员工工作情况，询问干得怎么样、有什么困难、需要我们做什么、有什么建议。
	4.8	文秘工作	1. 会议组织：下达通知，整理会场，安排签到，记录会议内容；起草会议记录，报审，发放会议记录；询问、督促或提醒、监督会议决定的执行情况。 2. 文件起草：明确主题思想，抓住重点组织文字，领导审核，打印文件，发放文件，监督执行。 3. 其他文件：按照既定格式写作，经过有关领导审批通过后打印。 4. 做好公司宣传工作。

续表

时间段	序号	工作内容	工作标准
下午	5.1	录入物资出入库账	按照先日期分类、后入账原则录入；发现有关问题先询问后调整，保证准确。
	5.2	组织有关例会	按照公司例会一览表规定的例会内容，对于应该召集与记录的会议，按照“4.8.1”会议组织程序进行组织、召开，并负责会议考核。
	5.3	文秘工作、档案工作、管理工作	1. 按照公司要求和既定工作标准，做好文秘工作。 2. 按照随用随整理、先用先整理的原则，整理、熟悉有关档案；每年三月，做好档案管理的集中归档、立卷工作。 3. 按照公司要求，及时修订岗位职责、考核办法、规章制度、劳动纪律、工作标准，并负责下发；按照公司要求，及时参加各种管理检查、拟写检查记录，协助整改。 4. 参与安全检查。
下班前	6.1	记录工作日记，回顾一天工作，记好未尽事宜	做到实事求是，不漏项。
	6.2	检查办公室、接待室门窗、电源	关闭门窗、电源。

按时汇报和随时监控，完善的流程可以细化到每周、每天、每人的工作内容，但是员工是否执行到位则需要主管的监督。

某公司分店店长一周工作流程表

时间	工作事项	工作内容
星期一	1. 周会 2. 店面清洁 3. 商品陈列调整 4. 商品宣传资料检查和更新	•上周营业情况分析，工作表现的总结 •总部政策及当周营业活动的公布与传达 •员工店面训练，交流成功售卖技巧 •激发工作热情，鼓舞员工士气 •每周至少进行一次全面的卫生清洁工作 •每周需要进行一次商品陈列布置转货，以迎接新一周的销售高峰
星期二	5. 库存盘点	•店面库存以及中转库存状况清点，确认商品品种、数量及管理状况，并进行相关记录 •对缺货或少货商品进行申请订货 •商品销售情况分析

续表

时间	工作事项	工作内容
星期三	6. 配合督导	• 对专卖店进行全方位检查 • 对存在的问题进行科学分析 • 提出问题解决方案 • 对存在问题进行整改
星期四	7. 市场调查	• 店长依据自身的人脉或渠道对市场进行调查(销售动向、竞争店情报、畅销商品信息)
星期五	8. 促销方案	• 策划促销方案 • 促销方案前期准备工作
星期六	9. 人员轮班休假	• 各专卖店依据自身情况作出调整

一些日本企业通常都会召开日例会（这个会议都在每天下班后举行）。为了提高效率，大家都站着开会，沟通每个人每天的工作进展以及遇到的问题，以便主管可以随时监督和辅导。

为了保证良好的结果，主管需要不断强化下属的“流程意识”。要让流程中的每个岗位负责人都认识到“尊重流程”的重要性。

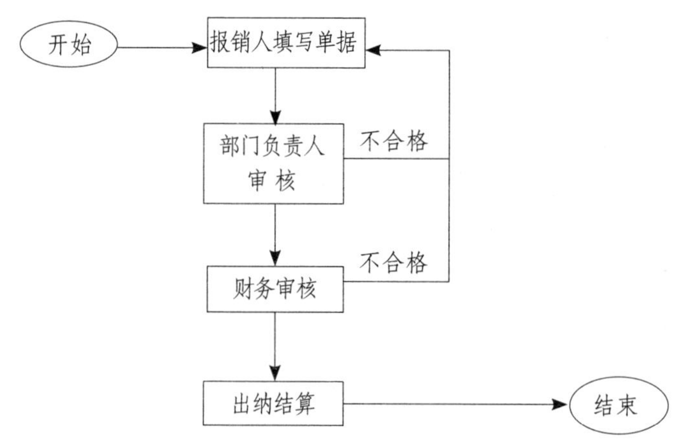

出差旅费报销流程

流程就是一种习惯，它可以渗透在部门的各个方面，这些细节都将对结果造成影响。尊重流程多收益。

当你希望在部门内推广流程管理时，或许会让下属不习惯。那么，如何让每个人都心甘情愿地遵守流程呢？

你设置的工作流程必须使工作更流畅，工作效率更高，并使更多人可以受益。这样的流程又有谁会不遵守呢？对涉及的工作内容进行细化，并落实到每个部门、每个岗位、每位员工。在填充撰写时，管理者可将自己的经验总结出来，并可以借鉴同行的先进管理经验，将精华充分糅合在一起分别填写进去，然后再与员工一起讨论这些流程是否合理有效。

要强调的是：老板一定要与员工一起协商讨论这些流程，因为员工是流程的主要执行者，对他们来说，熟悉并深度参与制定的方案才是最容易接受的。

标准化流程编写完成后，可以制成手册，员工们人手一册，并绘制出放大的图表，在各部门办公室里张贴，以便于在工作中及时对照；在召开周会或月会的时候，可安排活动温故知新，确保每个人都能熟记。

每个人都需要在团队中获取安全感、尊重、自我实现等，那么主管就要在此下工夫。比如，一个员工自己承担一份工作时，他可以找出各种理由拖拖拉拉，而他只需要向你一个人解释。但他如果有了搭档，完不成工作时就会连累搭档——搭档可无法一直为他分担责任和批评，因而他体会到了强大的制约力。同样，这个流程的下一个流程要由他人接手，他如果完成不好，就会直接影响下一道流程。所以说，对员工而言，流程让他们体会到了相互制约的压力，促使其更加用心地工作。

对流程颁布后出现的事故，公司应该按照流程推进分析，迅速找出出事的环节、岗位，明确事故责任人，及时进行处罚和通报，不给员工互相扯皮推诿的机会，做到罚得有理，让员工心服口服。这些事件的处理，将有效加深员工对标准化流程的理解，让其他员工也绷紧弦，确保流程管理的顺利推行。

流程要使员工“紧张”起来。这里所说的紧张不是让员工惧怕，而是调动起员工的激情来。流程管理的目的是为了高效地达成结果。因此，对于在流程中有贡献的员工，应该给予相应的奖励；相反，有负面作用的员工，也要得到相应的惩罚。但是，这里有一个原则，就是要考虑到每个人的切身原因。比如，其自身的技能、在团队中承担的角色以及其他特殊原因等。

作为一个管理工具，流程管理也是要在实践过程中不断修正和进行革新的。流程的修改，可以是全体共同讨论后的结果，也可以是主管的意志。但其原则一定是为了提高绩效。此时，主管一定要注意“取法乎上，仅得其中”的道理。流程不可以过松，否则会形同虚设。

大部分企业忽视了流程的持续改进这一步，认为流程绩效得到测评和考核就是工作的终点。这绝对是一个误解，因为流程绩效考核的目的不是为了考核，而是通过定期、客观分析流程当前绩效值与客户期望值及竞争对手标杆值的差距，持续优化并提升流程绩效。这同样是需要组织主导推动的，而不是让各部门自己去“揣摩”。

流程优化的动力识别表格

流程编号		流程名称		
类别	名称	以前的情况	当前的情况	改进方向
前端				
后端				
技术因素				
公司价值取向和绩效要求				
外部环境				

总的来看，用标准化流程来监督工作进程，能自动推进各岗位之间及时跟进处理，而不依赖管理人员的全程调控、催促，或拍脑袋决策。此时即便管理人员不在现场监控，工作仍可以按部就班地推进，减少了因个人理解差异、人员衔接不到位等不确定因素，而且，按照事先所明确的流程和相关岗位人员的责任划分，可以迅速找出问题点，追查事故责任，避免内部扯皮与推诿，有效提高工作效率。一句话：监督流程做好了，“甩手掌柜”就容易做了。

第七章
用表格抓考核：考核有依据，辅导有方向

绩效管理不是以镜子的形式来找你的不足，而是为了防止犯重复的错误，找出通向成功的障碍，以免日后付出更大的代价。绩效辅导这个环节最大的作用就是在于通过管理者和员工的沟通，帮助员工解决问题，从而完成整个绩效管理的过程。

一、岗位责任明确，考核省时又省力

美国哈佛大学教授威廉·詹姆士研究发现，在岗位责任不明确的情况下，人的潜能只能发挥出百分之二十到百分之三十，科学有效的责任机制能够让员工把另外的百分之七八十的潜能也发挥出来。所以企业能否建立起完善的责任机制，将直接影响其生存与发展。

用明确的制度规定岗位职责

制度建设作为企业管理的重要手段，无论是从制度制定到制度执行及制度完善，都必须以严谨的态度，细致认真地进行。明确制度制定规定，

对制度的研究、立项、制定、审查、颁布、实施、考核、监督等环节统一规划，力求制定出的制度规范、严谨，符合企业实际，可执行。还应有制约性条款，制定具体的实施程序、措施和监督的方式，违反规定时处理的依据和责任追究等规定。岗位职责制度也是如此，通过明确的制度规定，让员工知道自己的岗位职责有哪些，并知道自己该做什么。

企业制度建立六要素

要素列表	要素核心	要素概述	促进作用
要素一	按哪几步做	制度所要管理的某项事务或工作细分到每个环节、步骤、方面	管理的条理性 制度的逻辑性 分工的细致性
要素二	每步如何做	每个环节、步骤、方面做什么，如何去做，如何配合下一个环节、步骤、方面	工作的具体化 可操作性 工作的衔接性
要素三	每步谁来做	每个环节、步骤、方面由谁来做，职责与权限是什么	职责明确 分工到人 权限清晰
要素四	每步做的标准是什么	每个环节、步骤、方面做的过程要求是什么，什么时间内完成，是否具有数字量化的要求	管理的规范性 工作的质量 工作的效率 考核的依据
要素五	做不好怎么办	没有按标准去做将会受到什么样的行政或经济处罚	管理的严肃性 管理的有效性
要素六	由谁负责落实和监督	由谁负责制度的贯彻落实和对日常执行过程的监督管理	管理的落地性 管理的责任化 管理的推动力

企业自我评价评分表

<table>
<tr><td>评分项目</td><td>规定得分</td><td>扣分</td><td>实际得分</td><td>得分说明</td></tr>
<tr><td>标准化工作
基本要求</td><td>60</td><td></td><td></td><td></td></tr>
<tr><td>技术标准体系</td><td>120</td><td></td><td></td><td></td></tr>
<tr><td>管理标准体系</td><td>80</td><td></td><td></td><td></td></tr>
<tr><td>工作标准体系</td><td>40</td><td></td><td></td><td></td></tr>
<tr><td>标准的实施、监督
与持续改进</td><td>100</td><td></td><td></td><td></td></tr>
<tr><td>加分项目</td><td>100</td><td></td><td></td><td></td></tr>
<tr><td>否决项目</td><td colspan="4">1. 企业未建立和运行有效的标准体系，产品标准覆盖率未达到100%，进行无标生产或产品不能满足国家、行业或地方强制性标准的要求。
2. 企业三年内发生重大产品质量、安全生产、职业健康、环境管理等事故，而受到国家、地方通报或处分的。
3. 国家或地方质量监督部门抽查的产品质量未达到产品标准要求，并两年连续两次抽查不合格的。
以上凡有其中一项者，均不得申请企业标准体系的社会确认。</td></tr>
<tr><td>合　计</td><td colspan="2">500分</td><td>最后得分</td><td>分</td></tr>
<tr><td>评价结论</td><td colspan="4"></td></tr>
<tr><td colspan="5">评价小组人员名单(自我评价小组人员名单填写不下可另附表)</td></tr>
<tr><td>姓名</td><td colspan="2">工作部门(单位)</td><td>职务(职称)</td><td>签字</td></tr>
<tr><td></td><td colspan="2"></td><td></td><td></td></tr>
<tr><td></td><td colspan="2"></td><td></td><td></td></tr>
<tr><td></td><td colspan="2"></td><td></td><td></td></tr>
<tr><td>企业最高管理者
意见</td><td colspan="4">签字(盖章)
年　月　日</td></tr>
</table>

重视制度梳理、修订、补充和完善环节，实行制度动态管理。随着时间、政策及企业改革和业务发展变化，定期对不适用的制度及时废止，对不完善的制度及时修订，对缺失的制度及时制定，使制度管理紧跟形势和业务发展需要。

通过员工培训，深化岗位责任意识

企业的每个发展阶段都有企业最需要的人才和相应的岗位，企业只有通过持续不断的培训，员工的工作技能和个人综合素质才能得到显著提升，并为企业的高速发展做出他们应有的贡献。有些岗位职责不是员工自己能够理解和认识到的，这就需要企业对员工进行培训，去强化他们的岗位责任意识。日本丰田在这一点上就做得非常好。

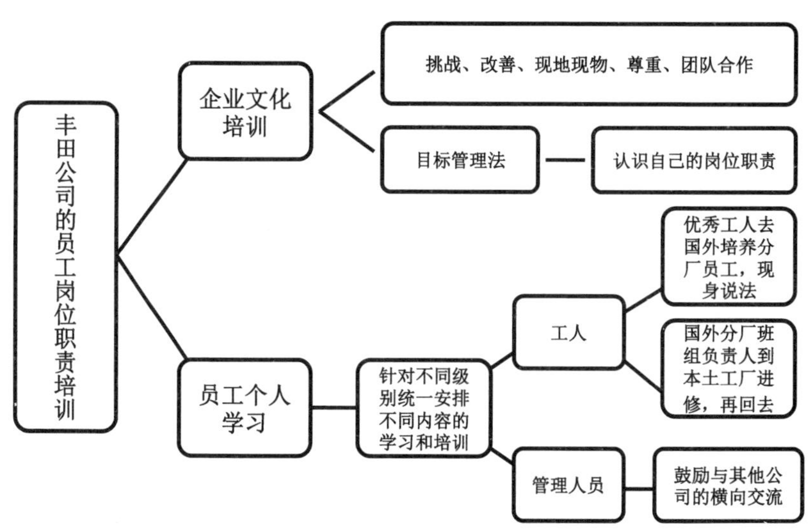

丰田公司的员工岗位职责培训

很多企业培训中都存在着“头痛医头，脚痛医脚”的问题——“专题”培训很多，培训人员也精心准备了，但是员工并不领情，培训效果不佳，流于形式。企业的岗位职责培训应该同员工的工作内容和兴趣结合起来，让培训不再空洞无物，以提高员工的培训参与积极性。

员工培训需求调查表

部门：______________ 填表日期：_____ 年 _____ 月 _____ 日

<table>
<tr><td rowspan="2">培训类别</td><td rowspan="2">培训内容</td><td rowspan="2">是否同意</td><td colspan="3">参加人员</td><td colspan="5">培训方式</td></tr>
<tr><td>自愿参加</td><td>指定人员参加</td><td>部门全体员工参加</td><td>课堂授课</td><td>在实践中演示</td><td>标杆</td><td>座谈提问</td><td>其他</td></tr>
<tr><td rowspan="3">公共教育</td><td>1. 公司发展史、组织结构、主要业务</td><td></td><td></td><td></td><td></td><td></td><td></td><td></td><td></td><td></td></tr>
<tr><td>2. 公司规章制度及福利待遇</td><td></td><td></td><td></td><td></td><td></td><td></td><td></td><td></td><td></td></tr>
<tr><td>3. 其他</td><td colspan="9">请说明：</td></tr>
<tr><td rowspan="12">业务知识</td><td rowspan="2">各部门员工根据各自的岗位特点提出需求</td><td rowspan="2">是否同意</td><td colspan="3">参加人员</td><td colspan="5">培训方式</td></tr>
<tr><td>自愿参加</td><td>指定人员参加</td><td>部门全体员工参加</td><td>课堂授课</td><td>在实践中演示</td><td>标杆</td><td>座谈提问</td><td>其他</td></tr>
<tr><td>1. 计算机 /IT 业动态</td><td></td><td></td><td></td><td></td><td></td><td></td><td></td><td></td><td></td></tr>
<tr><td>2. 互联网方面</td><td></td><td></td><td></td><td></td><td></td><td></td><td></td><td></td><td></td></tr>
<tr><td>3. 交际、谈判</td><td></td><td></td><td></td><td></td><td></td><td></td><td></td><td></td><td></td></tr>
<tr><td>4. 广告创意</td><td></td><td></td><td></td><td></td><td></td><td></td><td></td><td></td><td></td></tr>
<tr><td>5. 写作</td><td></td><td></td><td></td><td></td><td></td><td></td><td></td><td></td><td></td></tr>
<tr><td>6. 网页制作</td><td></td><td></td><td></td><td></td><td></td><td></td><td></td><td></td><td></td></tr>
<tr><td>7. 通信</td><td></td><td></td><td></td><td></td><td></td><td></td><td></td><td></td><td></td></tr>
<tr><td>8. 市场调查</td><td></td><td></td><td></td><td></td><td></td><td></td><td></td><td></td><td></td></tr>
<tr><td>9. 其他</td><td colspan="9">请说明：</td></tr>
</table>

续表

其他知识	请说明：

填表说明：

1. 所列内容仅供参考，在同意的项目栏打✓，还可列出自己需要的内容；
2. 请您根据您所在部门员工的需求填写此表；
3. 如篇幅有限，必要时可另附纸说明。谢谢您的合作。

建立健全薪酬体系，“以责任定薪酬、按责任定考核”

薪酬分为“物质的”和“精神的”，它包括工资、奖金、津贴、罚款四项内容，前两项内容属于“硬件”，后两项属于“软件”，只有“软硬兼施”，才有可能取得显著效果。激励的方式还有多种，对优秀人才实施倾斜激励政策，凭业绩决定薪资水准，奖效挂钩。采用高薪、优厚的福利、提拔晋升、表扬等。以华为为例：

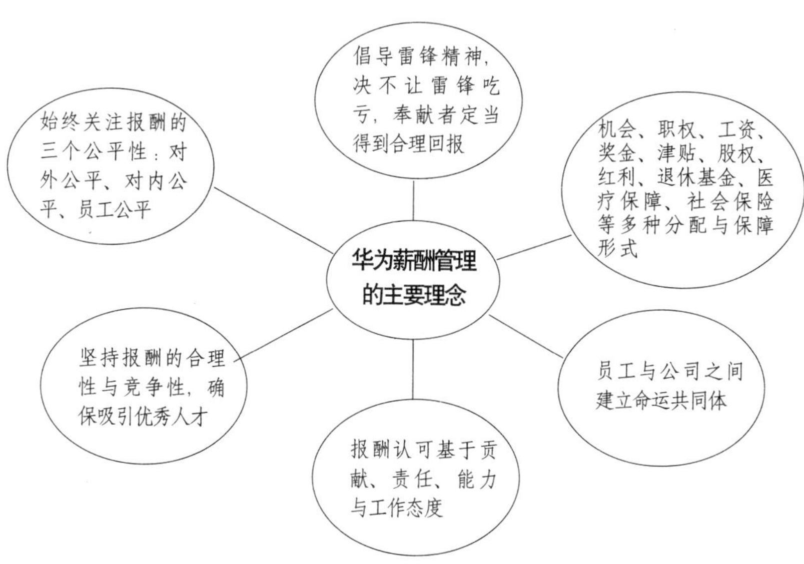

华为薪酬管理的主要理念

华为员工的收入组成包括职能工资、奖金、安全退休金及股权带来的红利。采取与能力、贡献相吻合的职能工资制。华为按照责任与贡献来确定任职资格，按照任职资格确定员工的职能工资。

奖金的分配完全与部门的关键绩效目标和个人的绩效挂钩，安全退休金等福利的分配，依赖工作态度的考评结果，医疗保险按级别和贡献拉开差距。这样做，“营销尖兵”“研发专家”不去做官，照样能拿高薪资。

华为为员工制定了安全预付退休金制度，其分配依据是按照员工的劳动态度、敬业精神所做的评定，为每个员工建立账户，每年向他们发放退休金，离开公司时可将这笔钱带走。

做到奖功罚过、奖优罚劣、奖勤罚懒，以实际的利益为驱动，使员工有意识地去明确自己的岗位职责，这比任何宣传和教育都有效。先进受到奖励，后进受到鞭策，真正调动起员工的工作热情，形成人人争先的竞争局面。

二、责任考核细化，责任大小要明确

企业管理其实是一件说起来容易、做起来难的事。尤其是小型企业，管理者想让员工听话，去遵守企业的各项规章制度；而员工呢？则更多地希望企业更多些人性化管理——他们希望制度松一些，给自己的自由空间大一点、时间多一些。员工最不愿意看到的是企业规章制度的严格约束，使他们动不动就被处罚。

员工月度处罚登记表

年　月　日

处罚日期	姓名	工号	部门	处罚原因	处罚类别	备注

审核人：　　　　　　　　　　　　　　　　　　　　制表人：

企业监管力度太严，很容易导致员工厌烦，从而产生抵触情绪，形不成归属感，与企业的关系日渐疏远。不过话说回来，企业实行人性化管理，并不代表荒废制度和规则。因为，严格的制度与人性化管理并不矛盾，相反，二者相辅相成。

公司员工基本行为准则

一	遵守厂内各项规章制度，服从各部门主管安排及监督。
二	遵守上下班时间，不无故缺勤、迟到、早退，工作时间不做与工作无关的事。
三	遵守操作规范，保证生产安全。
四	不可私自动用他人工具及私人用品，非公司指定之台机操作人员，不得操作机器。
五	爱护公司财物、设施，不得损坏、窃取。
六	门禁时间外出车辆携带物品出厂，须有出入证。
七	员工在上班时间有紧急事情接待访客，应向主管报备。不准私自带外人进入车间。
八	员工应注重道德修养，同事之间应通力合作、互敬互重、互相关怀，充分发扬团队精神。
九	不得辱骂、殴打他人，不得造谣惑众，不得聚众闹事。
十	不得携带、收藏和违章使用易燃易爆危险品，不得随身携带和收藏凶器或攻击性物品，不得进行赌博、酗酒等有伤风纪行为。
十一	维护厂区清洁卫生，严禁违规堆放杂物。
十二	严禁在生产区域内吸烟。
十三	注重仪表形象，待人接物诚恳谦和；上班时间不得赤膊；禁止只穿短裤、背心、拖鞋上班；车间内女员工不得穿裙子、凉鞋、高跟鞋等。

注：以上规范，全厂员工必须严格遵守，若有违规行为，视情节轻重予以处理。

严格的制度是保证公司正常运行的基础，是保证公司目标达成的路轨，是确保公司赢利及使命实现的基石。而人性化管理是指公司对待员工要从员工角度出发，为员工着想、为员工做事，给员工一定的自主权，使员工能够更好地为公司工作。严格的制度与人性化管理之间的沟通桥梁就是责任明确，不诿过。

企业要本着“谁主管，谁负责”的原则，建立领导干部第一责任人制度，要求领导干部必须作出表率，自觉履行自身职责，以起到示范、督促作用。同时，按照一级对一级负责的原则，在日常工作中，建立层层负责的责任制；在临时工作中，指定责任人，赋予其一定的职责，并加强监督检查和责任追究。

对于不能严格履行职责、按时完成任务的，要根据规定，进行责任追究，做到对号入座、一视同仁，以确保层层有压力，工作有动力，事事有落实。

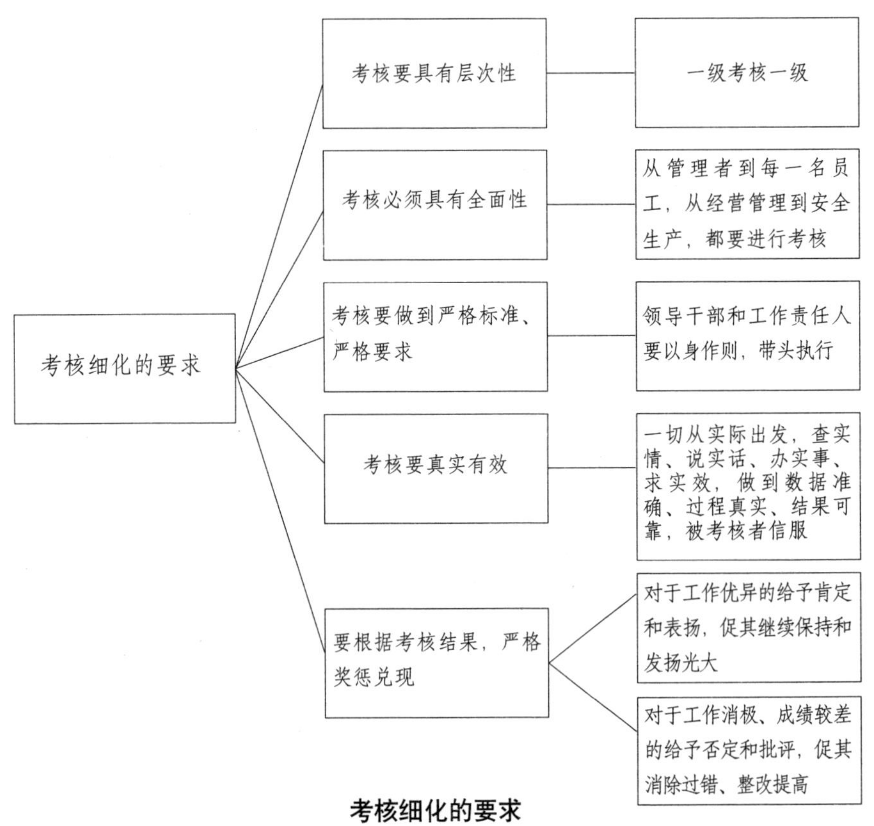

考核细化的要求

考核结果是检验工作成效、激励个人进步的有力武器，但是，很多公司将员工积极认真工作视为天经地义，由此，就给员工造成公司“只有惩罚，没有奖励”的不利印象。这无疑不利于企业推进责任考核细化的工作。

员工良好行为评价标准

工作相关标准	评价因素描述
工作责任感	1. 肯为工作结果承担责任； 2. 保持良好的出勤记录，没有不合理缺席； 3. 表现出维护组织利益与形象的具体行为； 4. 乐意接纳额外的任务和必要的加班。
工作品质	1. 为后续的工作提供最大的便利； 2. 遵守规章制度和业务规程； 3. 服从上级指示； 4. 在无监督情况下保持工作质量的稳定。
工作效率	1. 能在规则允许范围内改进方法以提高效率； 2. 根据需要主动调整和加快进度； 3. 准时完成工作任务。
工作技能	1. 能根据当前工作的特点，对现有的方法和技术作出灵活的运用，并创造性地提出新的方法； 2. 具备良好的发现和解决问题的能力，及时发现问题，找出问题的原因，采取有效的措施解决问题； 3. 具备良好的理解能力，很好地理解工作任务需求； 4. 具备必要的业务工作知识、技能和方法，能独立完成本岗位的工作。
团队合作	1. 能为团队利益做出必要的个人牺牲； 2. 采用合适的方式表达不同意见； 3. 愿意与他人分享经验和观点； 4. 参与和支持团队工作，推进团队目标的达成； 5. 与同事和协作部门保持良好的合作关系。

总之，在推进精细化管理过程中，通过转变观念、完善制度、强化责任、严格考核，形成一个持续推进、循环往复过程，可以逐步推进精细化管理向更高层次发展。

三、打破部门“城墙”，让考核不留漏洞

有一个成语叫“城狐社鼠”，意思是狐狸在城墙上打了一个洞便住在里面，老鼠在土地庙里打了个洞也住在里面。人们用这个成语比喻依仗别人的势力胡作非为的坏人、一时难以驱除的小人。企业中也有这样的问题，一些人依托部门和部门之间的“城墙”，成为考核的漏洞。

解决这个问题的办法就是，打破部门“城墙”，让考核不留漏洞。明确各岗位执行制度的责任，每个员工不仅要明确本职岗位必须遵循哪些制度，还要明确自己的相关岗位必须遵循哪些制度，同时更要明确违反这些制度将要承担的责任和后果。做到对企业制定的共性制度，确保人人了解，自觉遵守；对于本岗位和相关岗位工作相关的制度，确保人人熟知，规范执行。从而促使每一个员工对本岗位制度，确保人人精通，严格操作。

岗位职务说明书

制表日期：

<table>
<tr><td>部门</td><td colspan="2"></td><td>岗位名称</td><td></td></tr>
<tr><td>任职人</td><td colspan="2"></td><td>任职人签字</td><td></td></tr>
<tr><td>直接主管</td><td colspan="2"></td><td>直接主管签字</td><td></td></tr>
<tr><td rowspan="2">任职条件</td><td>学历</td><td></td><td>专业知识</td><td></td></tr>
<tr><td>工作经历</td><td></td><td>业务范围</td><td></td></tr>
<tr><td>岗位目标与权限</td><td colspan="4"></td></tr>
<tr><td colspan="2">岗位职责
（按重要顺序依此列出每项职责及目标）</td><td colspan="2">负责程度
（全责 / 部分 / 支持）</td><td>衡量标准
（数量、质量）</td></tr>
<tr><td colspan="2"></td><td colspan="2"></td><td></td></tr>
<tr><td colspan="2"></td><td colspan="2"></td><td></td></tr>
<tr><td colspan="2"></td><td colspan="2"></td><td></td></tr>
</table>

强化执行力培训，营造执行文化，把执行作为最高行为准则和终极目标，结合本单位实际，引导、倡导员工以开放的思维和心态，接受新思想、

新观点、新知识，使企业的各项改革发展措施得到全员的理解和认同，大力营造和谐高效的执行氛围，增强员工对制度的执行意识和理性认识。

事实早就证明，仅仅依靠个人的自觉性来执行制度，有一定的暂时性和不稳定性。从长远看，增强制度的执行力，必须建立完善的监督、考评、奖惩机制，形成强有力的执行约束，对执行过程、执行结果进行监测考评，赏罚分明。特别是企业中跨部门监督的部门尤为如此，例如安全生产监督部门、内部审计部门等。

安全生产责任制管理制度

时间：

<table>
<tr><td>制度名称</td><td colspan="7">安全生产责任制管理制度</td></tr>
<tr><td>考核部门</td><td></td><td>考核人员</td><td></td><td>被考核部门</td><td></td><td>被考核人员</td><td></td></tr>
<tr><td colspan="4">考核条款内容</td><td colspan="2">执行情况</td><td colspan="2">整改情况</td></tr>
<tr><td colspan="4">1. 公司领导层，职能部门、安全管理人员、从业人员均需制定适用的安全生产责任制，覆盖所有岗位。</td><td colspan="2"></td><td colspan="2"></td></tr>
<tr><td colspan="4">2. 实用并满足国家安全生产法律法规和其他要求，并适时修订。</td><td colspan="2"></td><td colspan="2"></td></tr>
<tr><td colspan="4">3. 要根据本单位、部门、班组、岗位实际情况，责任制内容要描述明确、具体、可操作、能考核。</td><td colspan="2"></td><td colspan="2"></td></tr>
<tr><td colspan="4">4. 公司应对安全生产责任制进行详细说明，并和员工交流，确保各岗位人员对本岗位的安全生产责任充分理解，特别是企业主要负责人和管理人员。</td><td colspan="2"></td><td colspan="2"></td></tr>
<tr><td colspan="4">5. 对公司主要负责人、安全生产管理人员、职能部门负责人、技术人员和各岗位的作业人员，均应接受相关的安全生产职责与权限的培训。</td><td colspan="2"></td><td colspan="2"></td></tr>
<tr><td colspan="4">6. 公司各级人员都要定期对其安全生产责任制进行学习。</td><td colspan="2"></td><td colspan="2"></td></tr>
</table>

建立一个科学的评价机制，对每个岗位、每位员工、每个环节执行制度的程度和要求，都要制定明确的评价标准。建立一个有力的监督机制。加强上下级监督，一级抓一级，逐级抓落实；加强内部监督，充分发挥纪检监察、审计等监督部门在企业制度执行方面的监督保证作用。建立一个有效的奖惩机制。通过建立一种奖惩机制，形成对员工执行制度的正向激励，形成对违规行为的有效制约，加大对制度执行不力者或违反者的责任追究力度，从而确保各项制度的执行落实。建立对制度定期梳理和对制度执行情况的督促检查制度，如定期开展对制度执行情况的效能监察工作，认真查找制度执行中存在的问题，分析问题的原因，制定整改措施，提高员工执行制度的主动性、自觉性。

四、工作流程有标准，考核到位保执行

西方一直强调执行力。所谓执行力就是在好的方针政策基础上如何做到位。我们更应该强调：把流程做到位，细节做到位，执行力就不存在问题。营销学杠杆定理中有个数字，就是1:24，即如果有一个人投诉，就说明同样的问题至少存在于24个人身上。“海思法则”认为，每一起严重事故的背后，大约都有9次轻微事故、300起未遂先兆和1000起事故隐患。由此我们可以看出，一个没有执行到位的流程背后，实际上蕴含着丰富的信息，关键在于我们能否捕捉到这些信息。

与国外企业的精细化管理相比，目前我们企业的服务、管理模式太过粗放。这是一个精细化管理时代，细节决定成败，粗放管理早已无济于事，打造最具竞争力的企业就必须从流程做起。麦当劳和肯德基之所以取得成功，就在于其具有可复制的管理能力，从产品、服务到内部管理都已经实现标准化、流程化。

管理规则由两部分组成：一是流程，二是制度。流程是企业告诉员工应怎么做，而制度则是告诉员工不该怎么做。管理的过程通过制定标准化

的规则，并以这些规则来训练员工，提升员工的素质，从而最终提升整个公司的管理水平。注重流程才有执行力，推行精细化流程管理，才能更好地提高执行力。而在流程控制的过程中，台账的作用不可忽视。

员工的工作，是否按流程执行，是否遵守制度，是执行力的最基本表现。很多公司的规模做大了，但竞争力却并没有得到相应的提升，原因就在员工的执行基础不扎实。

通常来说，流程执行力带来的企业竞争力，一方面体现在效率方面。

把效率的差距归结为员工缺乏补位意识，其实并不客观。因为补位意识意味着每个人的职责不清晰，而一旦职责不清晰，工作中的越位和跨位执行现象就会不断出现，从而导致管理的混乱，更进一步地降低了效率。

按流程执行是提升企业效率的关键，因为流程是规范做事的程序，流程中每一个环节都有规范，按规范做事才能提高效率，并给企业带来竞争力。如果不按流程执行，某个人的工作效率可能会得到提升，但企业整体的工作效率会被削弱。因为企业是一个系统，而流程就是维持这个系统正常运转的工具。一旦流程得不到执行，系统也就得不到维护，企业势必会陷入管理混乱的状态。

“按部就班”首先是营造一种稳定、积极的工作环境。管理最终发挥的是一种聚合效应，“1+1”的最终的结果在管理中是 0 到 2 区间。当员工和领导的方向一致时有可能产生最大正效应“2”，当员工和领导的方向不一致则有可能产生负效应“0”。矛盾有时候是隐形的，纵然矛盾已经形成，也很少有人会对领导加以提醒。这时候需要一些策略性的融入，需要掌握好组织关系的“黄金分割点”，以打造积极、稳妥的组织氛围，为后续的工作创造良好条件。

另一方面，“按部就班”是系统性的制度设计和原则把握。管理者有时候会陷入这样的误区：即出现问题后会走向“点对点”的问题解决路径，“头痛医头，脚痛医脚”，这样的解决方案往往是“按下葫芦，起来瓢”，跟在“问题”的后面“救火”。系统性地考虑问题要求我们改变传统思维模式和做事风格，做到“谋事有理、做事有章、完事有结”，即要做到做事前要科学、合理地计划；做事过程要严格按照标准执行；事情结束后要进行分析、总结。

“无以规矩，不成方圆”。员工必须在必要的刚性制度约束下开展工作。“按部就班”是要求员工按照工厂的职责要求做好本职工作，按流程、按标准，有原则、制度性地去做事，不懂就看手册，去查 SOP，有事就及时找领导寻求指导。按章办事，听从指挥，执行标准，程序化的业务运作虽然机械，但却能产生超强执行力，保证组织的稳定性。

在管理实践中，我们越来越认识到：企业管理必须有一套切实可行的流程制度。大量实例也证明了上述论点，30 年来，脱颖而出的优秀本土企业无不重视管理，都是把管理作为企业竞争的核心，北京的联想、深圳的华为与中兴、青岛的海尔，这些优秀企业在管理制度创新方面已经给中国其他企业做出了榜样。

近年来，集团各公司、各专业相继建立了诸多流程制度，在管理运行中发挥着积极作用。但是，我们的流程制度究竟有没有得到很好执行？从领导到员工，是否严格按照流程制度在做事？流程制度某种程度上的“看上去很美”，是否影响执行力和绩效的进一步提升？

分析流程制度在企业运行中存在的种种问题，我们必须从多个层面进行观察和分析，而改进措施大致有如下。

要形成执行流程制度的文化。在一个重视流程制度的企业中，照章办事将会深深地印在每个员工的脑袋中。但照章办事的文化短时间内在中国企业靠员工自觉形成的可能性不大，是要靠长期的公司宣传、甚至老板亲自力行才能慢慢成为文化。联想能有今天的辉煌与柳传志重视按流程制度办事不无关系，他曾在公司强调：“员工做事，有流程制度的一定要按流程制度办事；流程制度有问题，那就先按流程制度办事，然后提出改进建议；没有流程制度，先按公司文化要求办，然后提出建设流程制度的建议。”

各级领导对流程建设应足够重视。有的领导认为接见重要客户、制订

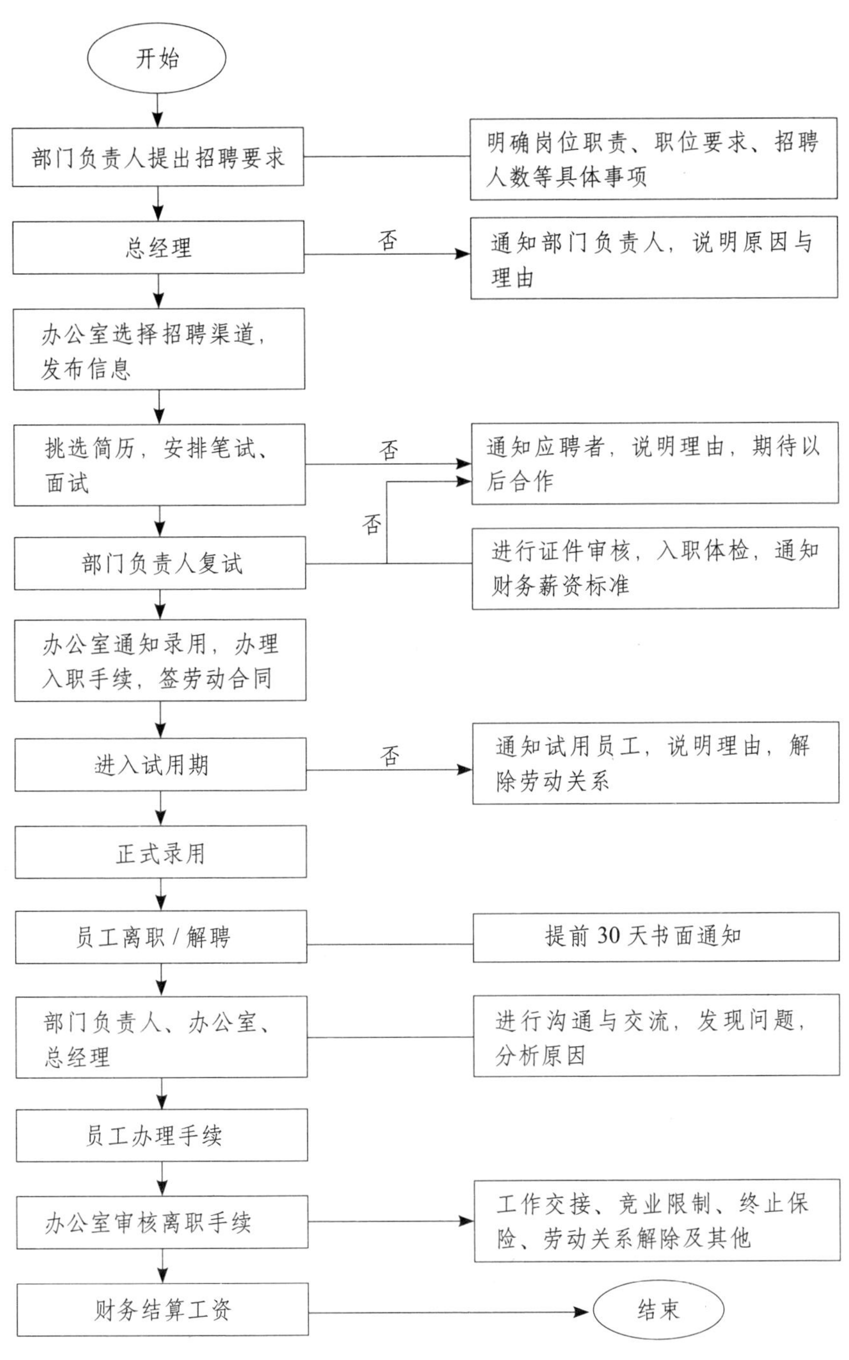
开始
部门负责人提出招聘要求
明确岗位职责、职位要求、招聘人数等具体事项
总经理
否
通知部门负责人，说明原因与理由
办公室选择招聘渠道，发布信息
挑选简历，安排笔试、面试
否
通知应聘者，说明理由，期待以后合作
否
部门负责人复试
进行证件审核，入职体检，通知财务薪资标准
办公室通知录用，办理入职手续，签劳动合同
进入试用期
否
通知试用员工，说明理由，解除劳动关系
正式录用
员工离职／解聘
提前30天书面通知
部门负责人、办公室、总经理
进行沟通与交流，发现问题，分析原因
员工办理手续
办公室审核离职手续
工作交接、竞业限制、终止保险、劳动关系解除及其他
财务结算工资
结束

人力资源工作流程图

战略规划、制定目标、重大投资决策等工作是自己的职责，流程建立、制度优化无关大局，是流程管理人员的事情，你们自己捣鼓就行了，这种现象在企业中是非常普遍的。

企业流程制度就像一个国家的法律制度，它规定了企业人员业务工作要共同遵守的准则，流程建立之时，是企业各职能部门、各岗位职责的再分配，是各角色接口关系的再明确，也是权力的再分配过程。

在一些关键职责分配上，如果各级领导不点头，下面人员往往是议而不决、往往是争得面红耳赤而没有结果；再者，在新的流程制度推行时，由于领导不重视，下面人员往往由于惯性而不去遵守甚至抵制。因此，在新流程体系建立与推行过程中，需要各级领导尤其是高级领导人在一些关键里程碑点进行表态。

不能为认证而认证。近年来，我们开始重视管理体系的认证，这些体系认证，无疑对企业管理改进指明了道路。但是，有些企业对认证的做法已经变了味，“为认证而认证，为拿证而拿证，为奖励而认证”成了一些企业认证的初衷，最终会导致为认证而制定的管理流程形同虚设。对企业管理者而言：企业要为管理提升而认证，认证不是目标，如果我们出发点是为认证，为拿奖励，不但制定的流程得不到执行，而且更重要的是破坏了企业诚实做事的文化，这个文化的破坏给企业带来的影响是深远的。为什么说破坏了诚实做事的文化呢，因为我们发现，这些企业为了拿证，要想方设法通过认证，所以为了对付外审，往往是在外审人员到来前几天弄虚作假补记录、补文档来应付外审，外审人员到公司后所审计的文档根本不是企业真实过程记录，流程制度规定和真实做事是两层皮。

调动业务人员的参与积极性。企业流程制度建设是流程部门和业务部门共同的工作职责，而不仅仅是流程管理部门的事情。流程管理部门在流程建设中更多的是组织和管理工作，由这个部门来组织业务部门进行流程建设。而一些人错误地认为：流程建设就是流程部门的事情，与业务部门无关，流程管理部门把流程建立好了，我们业务部门来执行就可以了。这种建立流程的方式会导致以下结果出现：一是编写的流程、模板、制度与公司的业务工作相距太远，可执行性差；二是由于业务部门没有参与流程制度制定，在执行时抵触情绪较大；三是由于业务部门没有参与流程制度建设过程，给流程培训带来压力较大。

应当指定流程责任人。企业流程需要有明确的负责人，对流程的建立、持续优化、培训、解释负责。一个企业的运作，有许多流程、制度、模板、指导书来支撑，仅仅由流程管理部门的员工来负责流程管理和优化一般来说是不可行的，主要原因是管理与优化的工作量比较大，再者流程管理人员相对于业务人员来说并不比业务人员对业务流程更熟知，所以一般做法是：在流程管理部门统一组织下，由业务部门骨干人员承担某个具体流程的建立、优化、解释、培训工作。这样在企业中如果某位员工做事遇到流程疑问，将会有一个权威的人士来解释和辅导，也将有专人来负责对流程持续优化而接受改进建议。

流程培训不足。流程发布后，要对执行的人员进行培训才能够执行得好。流程管理人员、流程审计人员其中一个职责是要对流程执行者进行培训，培训的时机可以选择在流程发布后，或者一个项目的启动阶段。特别是流程审计人员，应首先把流程培训放在第一位，然后才是对执行者进行流程审计，对于流程审计人员讲：首先是一个牧师要进行布道，然后才是警察发现违规者并通报，不要仅仅做警察。

建立流程审计机制。流程制定、执行、监督是一个闭环管理圈，这正如立法、执法、监督的三权分立方式。一些公司流程执行得比较差，也与没有人监督执行有关，可以说没有流程审计，流程就得不到好的执行。一谈到审计，人们往往会想到财务审计，但不知道流程也要审计。

项目审计计划表

编号： 填写日期： 年 月 日

项目名称		领导审批意见	同意(签章)
被审计部门			
审计目标			
审计范围			
主要审计内容			
审计方式			
审计人员			
审计时间			
备注			

在企业中，流程审计人员的职责就是负责流程培训与监督执行，通过周期性的、特定事件的流程审计，检查流程执行的情况：哪些流程、哪些部门执行得好？哪些执行得差？好与差的原因是什么？是执行人员不熟悉流程？还是执行人员不愿意执行？还是流程本身有问题？要把这些审计的结果在由公司高层参加的例会上公布出来。

成本审计流程关键节点说明

任务概要	成本审计
关键节点	相关说明
1	包括材料几家审查与直接材料费用分配审查
2	审查工资结算、分配及人工费用账目处理的正确性
3	审查制造费用项目的合理性及会计处理的正确性
4	审查辅助生产费用的归集及制造费用的分配
5	审查在产品结存量及产品的计价方法
6	审查成品数量及成本计算

流程审计，就像人大的执法检查，审计到位才能保证执行到位。

必须持续优化。流程不是僵死的，要随着公司的业务发展得到持续优化。

有些制定的流程从发布之日起就是僵死的，没有一个持续优化的机制。为什么要优化，一方面是因为公司的业务在发展，另一方面流程本身存在一些缺陷。因此，在一些成功的企业中，由流程管理部门组织对公司流程制度持续收集改进建议，持续收集公司管理薄弱环节，然后优化流程或者制定新的子流程并向公司发布。流程制度只有得到持续优化才会有生命力。

以上是企业流程制度得不到很好执行的主要原因，在集团各专业、各公司都不同程度地存在。知道了原因，改变流程制度执行不力的现状就成功了一半。对于正在快速发展的石药来说，确保大企业、大集团高效、科学地运转是一个非常复杂的课题，在多种业务、多种层面、多种环境互相影响、互相渗透，企业战略转型加快推进的当前，企业流程制度如何准确、高效地得以执行，真正地成为企业管理的润滑剂和连接企业诸要素合理流动与配置的积极因素，是值得我们迫切认真思考和回答的重要问题。

五、绩效考核有表格，看功劳不看苦劳

企业考察一名员工，固然会看经验跟资历，但经验跟资历并不占主导作用。企业需要的是能够解决问题、勤奋工作的员工，而不是那些曾经做出过一定贡献、现在却跟不上企业发展步伐、自以为是的员工。

古罗马皇帝哈德良曾经碰到过这样一个问题：

他手下有一位将军，跟随自己长年征战。有一次，这位将军觉得自己应该得到提升，便在皇帝面前提到这件事。

“我应该升到更重要的领导岗位，”他说，“因为我的经验丰富，参加过

10 次重要战役。”

哈德良皇帝是一个对人才有着高明判断力的人，他并不认为这位将军有能力担任更高的职务，于是他随意指着拴在周围的驴子说：“亲爱的将军，好好看看这些驴子，它们至少参加过 20 次战役，可它们仍然是驴子。”

企业要永远保持创业状态，要做到这一点，就需要让“每一个细胞都充满活力”。

作为一家发展多年的企业，海尔集团怎么能保证创业元老不失去创业的激情呢？元老怎么样才能跟得上企业发展的步伐呢？

海尔集团董事局主席张瑞敏回答说：“我认为对待元老还是要看其是否对企业做出了贡献。如果你因为照顾他，导致企业没有饭吃了，那么这种照顾就是对所有员工的不照顾。无论是元老还是年轻人，你到底怎样做才算真正的照顾呢？我认为不是表现在小恩小惠上，而是让他自己具有竞争力。”

现代企业的发展，人是关键因素。人事考核是企业人事管理的重要内容。从公司经济责任制的制定，到绩效指标体系的建立和全员绩效考核全面启动，都可以清楚地看出绩效考核制度对于各项工作的管理起着至关重要的作用。如果公司没有合理地使用考核机制，或者是绩效考核制度执行得不利，在员工当中就会形成一种“干多干少一个样”的风气。这种风气就会直接导致员工工作效率降低，公司发展受阻。

为提高竞争能力和适应能力，许多企业都在探索提高生产力和改善组织绩效的有效途径，组织结构调整、组织裁员、组织扁平化、组织分散化成为当今组织变革的主流趋势。企业要想实现员工个人绩效与企业整体绩效协调一致，必须建立一个有效评价和界定绩效的绩效管理体系，即“绩效管理”。

彼得 · 德鲁克：“组织的目的是通过工人力量的结合取得协同效应，并避开他们的不足。”这也正是有效的绩效管理的目的。也可以说考核目标的实现最终表现在组织整体效益的提高。

通过绩效考核了解人员使用的状况和人事配合的程度，发现一些人的素质和能力已超过现职的要求，则可晋升其职位；发现另一些人的素质和能力达不到现职的要求，则应降职；发现还有一些人用非所长，或其素质和能力已发生了跨职系的变化，则可进行横向调配。

管理才能考核表

姓名		年龄				到职日期	
所属部门		职位				担任本职开始年月	
管理才能	项目	优异	良好	平常	欠佳	本项目之评估	
	领导能力						
	处事能力						
	协调能力						
	责任感						
	总评						
派职建议							
上一级主管意见							
直接主管意见							

绩效考核是“知人”的主要手段，而“知人”是“善任”的前提。经过考核，对人员的政治素质、心理素质、知识素质、业务素质等进行评价，并在此基础上对人员的能力和专长进行推断，进而分析其适合何种职位，做到因岗配人、人尽其才。

根据绩效考核结果决定奖罚的对象及等级，激励先进、鞭策后进，做到奖惩分明，有利于提高员工工作积极性，出色完成组织目标。按绩效付酬并将绩效视为调职、晋升、降职或解雇的依据，彻底打破“大锅饭”，使员工在公平的环境中良性竞争，既与别人在同一客观标准下的收入或晋升作横向比较，同自己过去的收入或晋升作纵向比较。

绩效考核为员工事先设立了考核目标，并辅以具体的考核细则。当目标设置科学合理时，能使员工产生满足感和成就感。绩效考核还有助于在企业内部营造“比、学、赶、帮、超”的氛围，使员工能够提高各自的绩效，从而提高企业的竞争力。

绩效考核好比一面客观的镜子，一把公正的尺子。把考核的结果反馈给员工，让员工发现自身的缺陷和不足，可以帮助员工通过自身的努力逐步改进。绩效考核的应用范围很广。将绩效考核的结果应用于人力资源计划、招聘、选拔、薪酬、晋升、调配、辞退等各项具体工作，有助于企业做出正确的人力资源管理决策；应用于人力资源开发，可以提供员工优劣势的信息，帮助员工在现有岗位上创造更佳的业绩，加强员工的针对性培训，为员工的职业生涯和职业道路设计提供建议。

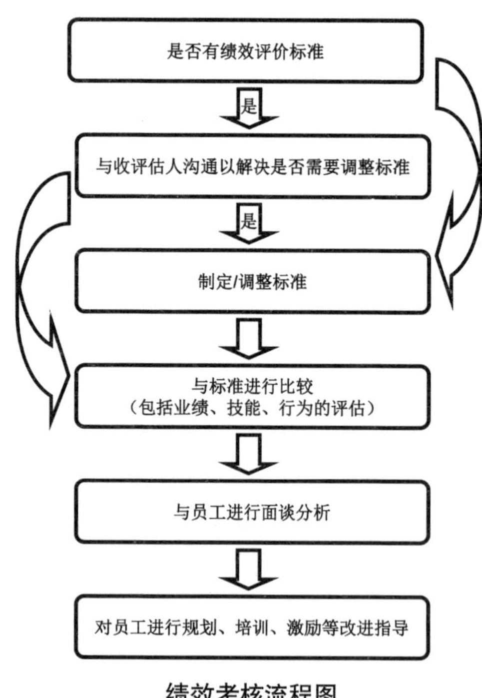

绩效考核流程图

绩效考核体系的构建是一项系统工程，包括计划、实施、考核、考核结果的反馈及考核结果的处理和应用。首先，要更新观念，认识到业绩是通过科学的体系管理出来的；其次，要明确绩效管理的目标；再次，就要贯彻执行；最后，总结考核。

管理员工考核表

<table>
<tr><td>姓名</td><td></td><td>部门</td><td></td><td>岗位</td><td></td><td colspan="3">考评日期</td><td colspan="2"></td></tr>
<tr><td rowspan="2">评价因素</td><td colspan="5" rowspan="2">对评价期间工作成绩的评价要点</td><td colspan="5">评价尺度</td></tr>
<tr><td>优</td><td>良</td><td>中</td><td>可</td><td>差</td></tr>
<tr><td rowspan="4">勤务态度</td><td colspan="5">把工作放在第一位，努力工作</td><td>14</td><td>12</td><td>10</td><td>8</td><td>6</td></tr>
<tr><td colspan="5">对新工作表现出积极态度</td><td>14</td><td>12</td><td>10</td><td>8</td><td>6</td></tr>
<tr><td colspan="5">忠于职守，严守岗位</td><td>14</td><td>12</td><td>10</td><td>8</td><td>6</td></tr>
<tr><td colspan="5">对部下的过失勇于承担责任</td><td>14</td><td>12</td><td>10</td><td>8</td><td>6</td></tr>
<tr><td rowspan="4">业务工作</td><td colspan="5">正确理解工作指示和方针，制订适当的实施计划</td><td>14</td><td>12</td><td>10</td><td>8</td><td>6</td></tr>
<tr><td colspan="5">按照部下的能力和个性合理分配工作</td><td>14</td><td>12</td><td>10</td><td>8</td><td>6</td></tr>
<tr><td colspan="5">及时与有关部门进行必要的工作联系</td><td>14</td><td>12</td><td>10</td><td>8</td><td>6</td></tr>
<tr><td colspan="5">在工作中始终保持协作态度，顺利推动工作</td><td>14</td><td>12</td><td>10</td><td>8</td><td>6</td></tr>
<tr><td rowspan="4">管理监督</td><td colspan="5">在人事关系方面部下没有不满或怨言</td><td>14</td><td>12</td><td>10</td><td>8</td><td>6</td></tr>
<tr><td colspan="5">善于放手让部下去工作，鼓励他们乐于协作的精神</td><td>14</td><td>12</td><td>10</td><td>8</td><td>6</td></tr>
<tr><td colspan="5">十分注意生产现场的安全卫生和整理整顿工作</td><td>14</td><td>12</td><td>10</td><td>8</td><td>6</td></tr>
<tr><td colspan="5">妥善处理工作中的失败和临时追加的工作任务</td><td>14</td><td>12</td><td>10</td><td>8</td><td>6</td></tr>
<tr><td rowspan="4">指导协调</td><td colspan="5">经常注意保持提高部下的劳动积极性</td><td>14</td><td>12</td><td>10</td><td>8</td><td>6</td></tr>
<tr><td colspan="5">主动努力改善工作和提高效率</td><td>14</td><td>12</td><td>10</td><td>8</td><td>6</td></tr>
<tr><td colspan="5">积极训练、教育部下，提高他们的技能和素质</td><td>14</td><td>12</td><td>10</td><td>8</td><td>6</td></tr>
<tr><td colspan="5">注意进行目标管理，使工作协调进行</td><td>14</td><td>12</td><td>10</td><td>8</td><td>6</td></tr>
<tr><td rowspan="4">工作效果</td><td colspan="5">正确认识工作意义，努力取得最好成绩</td><td>14</td><td>12</td><td>10</td><td>8</td><td>6</td></tr>
<tr><td colspan="5">工作方法正确，时间和费用使用合理有效</td><td>14</td><td>12</td><td>10</td><td>8</td><td>6</td></tr>
<tr><td colspan="5">工作成绩达到预期目标或计划要求</td><td>14</td><td>12</td><td>10</td><td>8</td><td>6</td></tr>
<tr><td colspan="5">工作总结汇报准确真实</td><td>14</td><td>12</td><td>10</td><td>8</td><td>6</td></tr>
</table>

续表

<table>
<tr><td>考核
结果</td><td colspan="2">1. 通过以上各项的评分，该员工的综合得分是：__________分
2. 你认为该员工应处于的等级是：(选择其一)
A. 240 分以上
B. 240~200 分
C. 200~160 分
D. 160 分以下
3. 考核者意见：

考核者签字：__________
日期：____年__月__日</td></tr>
<tr><td colspan="3">(以下部分为行政人事部及总经理填写)</td></tr>
<tr><td colspan="2">人力资源部评定</td><td></td></tr>
<tr><td colspan="2">处理
意见</td><td>1. 转正：在_______任_____职
升职：至______任__________
2. 续签劳动合同
自_____年_____月____日至_____年_____月____日
3. 降职为_________________________
4. 提薪 / 降薪为_________________________
4. 辞退
5. 其他_______________________________
经理签字：__________
日期：____年__月__日</td></tr>
<tr><td colspan="2">总经理核准</td><td>总经理签字：__________
日期：____年__月__日</td></tr>
</table>

结合企业的个体情况，制定操作性强的定量与定性指标相结合的指标体系。要注意指标过多，计算就会变得烦琐，一些重要的指标会被淹没而难于显示其重要影响。每一种评价工具都有其优点和不足，虽然绩效考核理论推崇与特定的工作行为联系在一起，但企业更愿意接受较为简单的工作绩效考核方法。

完善企业的工作绩效评价系统，把员工能力与成果的定性考察与定量考核结合起来，建立客观而明确的管理标准，定量考核，用数据说话，以理服人。最好用一些描述性的语言对绩效考核要素加以界定。比如，“很好”——工作绩效的大多数方面明显超出职位的要求，工作绩效一贯是高质量的；“好”——称职的可信赖的工作绩效水平，达到了工作绩效标准的要求。这样就会使考核者容易对评价结果进行理解。避免使用诸如“忠诚”“无私”等抽象的要素名称，除非它们能够用可观察的行为来证实。

变更工资申请表

姓名		所属部门		职位		入职日期	
现在工资				将调整工资			
最低工资				工资等级			
考核记录		□优 □好 □普通 □差					
理由 (任选一种打钩)		□晋升 □调整工作 □考绩优良 □年资增加					
前工作需要条件							
新工作需要条件							
备注							
申请者							
批准者							
日期							

选用较为客观的考核者来进行工作绩效考核，是使评价客观化的一个重要组成部分；训练考核者正确地使用考核工具，指导他们在判断时如何使用绩效考核标准；尽量使用一个以上的考核者各自独立完成对同一个对象的绩效考核。使考核者与被考核员工能有频繁的日常接触；及时将考核结论酌情告知员工；在适当的时候，对工作绩效较差的员工提供正确的指导。

建立正式的申诉渠道和上级人事部门对绩效考核结果审查的制度，对员工、对企业负责。如果发生裁员或辞退事件，应整理有关的工作绩效考核书面材料，对裁员或辞退的原因作出解释，并妥善处理相关事宜。

绩效管理的最终目标是充分开发和利用每个员工的资源来提高组织绩效，即通过提高员工的绩效达到改善组织绩效的目的。

绩效计划是管理者和员工共同讨论以确定员工考核期内应该完成什么工作和达到什么样的绩效过程。作为员工绩效计划阶段管理者和员工应该经过充分地沟通，明确为了实现组织的经营计划与管理目标，员工在考核期内应该做什么事情，以及应该将事情做到什么程度，也就是明确员工的绩效目标，约定员工成功的标准。

在制定绩效标准的时候，一定要注意与员工的沟通。传统的自上而下传达任务的方式，更多地体现出对员工的控制作用。而在绩效管理循环中，绩效目标一定要由管理者和员工经过充分沟通，双方共同确定和完成。

总之，要真正把绩效考核落到实处，企业在体系设计与组织实施的过程中，就必须要有系统的眼光和思维，同时又要敢于迈开步伐，在实施绩效考核的过程中适时推动组织的变革，把公司推进为一个具有现代意识观念、行为模式以及能力结构的成长型企业。

六、绩效辅导有备案，避免错误重复犯

很多企业都有这样一个普遍的误解——绩效管理是“事后”讨论，目的是抓住那些犯过的错误和绩效低下的问题。这实际上不是绩效管理的核心。它不是以镜子的形式来找你的不足，而是为了防止犯重复的错误，找出通向成功的障碍，以免日后付出更大的代价。这就意味着绩效管理可以节省时间。绩效管理就是一种防止问题发生的时间投资，它将保证同样的错误不会犯第二次。

如果发现了某种问题，不管是某一位员工没有达到预定的目标，还是一个部门没有完成任务，最重要的工作就是找到原因。不找到原因，我们怎么能阻止问题再次发生呢？

例如，某员工的几个指标没有完成，可能是多种原因造成的。是技术

水平不够、工作不够努力，还是没有组织好？有时也许同员工本人没有任何关系。会不会是组织内部有人不提供必需的资源？会不会是缺少原材料？会不会经理本人都不清楚应该做什么？因此，问题分析非常重要，而且它应该渗透到绩效管理整个过程中的每个环节中。绩效辅导这个环节最大的作用就在于通过管理者和员工的沟通，帮助员工解决问题，从而完成整个绩效管理过程。

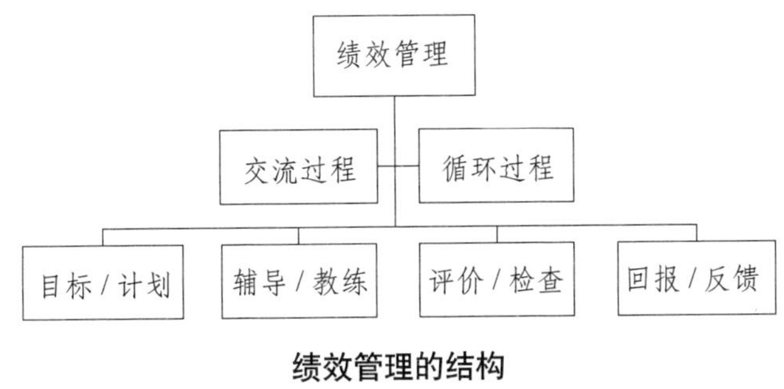

绩效管理的结构

很多事情知易行难，绩效管理也是如此，很多企业的绩效管理工作难以推行，有人给出一些“药方”：

绩效辅导的常见障碍和解决办法

常见障碍	解决办法
没有时间接触和辅导员工	抓住一切可以利用的时间
不知道该教些什么，怎么教	掌握员工工作与能力之间的差距
与其辅导，不如自己做	想一想，自己还能做多久、做多少
无法正确把握员工的能力，不知道员工的优点和缺点	不需要彻底了解每件事，只需要掌握员工工作成功的关键因素
不知道也不想知道员工的个人烦恼	掌握概要，但不要过于深入
没有信心公平地执行赏罚	对于错误，不必客气
害怕员工成长，超过自己	给员工出人头地的机会

但是，要想让这些“药方”充分发挥作用，我们就不得不借助于绩效辅导备案。管理者见缝插针地跟员工交流，所取得的一些关于员工工作和能力的信息，如果不记下来，往往转头就忘记了。这时候就需要有一个比较好的形式来将这些交流所得储备起来。

绩效指标库

序号	指标类别	指标名称	公式	考核周期	说明

员工绩效记录卡

员工姓名： 部门： 职位：			
年 / 月 / 日	关键事件	涉及绩效指标	备注

考核者（签名）：

__________职位考核表

考核时间段：________ 填表时间 __________ 考核得分：________ 分

序号	KPI 考核指标	指标定义	权重	目标值		计分标准	责任部门数据提供	责任部门数据提供确认	得分	被考核者确认	考核者确认
				基础目标	理想目标						
1											
2											
3											
4											
5											
加分											
减分											
合计与备注	最高得分不超过 110 分。										

______部门考核表

考核时间段：______ 填表时间______ 考核得分：______分

序号	KPI 考核指标	指标定义	权重	目标值		计分标准	责任部门数据提供	责任部门数据提供确认	得分	被考核者确认	考核者确认
				基础目标	理想目标						
1											
2											
3											
4											
5											
加分											
减分											
合计与备注	最高得分不超过 110 分。										

绩效数据收集通知单

______：

根据绩效管理需要，现需收集 / 反馈______部门______年______月有关绩效指标完成情况(详见下表)：

序号	职务 / 岗位	所在公司或者部门	考核指标	需提供考核数据的项目	基本目标值	实际完成值	备注
1							
2							
3							
4							
5							
6							

请及时组织贵部相关员工做好绩效数据收集工作，并于考核月度结束后次月 3 日内填写完毕后反馈使用部门。

特此通知。

绩效数据来源部门签收人：

______

____年__月__日

绩效数据来源部门签名：

______

____年__月__日

绩效数据接收部门签名：

______

____年__月__日

员工考核结果部门汇总表

<table>
<tr><td colspan="4">部门：</td><td colspan="3">考核责任人：</td></tr>
<tr><td>序号</td><td>姓名</td><td>职位</td><td>考核分数</td><td>考核等级</td><td>考核等级所占比例</td><td>备注</td></tr>
<tr><td>1</td><td></td><td></td><td></td><td></td><td></td><td></td></tr>
<tr><td>2</td><td></td><td></td><td></td><td></td><td></td><td></td></tr>
<tr><td>3</td><td></td><td></td><td></td><td></td><td></td><td></td></tr>
<tr><td colspan="7">说明：</td></tr>
<tr><td>部门负责人</td><td></td><td>部门分管领导</td><td></td><td>人力资源部负责人</td><td colspan="2"></td></tr>
<tr><td colspan="7">审批意见：
总经理签名：</td></tr>
<tr><td colspan="7">注：请按考核等级的高低予以排列，并统计各考核等级所占的比率。</td></tr>
</table>

______月绩效面谈改进计划表

月　份：　　　　　　　　　　　　　　　　　　填表日期：　　年　月　日

<table>
<tr><td>姓名</td><td></td><td>部门</td><td></td><td>职位</td><td></td></tr>
<tr><td colspan="2" rowspan="4">工作成功的方面</td><td colspan="4"></td></tr>
<tr><td colspan="4"></td></tr>
<tr><td colspan="4"></td></tr>
<tr><td colspan="4"></td></tr>
<tr><td colspan="2" rowspan="5">工作中需要改善的地方</td><td>绩效问题</td><td colspan="3">解决办法</td></tr>
<tr><td>态度</td><td colspan="3"></td></tr>
<tr><td>能力</td><td colspan="3"></td></tr>
<tr><td>知识</td><td colspan="3"></td></tr>
<tr><td>外部障碍</td><td colspan="3"></td></tr>
</table>

续表

需要接受何种内容的培训		
希望得到何种支持（公司支持、激励等）		
绩效改进计划	应采取的行动	完成时间
面谈人签名：	日 期：	
备注：此面谈表于次月 5 日前提交人力资源部。 说明：绩效考核面谈表的目的是了解员工对绩效考核的反馈信息，并最终提高员工的绩效。		

述职报告评价表

被考核人		所在部门				
述职报告内容	权重(%)	评价				
		评委 A	评委 B	评委 C	评委 D	评委 E
期初绩效目标完成情况						
考核期内成功事项分析						
考核期内失败事例分析						
面临的挑战与机会分析						
绩效改进要点与措施						
能力提升要点及方法						
要求得到的支持与帮助						
目标调整及新目标的确定						
其他						
考核人签字：				时间： 年 月 日		

注：该表适用于所有人员的绩效辅导(除述职报告)。

绩效考核申诉表

<table>
<tr><td>申诉人姓名</td><td></td><td>职位</td><td></td><td>部门</td><td></td><td>直接上级</td><td></td></tr>
<tr><td>申诉考核类型</td><td colspan="7">□季度考核　　□年度考核　　□试用期考核</td></tr>
<tr><td>申诉事件</td><td colspan="7"></td></tr>
<tr><td>申诉理由</td><td colspan="7">（可以附页）</td></tr>
<tr><td>申诉处理意见</td><td colspan="7">考核决策者签名：　　日期：</td></tr>
<tr><td>申诉处理意见</td><td colspan="7">人力资源经理签名：　　日期：</td></tr>
<tr><td>申诉处理结果</td><td colspan="7">总经理签名：　　日期：</td></tr>
<tr><td>说明</td><td colspan="7">1. 申诉人必须在知道考核结果2日内提出申诉，否则无效。
2. 申诉人直接将该表交人力资源部负责人或考核决策人。
3. 人力资源部或考核决策人须在接到申述的3个工作日内提出处理意见和处理结果。
4. 本表一式三份，一份人力资源部存档，一份交申述人考核决策者，一份交申述人。</td></tr>
</table>

绩效管理模拟表

序号	项目	时间	内容	相关表格
1	收集和更新指标库	5日前	下发绩效指标库表	绩效指标库表
2	制定部门绩效考核目标	5日前	考核者(绩效考核委员会）与被考核者(部门负责人）共同制定考核目标，并填写部门绩效考核目标	部门考核表
3	制定职位绩效考核目标	5日前	考核者与被考核者，共同制定考核目标，填写职位绩效考核目标	职位考核表
4	年薪制员工签订绩效合同	5日前	考核者与被考核者签订绩效考核合同	绩效考核合同
5	绩效辅导	持续	考核者对被考核者进行工作指导、检查、培训；并将关键影响绩效的事件记录在绩效记录卡的绩效记录表中	员工绩效记录表
6	绩效检查	10日、20日、30日	绩效专员每月三次定期和不定期进行巡查并公布绩效结果，并填写绩效检查表，进行报批后公布	绩效检查表
7	收集绩效考核数据	次月2日前	人力资源部下发关于收集各部门、各岗位的绩效考核数据的通知，各部门做好数据的交接工作	绩效数据收集通知单
8	绩效考核	次月4日前	部门、相关职位进行绩效考核，填写绩效考核表，双方确认	职位/部门考核表
9	汇总员工考核结果	次月5日前	各部门汇总员工考核并逐级审批	员工考核结果部门汇总表
10	绩效面谈	次月5日前	考核者与被考核者，填写月绩效面谈改进计划表	月绩效面谈改进计划表
11	制定下一轮绩效考核目标	次月5日前	考核者与被考核者	职位/部门考核表

续表

序号	项目	时间	内容	相关表格
12	季度、年度述职报告	次月8日前	人力资源部审核述职报告、报总经理	述职报告
13	述职评审会	次月8日前	绩效评审委员会，填写述职报告评价表	述职报告评价表
14	公布绩效考核结果	次月5日前	人力资源部绩效专员公布绩效考核结果	
15	绩效考核申诉	次月持续	人力资源部绩效专员接受员工的申诉，员工填写绩效考核申诉表	绩效考核申诉表
16	汇总部门、员工的绩效工资	次月10日前	人力资源部绩效专员提交公司绩效工资汇总表并提交审批	
17	发放绩效工资	次月15日前	人力资源部备案、财务发放	
18	季度考核	第一季度	4月1—10日	
19		第二季度	7月1—10日	
20		第三季度	9月1—10日	
21		第四季度	1月8—20日	
22	半年度	7月1—10日		
23	年度	1月8—20日		

附录

企业各部门管理表格工具箱

一、行政管理表

1. 办公用品管理表

办公用品采购清单

编号：

部门	办公用品	数量	单位	规格	备注
总经理室					
研发部					
业务部					
财务部					
人事部					
办公区					
……					

填表人：　　　　审核人：

办公用品需求计划表

部门：　　　　时间：　年　月

个人领用类(每人每月 50 元)						业务领用类					
办公用品品名	代号	部门	单价	数量	金额	办公用品品名	代号	部门	单价	数量	金额
小　计						小　计					
预算金额						实际金额					

部门主管：　　　　经理：　　　　经办人：

办公用品采购申请单

编号：　　　　　　　　　　　　　　　　　　　　　填单日期：　年　月　日

物品名称	规格	用途	单位	数量	需用日期	估计价值		签注

总经理批准	办公室主任意见	请购部门负责人意见
年　月　日	年　月　日	年　月　日

办公用品入库登记表

编号：　　　　　　　　　　　　　　　　　　　　　　年　月

日期	用品名称	数量	采购人员	收货人员(保管员)	备注

填表人：　　　　审核人：

库存物品分类记录表

编号：　　　类别：

品名	单位	数量	入库日期	出库日期	领用单号	当前库存

填表人：　　　　审核人：

库存记录卡

编号：　　　　　　　　　　　　　　　　　　填表日期：

<table>
<tr><td>物品名称</td><td colspan="2"></td><td>库存参考号</td><td colspan="2"></td><td>单位数量</td><td></td></tr>
<tr><td>最大库存量</td><td colspan="2"></td><td>最小库存量</td><td colspan="2"></td><td>再订货量</td><td></td></tr>
<tr><td colspan="8">具体项目记录</td></tr>
<tr><td rowspan="2">日期</td><td colspan="3">接收</td><td colspan="3">发放</td><td rowspan="2">余额</td></tr>
<tr><td>数量</td><td>发票号</td><td>供应商</td><td>数量</td><td>申请号</td><td>个人部门</td></tr>
<tr><td></td><td></td><td></td><td></td><td></td><td></td><td></td><td></td></tr>
<tr><td></td><td></td><td></td><td></td><td></td><td></td><td></td><td></td></tr>
<tr><td></td><td></td><td></td><td></td><td></td><td></td><td></td><td></td></tr>
<tr><td></td><td></td><td></td><td></td><td></td><td></td><td></td><td></td></tr>
</table>

记录人：

办公用品申领单

编号：　　　　　　　　　　　　　　　　　　日期：　年　月　日

项次	办公用品品名	规格	单位	数量	金额	特殊要求
1						
2						
3						
……						
合计						

保管员：　　　　领用部门经办人：　　　　部门主管：

办公用品发放领用登记表

编号：　　　　　　　　　　　　　　　　　　年　月

物品名称	部门	数量	规格	领用人	领用日期	备注
合计						

保管人员：

办公用品配发一览表

编号：　　　　　　　　　　　　　　　　　　　　　　填写日期：　年　月　日

姓　名	名　称										备注
合　计											

行政部主管：　　　　办公用品保管员：　　　　填表人：

部门办公用品统计表

编号：　　　　　　　　　　部门：　　　　　　　　填表日期：　年　月　日

名称	规格 / 型号	数量	金额	存放地点	负责人	备注

审核人：　　　　　　填表人：

办公用品盘点报告表

编号：　　　　　　　　　　盘点日期：　年　月　日

编号	名称	规格	单位	单价	上期结存		本期购进	本期发放数	本期结存		备注
					数量	金额			数量	金额	

财务主管：　　　　　　行政主管：　　　　　　保管员：

工服配置管理表

编号：

品名/类别	规格	编号	购入日	购入价格	配发日	配发对象	上交日	换发日	换发负责人

审核人： 复核人： 填表人：

员工工服领取单

编号： 填表日期： 年 月 日

<table>
<tr><td rowspan="2">领取人</td><td>姓名</td><td>工作证号</td><td>所属部门</td><td>职别</td><td>入职日期</td></tr>
<tr><td></td><td></td><td></td><td></td><td></td></tr>
<tr><td>领取原因</td><td colspan="5">□新员工 □职位调动 □原工服破损 □原工服丢失</td></tr>
<tr><td rowspan="3">工服明细</td><td>品名/类别</td><td>规格型号</td><td>编号</td><td>领取数量</td><td>备注</td></tr>
<tr><td></td><td></td><td></td><td></td><td></td></tr>
<tr><td></td><td></td><td></td><td></td><td></td></tr>
<tr><td rowspan="2">审批记录</td><td>行政部经理</td><td>行政主管</td><td>部门负责人</td><td>工服库管员</td><td>申领人</td></tr>
<tr><td></td><td></td><td></td><td></td><td></td></tr>
</table>

办公用品一览表

办公用品名称	规格	单位	单价/元	代号	办公用品名称	规格	单位	单价/元	代号

办公用品使用情况登记表

使用部门：　　　　　　　　　　管理部门：

<table>
<tr><td>名称</td><td colspan="4"></td><td colspan="1">编号</td><td colspan="2"></td></tr>
<tr><td>规格</td><td colspan="4"></td><td>厂名或牌号</td><td colspan="2"></td></tr>
<tr><td>构造</td><td colspan="4"></td><td>附属设备</td><td colspan="2"></td></tr>
<tr><td>存放地点</td><td colspan="4"></td><td>耐用年限</td><td colspan="2"></td></tr>
<tr><td>原价</td><td colspan="4"></td><td>增加价值</td><td colspan="2"></td></tr>
<tr><td>日期</td><td>摘要</td><td>凭证号数</td><td>单位</td><td>数量</td><td>增加</td><td>减损</td><td>结存</td></tr>
<tr><td></td><td></td><td></td><td></td><td></td><td></td><td></td><td></td></tr>
<tr><td></td><td></td><td></td><td></td><td></td><td></td><td></td><td></td></tr>
</table>

填表人：　　　　审核人：

办公用品耗用统计表

年　月

<table>
<tr><td colspan="2">部门</td><td rowspan="2">上月耗用金额/元</td><td rowspan="2">本月耗用金额/元</td><td rowspan="2">差异额/元</td><td rowspan="2">差异率(%)</td><td rowspan="2">人数</td><td rowspan="2">说明</td></tr>
<tr><td>代号</td><td>名称</td></tr>
<tr><td></td><td></td><td></td><td></td><td></td><td></td><td></td><td></td></tr>
<tr><td></td><td></td><td></td><td></td><td></td><td></td><td></td><td></td></tr>
<tr><td></td><td></td><td></td><td></td><td></td><td></td><td></td><td></td></tr>
</table>

主管：　　　　经办人：

办公设备故障登记表

编号：　　　　　　　　　　　　　　年　月　日

故障日期	设备名称	故障情况	故障报告人	采取的措施	维修日期

主管：　　　　经办人：

办公设备故障维修记录

编号：　　　　　　　　　　　　　　年度：

设备名称	所在位置	购买日期	单价	供应商	生产商	故障类型	损坏记录	维修协议	维修费用	使用人员	经办人

主管：　　　　　　经办人：

办公设备检修记录表

编号：　　　　　　　　　　　　　　　　　　　年　月　日

检修日期	设备名称	检修项目	检修原因	检修结果	检修员	备注

主管：　　　　　　经办人：

2. 印章使用管理表

用印登记簿

编号：

用印日期	文件名称	发文号	印章类别	盖章次数	使用人	批准人	用印事由

填表人：　　　　　　审核人：

印章使用审批表

编号：

编　　号		用章部门		盖章时间	
印章类别		盖章次数		文件发文号	
文件名称					
备　　注					
用章人(签章)		批准人(签章)			

注：请在备注栏中简要说明盖章用途。

印章使用申请单

编号：

部　　门		申请日期	年　　月　　日
用印类别		用印份数	
文件名称		文件说明	
申 请 人		核 准 人	

印章管理登记表

编号：

种类	区分	名称	印章内容	管理责任人	办理责任人	备注
公司印章	名印	公司名印	公司全称	行政部经理	行政部经理	
部门印章	部门印	行政部印	公司名、部门名	行政部经理	行政事务主管	
	分店工厂名	分店印	公司名、分店名	××分店经理	分店行政科长	
	职务印章	董事、经理	职务名称	行政部经理	行政事务主管	金属制
	部长印	财务部经理印（银行专用）	公司名、职务名	财务部经理	财务主管	

填表人：　　　　　　审核人：

印章使用范围表

种类	区分	公司债券	支票及银行兑现凭证	合同及其他重要文件	订货单及日常业务文件	各类对外文件	辞令	请示	收据	人事关系及有关证明	员工存款账目	委任状
公司名称印章	公司名章											
	股份公司专用											
	部门名章											
	分公司名章											
职务名章	董事长名章											
	董事(股份公司专用)名章											
	其他高级职员名章											
	财务部经理名章											
	分公司经理章											

3. 车辆使用管理表

车辆登记表

领用日期	年　月　日		
车牌号		品　牌	
购置日期		颜　色	
类　型		型　号	
价　格		识别代号 / 车架号	
购置附加费		车辆状况	
存档资料		部　门	
车辆管理主管负责人签字：			
使用人信息			
姓　名		身份证号码	
驾驶证类型		驾驶证档案号	
初次领证日期		使用人签字	
交回日期	年　月　日	车辆主管确认	

注：存档资料中 A. 备用钥匙；B. 机动车登记证书；C. 车辆维修保养登记本；D. 驾驶员驾驶证复印件；E. 保险单。

车辆油耗费用考核月报表

月份	车	车牌号		责任人	
月初公里数	km	月末公里数	km	本月行驶数	km
月初油读数	L	月初油读数	L	本月加油数	L
本月用油数	L	油费单价	元/L	本月油费	元
本月耗油量	L/百公里	平均耗油量	L/百公里	超、节数	L/百公里
奖惩标准	元	奖惩数	元	考核人	
备注					

车辆费用报销明细表

车牌号：　　　　　　　　　　　　　　　　　　　　　　　　年　月

序号	日期	时间	目的地	费用项目	费用数	事　由
1						
2						
3						
4						
车辆维护保养记录						
1						
2						
3						

使用责任人：　　车辆主管：　　财务审核：

车辆使用情况明细表

车牌号：　　　　　　　　　　　　　　　　　　　　　　　　年　月

次	日期	使用时段	使用人	目的地	公里数	事由	备注
1							
2							
3							

使用责任人：　　车辆主管：　　财务审核：

4. 访客登记表

访客登记表

填表时间：

来访时间		访客			访问对象			离开时间	备注
月 / 日	时分	车牌号	姓名	身份证号码	部门	姓名	事由	时分	

注：如带货离厂，需在备注栏注明数量。

5. 会议管理表

会议议程安排表

编号：

会议主题			
会议类型			
会议主办单位			
会议负责人		会议主持人	
会议摘要：			
会议议题 / 内容			
议题 1	议题名称：		
序号	时间	内容	发言人
议题 2	议题名称：		
序号	时间	内容	发言人
出席人员		会议记录员	
会议注释：			

会议通知单

通知日期： 年 月 日

<table>
<tr><td>接收部门</td><td></td><td>发文部门</td><td></td></tr>
<tr><td>会议名称</td><td></td><td>会议时间</td><td></td></tr>
<tr><td>会议地点</td><td></td><td>会议联系人</td><td></td></tr>
<tr><td colspan="4">会议参加人员名单：</td></tr>
<tr><td colspan="4">会议注意事项：</td></tr>
<tr><td colspan="4">会议联系人：

会议联系电话：

签章处：</td></tr>
<tr><td colspan="4">通知回执联
会议通知已收到，内容详细了解，□能 □不能 届时参加。谢谢！

签名：
年 月 日</td></tr>
</table>

会议程序表

编号：

<table>
<tr><td colspan="3">会议程序</td></tr>
<tr><td colspan="3">会议时间：　年　月　日
会议地点：</td></tr>
<tr><td colspan="3">1. 记录出席人姓名
2. 统计缺席人姓名(附理由)</td></tr>
<tr><td>序号</td><td>内容</td><td>发言人</td></tr>
<tr><td>1</td><td>入座，宣布开会</td><td></td></tr>
<tr><td>2</td><td>阐述经营理念</td><td></td></tr>
<tr><td>3</td><td>会议最高职位人致词</td><td></td></tr>
<tr><td>4</td><td>说明议题、议案</td><td></td></tr>
<tr><td>5</td><td>补充说明、报告</td><td></td></tr>
<tr><td>6</td><td>讨论问题(质疑应答)</td><td></td></tr>
<tr><td>7</td><td>决议事项确认</td><td></td></tr>
<tr><td>8</td><td>下次会议讨论事项确认</td><td></td></tr>
<tr><td>9</td><td>散会致词</td><td></td></tr>
<tr><td>10</td><td>会议结束</td><td></td></tr>
<tr><td colspan="2">主管审核：

年　月　日</td><td>领导审批：

年　月　日</td></tr>
</table>

会议记录表

编号：　　　　　　　　　　　　　　　　　　填写日期：

会议时间		地点		主持人		记录人	
会议名称							
参加者							
会议议题							
会议过程							
会议决策							
记录审核人				审核结果			

决议事项确认表

决议事项			
决议内容			
达到目标			
所需支持			
执行措施		执行负责人	
备注			

决议事项实施表

会议名称：

决议事项		决议日期		决议负责人	
部门	执行负责人	实施目标		实施进度	评价
各部门每个月的实施检查表					
月份	实施进度	评价	月份	实施进度	评价
1			4		
2			5		
3			6		

会议室使用申请表

填写日期：

使用日期	使用时间	会议名称	具体地点	参会人数	所需设备	备注

申请使用单位			管理单位		
名称	填表人	主管	管理人	主管	经理

会议记录目录表

年度：

会议日期	会议形式	会议主题	内容摘要	页码	记录人	备注

6. 工作人员报销记录表

报销记录表

编号：

序号	日期	报销人	报销内容	金额/元	确认签名

填表人：　　　　　审核人：

报销单据记录表

编号：

日期	序号	内容	金额	备注
总计				

填表人：　　　　审核人：

报销票据接收记录

编号：

序号	交票日期	姓名	返还日期	签收人	票据份数	票据金额	本人签字	备注
总计								

填表人：　　　　审核人：

费用报销申请单

编号：　　　　填表日期：　　年　　月　　日

<table>
<tr><td>姓 名</td><td></td><td>部门</td><td colspan="5"></td><td colspan="2">职务</td><td colspan="3"></td><td rowspan="12">附件
张</td></tr>
<tr><td rowspan="2">费用项目</td><td colspan="2" rowspan="2">内容说明</td><td colspan="10">费用金额</td></tr>
<tr><td>千</td><td>百</td><td>十</td><td>万</td><td>千</td><td>百</td><td>十</td><td>元</td><td>角</td><td>分</td></tr>
<tr><td></td><td colspan="2"></td><td></td><td></td><td></td><td></td><td></td><td></td><td></td><td></td><td></td><td></td></tr>
<tr><td></td><td colspan="2"></td><td></td><td></td><td></td><td></td><td></td><td></td><td></td><td></td><td></td><td></td></tr>
<tr><td></td><td colspan="2"></td><td></td><td></td><td></td><td></td><td></td><td></td><td></td><td></td><td></td><td></td></tr>
<tr><td></td><td colspan="2"></td><td></td><td></td><td></td><td></td><td></td><td></td><td></td><td></td><td></td><td></td></tr>
<tr><td></td><td colspan="2"></td><td></td><td></td><td></td><td></td><td></td><td></td><td></td><td></td><td></td><td></td></tr>
<tr><td></td><td colspan="2"></td><td></td><td></td><td></td><td></td><td></td><td></td><td></td><td></td><td></td><td></td></tr>
<tr><td>金额
（大写）</td><td></td><td>合计</td><td></td><td></td><td></td><td></td><td></td><td></td><td></td><td></td><td></td><td></td></tr>
<tr><td>财务审批</td><td>部门主管审批</td><td>财务复核</td><td colspan="4">部门审核</td><td colspan="3">经办人</td><td colspan="3">报销人</td></tr>
<tr><td></td><td></td><td></td><td colspan="4"></td><td colspan="3"></td><td colspan="3"></td></tr>
</table>

差旅费用报销单

编号：　　　　　　　　　　　　　　　　　　　　　　　　　　填表日期：　年　月　日

<table>
<tr><td>姓名</td><td colspan="3"></td><td colspan="3">职务</td><td colspan="3"></td><td rowspan="2">出差事由</td><td colspan="6" rowspan="2"></td><td rowspan="12">附件
张</td></tr>
<tr><td>部门</td><td colspan="9"></td></tr>
<tr><td>起止日期</td><td colspan="11">年　月　日至　年　月　日，共计　天</td><td colspan="2">备注</td><td colspan="3"></td></tr>
<tr><td colspan="17">交通费用</td></tr>
<tr><td rowspan="2">日期</td><td rowspan="2">起止地点</td><td rowspan="2">交通费</td><td rowspan="2">住宿费</td><td rowspan="2">餐费补助</td><td rowspan="2">其他费用</td><td colspan="8">金额合计</td></tr>
<tr><td>十</td><td>万</td><td>千</td><td>百</td><td>十</td><td>元</td><td>角</td><td>分</td></tr>
<tr><td></td><td>—</td><td></td><td></td><td></td><td></td><td></td><td></td><td></td><td></td><td></td><td></td><td></td><td></td></tr>
<tr><td></td><td>—</td><td></td><td></td><td></td><td></td><td></td><td></td><td></td><td></td><td></td><td></td><td></td><td></td></tr>
<tr><td></td><td>—</td><td></td><td></td><td></td><td></td><td></td><td></td><td></td><td></td><td></td><td></td><td></td><td></td></tr>
<tr><td>金额
（大写）</td><td colspan="4"></td><td></td><td></td><td></td><td></td><td></td><td></td><td></td><td></td><td></td></tr>
<tr><td>财务审批</td><td>部门主管审批</td><td>财务复核</td><td>行政部审核</td><td>经办人</td><td>报销人</td></tr>
<tr><td></td><td></td><td></td><td></td><td></td><td></td></tr>
</table>

外勤费用报销单

编号：　　　　　　　　　　　　　　　　　　　　　填表日期：　年　　月　　日

<table>
<tr><td>员工姓名</td><td></td><td>所属部门</td><td></td><td>报销时间</td><td></td><td rowspan="2">备注</td></tr>
<tr><td>序号</td><td>费用类别</td><td colspan="2">大写</td><td colspan="2">小写</td></tr>
<tr><td>1</td><td>交通费</td><td colspan="2"></td><td colspan="2"></td><td></td></tr>
<tr><td>2</td><td>资料费</td><td colspan="2"></td><td colspan="2"></td><td></td></tr>
<tr><td>3</td><td>交际费</td><td colspan="2"></td><td colspan="2"></td><td></td></tr>
<tr><td>4</td><td>补贴费</td><td colspan="2"></td><td colspan="2"></td><td></td></tr>
<tr><td>5</td><td>其他费用</td><td colspan="2"></td><td colspan="2"></td><td></td></tr>
<tr><td colspan="2">合计</td><td colspan="2"></td><td colspan="2"></td><td></td></tr>
</table>

财务审批	部门主管审批	财务复核	部门审核	经办人	报销人

车辆费用报销单

编号：　　　　　　　　　　　　　　　　　　　　填表日期：　年　月　日

驾驶员			部门		车号	
预支期间	年　月　日至　年　月　日				车型	
项目	张数	金额	（单据粘贴处）			
合计			金额（大写）			
财务审批	部门主管审批	财务复核	部门审核	经办人	报销人	

通信费用报销单

编号：　　　　　　　　　　　　　　　　　　　　填表日期：年　月　日

部　门			机主	
通信工具类别	□固定电话　□移动电话　□其他		号码	
费用（合计）		大写		
费用明细				
总经理（签字）	主管领导（签字）		审核（签字）	

招待费用报销单

编号：　　　　　　　　　　　　　　　　　　　　填表日期：年　月　日

姓名			职务			招待事由									
部门															
招待对象		招待人数	客人　人，陪同　人			备注									附件　张
日期	招待地点	餐饮费	住宿费	礼品礼金	其他费用	金额合计									
						十	万	千	百	十	元	角	分		
金额（大写）					合计										
财务审批	部门主管审批	财务复核	部门审核	经办人	报销人										
年月日	年月日	年月日	年月日	年月日	年月日										

部门费用报销明细表

编号：　　　　　　　　　　　　　　　　　　　　　　　　　　　　填表日期：　年　月　日

序号	报销时间	报销人员	所属部门	费用类别	收入额 / 元	支出额 / 元	余额 / 元	备注
1								
2								
3								
……								

二、人事管理表

1. 人事档案管理表

员工应聘申请表

应聘渠道（推荐人）：　　　　填表时间：　　年　月　日

第一应聘岗位：　　　　原有薪资：　　　　期望薪资：

第二应聘岗位：　　　　原有薪资：　　　　期望薪资：

<table>
<tr><td>姓名</td><td></td><td>性别</td><td></td><td>民族</td><td></td><td rowspan="4">本人近期
2 寸免冠照片</td></tr>
<tr><td>出生年月</td><td></td><td>健康状况</td><td></td><td>血型</td><td></td></tr>
<tr><td>文化程度</td><td></td><td>身高 / cm</td><td></td><td>体重 / kg</td><td></td></tr>
<tr><td>政治面貌</td><td></td><td>籍贯</td><td></td><td>婚否</td><td></td></tr>
<tr><td>主修专业</td><td colspan="6"></td></tr>
<tr><td>身份证号</td><td colspan="6"></td></tr>
<tr><td>家庭住址</td><td colspan="6"></td></tr>
<tr><td rowspan="2">联系电话</td><td>手机</td><td colspan="3"></td><td rowspan="2">如经录用何时到岗</td><td rowspan="2"></td></tr>
<tr><td>座机</td><td colspan="3"></td></tr>
</table>

续表

<table>
<tr><td>技能特长爱好</td><td colspan="5"></td><td>档案地</td><td></td></tr>
<tr><td rowspan="5">家庭主要成员</td><td>姓 名</td><td>关 系</td><td>年 龄</td><td colspan="3">工作单位</td><td>联系电话</td></tr>
<tr><td></td><td></td><td></td><td colspan="3"></td><td></td></tr>
<tr><td></td><td></td><td></td><td colspan="3"></td><td></td></tr>
<tr><td></td><td></td><td></td><td colspan="3"></td><td></td></tr>
<tr><td></td><td></td><td></td><td colspan="3"></td><td></td></tr>
<tr><td rowspan="4">个人学习培训主要经历</td><td colspan="2">时 间</td><td colspan="2">院校名称</td><td colspan="3">曾任职务、所受奖励、获得资历等</td></tr>
<tr><td colspan="2"></td><td colspan="2"></td><td colspan="3"></td></tr>
<tr><td colspan="2"></td><td colspan="2"></td><td colspan="3"></td></tr>
<tr><td colspan="2"></td><td colspan="2"></td><td colspan="3"></td></tr>
<tr><td rowspan="5">个人主要工作经历</td><td colspan="2">时 间</td><td colspan="2">工作单位</td><td>职 务</td><td>薪 资</td><td>离职原因</td></tr>
<tr><td colspan="2"></td><td colspan="2"></td><td></td><td></td><td></td></tr>
<tr><td colspan="2"></td><td colspan="2"></td><td></td><td></td><td></td></tr>
<tr><td colspan="2"></td><td colspan="2"></td><td></td><td></td><td></td></tr>
<tr><td colspan="2"></td><td colspan="2"></td><td></td><td></td><td></td></tr>
<tr><td rowspan="4">录用意见</td><td colspan="2">录用部门</td><td colspan="2">录用岗位</td><td colspan="2">到岗时间</td><td>薪资标准</td></tr>
<tr><td colspan="2"></td><td colspan="2"></td><td colspan="2"></td><td></td></tr>
<tr><td>个人意见</td><td colspan="6">申请人签名：　　时间：　年　月　日</td></tr>
<tr><td>单位意见</td><td colspan="6"></td></tr>
</table>

人事档案登记表

日期：　　　　　　　　　　　　　编号：

<table>
<tr><td>姓名</td><td></td><td>性别</td><td></td><td>民族</td><td></td><td rowspan="6">照
片</td></tr>
<tr><td>籍贯</td><td colspan="3"></td><td>出生日期</td><td></td></tr>
<tr><td>现住址</td><td colspan="5"></td></tr>
<tr><td>身份证号码</td><td colspan="3"></td><td>统一代号</td><td></td></tr>
<tr><td>专长</td><td colspan="3"></td><td>特长</td><td></td></tr>
<tr><td>工资卡账号</td><td colspan="5"></td></tr>
<tr><td rowspan="4">入司经过</td><td colspan="2">介绍人</td><td colspan="4"></td></tr>
<tr><td colspan="2">有无经过考核</td><td colspan="4"></td></tr>
<tr><td colspan="2">有无交出保证书</td><td colspan="4"></td></tr>
<tr><td colspan="2">报到日期</td><td colspan="4"></td></tr>
<tr><td rowspan="3">经历</td><td colspan="3">服务单位名称</td><td>职别</td><td>工资</td><td>离职原因</td></tr>
<tr><td colspan="3"></td><td></td><td></td><td></td></tr>
<tr><td colspan="3"></td><td></td><td></td><td></td></tr>
<tr><td rowspan="3">工资</td><td colspan="2">年　月　日</td><td colspan="2">工资</td><td colspan="2">记事</td></tr>
<tr><td colspan="2"></td><td colspan="2"></td><td colspan="2"></td></tr>
<tr><td colspan="2"></td><td colspan="2"></td><td colspan="2"></td></tr>
<tr><td rowspan="3">学历</td><td colspan="4">学校名称</td><td>级别</td><td>毕业时间</td></tr>
<tr><td colspan="4"></td><td></td><td></td></tr>
<tr><td colspan="4"></td><td></td><td></td></tr>
<tr><td rowspan="3">合同</td><td colspan="4">合同签订时间</td><td>年限</td><td>到期时间</td></tr>
<tr><td colspan="4"></td><td></td><td></td></tr>
<tr><td colspan="4"></td><td></td><td></td></tr>
<tr><td rowspan="3">联系方式</td><td colspan="6">手机</td></tr>
<tr><td colspan="6">家庭固定电话</td></tr>
<tr><td colspan="6">特别联系人电话</td></tr>
<tr><td>记事</td><td colspan="6"></td></tr>
</table>

员工违纪管理表

姓名	部门	职位	入职时间	违纪类型	违纪详情	处理意见	员工签名	部门主管	总经理

审核人：　　　　制表人：

员工出差登记表

部门	姓名	出差时间		出差地点	出差事由	同行人	是否用车	备注
		开始时间	归岗时间					

2. 员工培训管理表

新员工培训计划表

编号：　　　　　　　　拟订日期：

<table>
<tr><td rowspan="3">受训人员</td><td>姓名</td><td colspan="2"></td><td>培训期间</td><td colspan="2">月 日至 月 日止</td><td rowspan="3">辅导员</td><td>姓名</td><td></td></tr>
<tr><td>学历</td><td></td><td></td><td></td><td colspan="2"></td><td>部门</td><td></td></tr>
<tr><td>专长</td><td></td><td></td><td></td><td colspan="2"></td><td>职称</td><td></td></tr>
<tr><td>项次</td><td>培训期间</td><td>培训日数</td><td>培训项目</td><td>培训部门</td><td>培训员</td><td colspan="4">培训日程及内容</td></tr>
<tr><td>1</td><td>月 日至
月 日止</td><td>天</td><td></td><td></td><td>职称：
姓名：</td><td colspan="4"></td></tr>
</table>

续表

2	月　日至 月　日止	天			职称： 姓名：	
3	月　日至 月　日止	天			职称： 姓名：	
4	月　日至 月　日止	天			职称： 姓名：	
5	月　日至 月　日止	天			职称： 姓名：	
6	月　日至 月　日止	天			职称： 姓名：	

经理：　　　　审核人：　　　　拟订人：

员工培训计划表

培训编号：　　　　　　　　培训部门：

培训名称		培训时间	自　　至				
培训课程时数及负责人							
课　程	培训时间	负责人	起讫时间	课程	培训时间	负责人	起讫时间

参加人员：　　　　共　　　　人名单如下：

单位	职务	姓名	单位	职务	姓名	单位	职务	姓名	单位	职务	姓名

费用预算：　　　　　　每人分摊费用：

批准人：　　　　审核人：　　　　拟订人：

员工培训大纲

时间		培训内容	课时	主讲人	地点
第一周					
第二周					
第三周					
第四周					
第五周					
第六周					

员工培训活动费用表

培训岗位：

课程名称		课程编号	
项目	举办日期	训练时数	参加人数
计划			
实际			

训练项目费用	预算金额/元	实际金额/元	异常说明
讲师费			
教材费			
租用费			
补贴费			
其他			
合计			

培训检查及考核意见	
培训师意见	
财务部主管	
培训部主管	

制表人：　　　　　　　　　　报送日期：　年　月

员工培训申请表

编号：　　　　　　　　　　　　　　　　　申请日期：　年　月　日

申请人姓名		所在岗位		所属部门	
直接上级		入职时间			
培训目的					
培训费用预算					
培训内容		期望培训方式		期望培训时间	
部门主管审核		签字：　　日期：			
人力资源部审核		签字：　　日期：			

员工培训档案表

编号：

员工个人基本情况						
姓名		所在岗位		所属部门		
学历		专业		入职时间		
培训情况						
培训内容	培训时间	培训方式	所在岗位	所属部门	取得的相关证书	备注

填表人：　　　　　　审核人：

年度训练计划汇总表

编号： 填表日期： 年 月 日

部门	班次	人数	时间	费用 / 元	备注

教育培训部门： 主管： 经办人：

员工在职培训资历表

部门：

项次	员工姓名	培训时职位	培训课程名称	课程编号	培训日期	时数	累积时数	成绩	评核记录
1									
2									
3									
……									

填表人： 审核人：

员工培训考核记录表

培训名称：

部门	职别	姓名	各科成绩				备注
			课程 1	课程 2	课程 3	……	
平均							

员工职前、职后培训记录表

编号：

<table>
<tr><td>姓名</td><td></td><td>入职日期</td><td></td><td>所属部门</td><td></td></tr>
<tr><td colspan="6">员工培训记录</td></tr>
<tr><td rowspan="5">入职前</td><td>培训课程</td><td>时间</td><td>课时/时</td><td colspan="2">地点</td></tr>
<tr><td></td><td></td><td></td><td colspan="2"></td></tr>
<tr><td></td><td></td><td></td><td colspan="2"></td></tr>
<tr><td></td><td></td><td></td><td colspan="2"></td></tr>
<tr><td></td><td></td><td></td><td colspan="2"></td></tr>
<tr><td rowspan="4">入职后</td><td></td><td></td><td></td><td colspan="2"></td></tr>
<tr><td></td><td></td><td></td><td colspan="2"></td></tr>
<tr><td></td><td></td><td></td><td colspan="2"></td></tr>
<tr><td></td><td></td><td></td><td colspan="2"></td></tr>
<tr><td rowspan="5">入职后</td><td colspan="5">个人培训记录</td></tr>
<tr><td>培训课程</td><td>时间</td><td>课时/时</td><td colspan="2">地点</td></tr>
<tr><td></td><td></td><td></td><td colspan="2"></td></tr>
<tr><td></td><td></td><td></td><td colspan="2"></td></tr>
<tr><td></td><td></td><td></td><td colspan="2"></td></tr>
</table>

记录人：　　　员工签字：

员工在职培训测验成绩表

编号：

编号	姓名	分数	签到	编号	姓名	分数	签到
1				5			
2				6			
3				7			
4				……			

会计部：　　　人事部：　　　部门主管：

3. 员工工作交接表

员工调动（转岗）工作交接表1

填表日期： 年 月 日

姓名		部门		原职务	
调动(转岗) 岗位				调动日期	
交接事项	办理内容				
领用物品	□ 完好 □ 缺失 □ 损坏				
资料移交	1. 2. 3. ……				
电脑硬件设备	□正常 □有缺损				
近期完成工作					
近期进行工作					
近期未完成工作					
移交人签字			接收人签字		
部门主管签字			人力部经理签字		

备注：1. 调动(转岗) 人员必须认真交接，重要岗位应将各种资料文件以及各种工作交接清楚，使新上岗人员基本熟悉工作为标准。

2. 认真做好监交工作，绝不能搞形式、走过场，认真填写交接表。因交接不清而出现的问题由人力部负责。

员工调动/转岗工作交接表2

填报日期：　年　月　日

调动/转岗人		到职日	
原所在的公司及部门		原职务(岗位)	
拟调动部门/岗位			
调动/转岗原因	申请人/日期：		
原来部门主管意见	是否同意调动/转岗：□是　□否 工作接收人： 核准离岗日期： 签名/日期：		
接受部门主管意见	是否同意接收：□是　□否 是否需要试用：□是　□否 报到日期： 签名/日期：		
原岗位工作及物品移交	工作接替人签字：		
接受部门主管总经理核准	签字/日期：		

备注：此表由原部门和拟调动部门共同填写，由原部门主管或其指定监交人监督工作交接等手续办理。

员工离职申请表

<table>
<tr><td>姓　　名</td><td></td><td>工　　号</td><td></td><td>部门</td><td></td></tr>
<tr><td>入职日期</td><td></td><td>合同有效期至</td><td></td><td>职位</td><td></td></tr>
<tr><td>申请日期</td><td colspan="2"></td><td>要求离职日期</td><td colspan="2"></td></tr>
<tr><td>离职类型</td><td colspan="5">☐辞职　☐辞退　☐自离　☐开除　☐其他</td></tr>
<tr><td colspan="6">离职原因详述：(若是辞职，由申请离职员工填写，其他情况由部门主管填写)</td></tr>
<tr><td colspan="6">离职员工对公司的建议：</td></tr>
<tr><td>所属部门意见</td><td colspan="5">部门主管签名：　年　月　日</td></tr>
<tr><td>部门经理</td><td colspan="5">☐同意申请　☐其他意见
签名：　日期：　年　月　日</td></tr>
<tr><td>人事行政部</td><td colspan="5">☐未面谈　☐已面谈，面谈要点如下：
☐同意申请　部门主管签名：　日期：　年　月　日</td></tr>
<tr><td>总经理</td><td colspan="5">☐同意申请　☐其他意见
签名：　日期：　年　月　日</td></tr>
</table>

注：1.试用期员工必须提前10天，已转正员工必须提前30天提出离职申请，并在审批后及时提交综合部，否则按急辞处理；

2. 离职当日，请按员工离职交接表进行交接工作；

3. 此审批表结束后，交由行政部保存。

员工离职交接表1

员工类别：□正式员工　□试用员工　　　　　填表日期：

<table>
<tr><td>姓名</td><td></td><td>部门</td><td></td><td>入职日期</td><td></td><td>离职日期</td><td></td></tr>
<tr><td colspan="8">所属部门工作交接情况：(可附工作交接清单)
经办人：　　部门负责人：　　年　月　日</td></tr>
<tr><td colspan="8">行政部交接情况：
□文件资料 □办公用品 □文件柜钥匙 □办公室钥匙 □电话机 □员工证件
其他：
经办人：　　部门经理：　　年　月　日</td></tr>
<tr><td colspan="4">项目部交接情况：
□办公书籍 □软盘光盘 □业务账号
其他：
经办人：　　年　月　日
部门经理：　　年　月　日</td><td colspan="4">信息技术部交接情况：
□电脑配置检查　□收回借用笔记本
其他：
经办人：　　年　月　日
部门经理：　　年　月　日</td></tr>
<tr><td colspan="8">财务部交接情况：
□欠款结清　□工资结清
其他：
经办人：
部门经理：　　年　月　日</td></tr>
<tr><td>当事人确认</td><td colspan="7">本人同意移交以上事项内所有内容，有关离职手续已按规定办妥。已将公司重要资料交还，并确保不外泄其在职责其间所了解的公司相关商业、技术机密。确认从即日起与公司解除劳动关系，今后所从事的一切活动与公司无关。
当事人签字：　　年　月　日</td></tr>
<tr><td colspan="8">总经理审核签字：　　年　月　日</td></tr>
</table>

说明：1. 以上内容全部交接完毕，并由经办人签字后，请将此单转至人事部进行工资结算。
2. 对于使用公用手机的离职人员行政部应提供其话费清单，标注私人电话费用，提交人事部进行工资结算。

员工离职工作交接表2

填表日期：

<table>
<tr><td>姓名</td><td></td><td>部门</td><td></td><td>岗位</td><td></td><td>到职日</td><td></td></tr>
<tr><td>申请离职日</td><td></td><td colspan="2">允许离职日</td><td></td><td>实际离职日</td><td colspan="2"></td></tr>
<tr><td colspan="8">员工应按下列项目办理工作交接</td></tr>
<tr><td>经办部门</td><td colspan="5">应移交事项</td><td>接交/经办人签字</td><td>监交人签字</td></tr>
<tr><td>原部门</td><td colspan="5">一、工作交接清单
□有
请附详细的交接文档。请详细说明：
1. 目前操作完毕的事项；
2. 目前正在操作的事项；
3. 下一步计划操作的事项；
4. 明确各项工作内容、工作进度、工作计划和相关联系对象、地址、电话等相应交接的事宜。
□无
二、电话向客户说明人员变动(指技术部门)
□有　□无
三、客户现场交接(指业务部门)
□有　□无
四、客户资料(指业务部门)
□有　□无</td><td></td><td></td></tr>
<tr><td>财务部</td><td colspan="5">1. 有无欠账借款报销、差旅费等
2. 有无未清财务
3. 有无合同</td><td></td><td></td></tr>
<tr><td>人事部</td><td colspan="5">此部分内容因在员工离职后由经办人员按实际时间填写。
1. 档案/户口转出公司时间：
2. 离职证明/实习证明开具：
3. 最终工资结算及发放时间：</td><td></td><td></td></tr>
<tr><td colspan="2">主管总经理签字</td><td colspan="3"></td><td>日期</td><td colspan="2"></td></tr>
<tr><td colspan="8">备注：以上事项均办理清楚后，方可离职；未办理完善者，并依公司损失情况要求赔偿。交接表送还人事部存档。若该员工系销售人员，必须将所有账目交代清楚，并不得将任何商务资料带出公司，否则公司将依损失情况追究其个人法律责任。签名人的权利和义务：所有涉及的签名人应对自己负责的各项内容考实后进行签字，如有疏忽或不真实情况存在，签名人将承担相关责任。</td></tr>
<tr><td colspan="8">个人承诺
我保证：如有违反，公司留有追究相应法律责任的权利；并严格遵守签订的“保密及不竞争协议”。
签名：　　日期：</td></tr>
</table>

工作交接清单

日期：　年　月　日

工作交接明细		
交接人：　　被交接人：　　交接日期：		
序号	交接项目	工作内容
1	个人工作内容	
2	各项工作标准	
3	部门制度类文件	
4	部门发文类文件	
5	饭店发文类文件	
6	个人办公用品	
7	个人物资	
8	对外联系单位及资料	
9	未完事宜	
10	其他	
	备注：1. 所有文件需附明细；2. 所有电子版类文件需注明，刻盘并交人力资源部备存一份。	

财务人员工作交接单

编号：

移交人姓名		工号	
接收人姓名		工号	
交接材料		接收人	监交人
纸质交接材料			
电子版交接材料			
待办事项交接			
其他工作交接			
备注：本表一式三份，移交人、接收人、监交人各一份。			

4. 员工考勤管理表

在职员工花名册

单位名称(盖章)： 填表时间： 年 月 日

序号	姓名	性别	年龄	部门	职务	文化程度	家庭住址	员工类别	失业证编号	合同期限	工种	月工资额	参加社保险种	联系电话	备注
1															
2															
3															
……															

员工考勤管理表

工号	姓名	日期	打卡时间		考勤员	员工签字确认	备注
			上班	下班			

考勤补卡单

补卡日期：　　年　　月　　日

<table>
<tr><td>姓名</td><td></td><td>部门</td><td></td><td>职位</td><td></td></tr>
<tr><td rowspan="2">漏打卡时间</td><td colspan="5">上班卡：　　年　月　日　时；
事由：</td></tr>
<tr><td colspan="5">下班卡：　　年　月　日　时；
事由：</td></tr>
<tr><td>总经理</td><td></td><td>人事部经理</td><td></td><td>部门经理</td><td></td></tr>
</table>

员工请假单

<table>
<tr><td>姓名</td><td></td><td>职位</td><td></td></tr>
<tr><td>所属部门</td><td></td><td>员工代码</td><td></td></tr>
<tr><td>请假类别</td><td colspan="3">□事假　　□病假
□公假　　□休假　　□其他</td></tr>
<tr><td>请假事由</td><td colspan="3"></td></tr>
<tr><td>请假时间</td><td colspan="3">自　　年　月　日至　　年　月　日，共计时　天　时</td></tr>
<tr><td>主管部门意见</td><td colspan="3"></td></tr>
<tr><td colspan="4">□批准

□不准(说明理由)
主管签字：　　　　　日期：</td></tr>
</table>

员工调休申请统计表

年　　月

序号	申请人	调班日期	调班时段	代班人	主管意见	备注
1						
2						
3						
……						

员工外出登记表

序号	姓名	职务	日期	外出时间	到岗时间	花费	外出事由	主管核实
1								
2								
3								
……								

加班记录汇总表

部门： 日期： 年 月

<table>
<tr><td rowspan="2">姓名</td><td rowspan="2">工号</td><td rowspan="2">加班日期</td><td rowspan="2">加班时间</td><td colspan="4">加班类型</td><td rowspan="2">备注</td></tr>
<tr><td>A</td><td>B</td><td>C</td><td>D</td></tr>
<tr><td></td><td></td><td></td><td></td><td></td><td></td><td></td><td></td><td></td></tr>
<tr><td></td><td></td><td></td><td></td><td></td><td></td><td></td><td></td><td></td></tr>
<tr><td></td><td></td><td></td><td></td><td></td><td></td><td></td><td></td><td></td></tr>
</table>

填表人		审核人		批准人	
记录员		部门主管		部门经理	

备注：1. 加班类型：A——1.5 倍；B——2 倍；C——3 倍；D——倒休。

2. 请附经过审批确认的加班申请表。

员工考勤统计表

编号： 年 月 日

<table>
<tr><td rowspan="2">姓名</td><td rowspan="2">所属部门</td><td rowspan="2">应出勤天数</td><td rowspan="2">实勤天数</td><td colspan="5">请假</td><td colspan="2">迟到早退</td><td rowspan="2">员工签字</td><td rowspan="2">备注</td></tr>
<tr><td>事假</td><td>病假</td><td>婚假</td><td>产假</td><td>其他</td><td>迟到累计时间</td><td>早退累计时间</td></tr>
<tr><td></td><td></td><td></td><td></td><td></td><td></td><td></td><td></td><td></td><td></td><td></td><td></td><td></td></tr>
<tr><td></td><td></td><td></td><td></td><td></td><td></td><td></td><td></td><td></td><td></td><td></td><td></td><td></td></tr>
<tr><td></td><td></td><td></td><td></td><td></td><td></td><td></td><td></td><td></td><td></td><td></td><td></td><td></td></tr>
</table>

5. 员工绩效考核表

员工绩效考核模型表

编号：

<table>
<tr><td>部门</td><td colspan="3"></td><td>姓名</td><td></td><td>职级</td><td></td><td>合约日期</td><td></td></tr>
<tr><td>所在岗位</td><td colspan="3"></td><td colspan="2">评估部门</td><td colspan="2"></td><td>评估主管</td><td></td></tr>
<tr><td colspan="10">第一部分 关键绩效指标</td></tr>
<tr><td>指标类型</td><td>关键绩效指标</td><td>权重/分</td><td>单位</td><td>目标指标</td><td>挑战指标</td><td>考核方法</td><td>数据来源</td><td>考核部门</td><td>考核得分</td></tr>
<tr><td></td><td></td><td></td><td></td><td></td><td></td><td></td><td></td><td></td><td></td></tr>
<tr><td></td><td></td><td></td><td></td><td></td><td></td><td></td><td></td><td></td><td></td></tr>
<tr><td colspan="5">关键绩效指标完成评分：</td><td colspan="5"></td></tr>
<tr><td colspan="10">第二部分 工作目标内容</td></tr>
<tr><td>序号</td><td>核心目标</td><td>绩效标准</td><td>权重/分</td><td>潜在障碍</td><td>行动计划</td><td>自评成绩</td><td colspan="3">绩效成绩</td></tr>
<tr><td></td><td></td><td></td><td></td><td></td><td></td><td></td><td colspan="3"></td></tr>
<tr><td></td><td></td><td></td><td></td><td></td><td></td><td></td><td colspan="3"></td></tr>
<tr><td></td><td></td><td></td><td></td><td></td><td></td><td></td><td colspan="3"></td></tr>
</table>

评审：　　　　填表：

业绩评定表

填表日期：　年　月　日

<table>
<tr><td>姓名</td><td colspan="2"></td><td>工作职衔</td><td></td></tr>
<tr><td>所属部门</td><td colspan="2"></td><td>主管姓名</td><td></td></tr>
<tr><td>评价等级
评价因素</td><td>不符合要求</td><td>需改进</td><td>符合要求</td><td>常超出要求</td></tr>
<tr><td>工作量（完成的工作量，生产率是否达到可接受的水平）</td><td></td><td></td><td></td><td></td></tr>
<tr><td>工作质量（在进行任务时考虑准确、精密、整洁和完成情况）</td><td></td><td></td><td></td><td></td></tr>
<tr><td>积极性（对该员工实现工作承诺的信任程度）</td><td></td><td></td><td></td><td></td></tr>
<tr><td>适应能力（具备需求变化和条件变化的反应能力）</td><td></td><td></td><td></td><td></td></tr>
<tr><td>合作精神（与他人共同工作的能力）</td><td></td><td></td><td></td><td></td></tr>
<tr><td>该员工未来发展潜力</td><td colspan="4"></td></tr>
</table>

绩效考核面谈记录表

填表日期： 年 月 日

面谈参与人员		面谈记录者	
面谈时间			
面谈内容		信息记录	
1. 上一阶段工作中，取得的工作成果有哪些			
2. 工作未达标的原因有哪些			
3. 工作中需要改进的地方			
4. 对此次考核有什么意见或建议			
5. 希望公司给予的帮助和指导有哪些			
6. 下一步的工作计划和目标			
……			

面谈人：

平时成绩记录表

部门： 年度：

编号	姓名	上半年度							下半年度							年度考绩
		1月	2月	3月	4月	5月	6月	小计	7月	8月	9月	10月	11月	12月	小计	

绩效考评申诉表

日期：

<table>
<tr><td>申诉人</td><td></td><td>部门</td><td></td><td>职务</td><td></td><td>直接主管</td><td></td></tr>
<tr><td>申诉理由</td><td colspan="7"></td></tr>
<tr><td>申诉处理意见</td><td colspan="7"></td></tr>
<tr><td colspan="8">注：
1. 申诉人必须在了解绩效考评结果后 5 个工作日内提出，否则无效。
2. 申诉人直接将该表交直接主管的上一级主管或人事部。
3. 上一级主管或人事部在接到申诉后的 5 个工作日内提出处理意见和处理结果。</td></tr>
</table>

年度绩效考核表

编号：　　　　　　　　　　　　　　日期：

<table>
<tr><td colspan="3">被考核者</td><td colspan="3">考核者</td></tr>
<tr><td>姓名</td><td>职位</td><td>所属部门</td><td>姓名</td><td>职位</td><td>所属部门</td></tr>
<tr><td></td><td></td><td></td><td></td><td></td><td></td></tr>
<tr><td>考核期限</td><td colspan="2"></td><td>考核时间</td><td colspan="2"></td></tr>
</table>

<table>
<tr><td colspan="6">1. 年终考核</td></tr>
<tr><td rowspan="2">考核项目</td><td rowspan="2">考核指标</td><td rowspan="2">权重</td><td rowspan="2">考核说明</td><td colspan="2">考核得分</td></tr>
<tr><td>指标得分</td><td>加权得分</td></tr>
<tr><td rowspan="3">工作业绩</td><td></td><td></td><td></td><td></td><td rowspan="3"></td></tr>
<tr><td></td><td></td><td></td><td></td></tr>
<tr><td></td><td></td><td></td><td></td></tr>
<tr><td rowspan="3">工作能力</td><td></td><td></td><td></td><td></td><td rowspan="3"></td></tr>
<tr><td></td><td></td><td></td><td></td></tr>
<tr><td></td><td></td><td></td><td></td></tr>
<tr><td rowspan="3">工作态度</td><td></td><td></td><td></td><td></td><td rowspan="3"></td></tr>
<tr><td></td><td></td><td></td><td></td></tr>
<tr><td></td><td></td><td></td><td></td></tr>
<tr><td colspan="5">年终考核得分小计</td><td></td></tr>
</table>

<table>
<tr><td colspan="5">2. 季度考核</td></tr>
<tr><td>第 1 季度得分</td><td>第 2 季度得分</td><td>第 3 季度得分</td><td>第 4 季度得分</td><td>平均得分</td></tr>
<tr><td></td><td></td><td></td><td></td><td></td></tr>
<tr><td colspan="5">3. 年度考核</td></tr>
<tr><td colspan="5">年终考核得分 ×60% +季度考核平均得分 ×40%</td></tr>
<tr><td colspan="4">年度考核得分合计</td><td></td></tr>
<tr><td>备注</td><td colspan="4"></td></tr>
</table>

员工奖惩审批表

填写日期：　　　　　　　　□奖励 □处分

<table>
<tr><td>姓名</td><td></td><td>部门</td><td></td><td>职务</td><td></td></tr>
<tr><td>奖惩原因</td><td colspan="5"></td></tr>
<tr><td rowspan="3">部门经理意见</td><td>□通报表扬 □记小功 □记大功</td><td>经济奖励</td><td></td><td>其他</td><td></td></tr>
<tr><td>□警告 □记过 □记大过 □辞退</td><td>经济处罚</td><td></td><td>其他</td><td></td></tr>
<tr><td colspan="5">签名：
日期：</td></tr>
<tr><td>人力资源部意见</td><td colspan="5">签名：
日期：</td></tr>
<tr><td>总经理意见</td><td colspan="5">签名：
日期：</td></tr>
</table>

奖惩登记表

年度：　　　　　　　　　　　编号：

员工编号	姓名	奖惩事项及文号	统计					
			警告	记过	大过	嘉奖	记功	大功

填表人：　　　　审核人：

考绩总表

部门：　　　　　　□年中　　　□年终

考核项目		到职			终止年资	现支薪额	假勤记录						功过记录	年中考核	年底考绩	年度平均
		年	月	日			迟到	早退	事假	病假	旷职	其他				

核定人：　　　　复核人：

员工考绩登记表

部门：　　　　　　　　　编号：

职工编号	姓名	2009 年		2010 年		2011 年		2012 年		2013 年		A	B	C	D
		上半年	下半年	上半年	下半年	上半年	下半年	上半年	下半年	上半年	下半年				

填表人：　　　　审核人：

定期考绩汇总单

编号：　　　　　　　　　　　　　　　　　　　　填表日期：年　月　日

姓名	性别	入职日期	年龄	所属部门	职位	目前薪金	上次考绩	复评				考绩后薪资	总经理核定	备注
								等级	拟予奖惩	增减金额	分数			

填表人：　　　　　审核人：

员工关键绩效指标季度管理卡

编号：

姓名		职位	部门主管	季度	日期		
考核纬度	考核指标	考核标准			分数	权重	考核
关键业绩指标							

员工业绩档案管理表

编号：

姓名		职位	
部门		日期	
反馈项目	已达成	未达成	
1		未达成的项目及原因：	
2			
3			
4		下次面谈时间：	
5			
6			
主要优点：		存在不足：	
改进措施：			
部门主管签字： 日期：		员工签字： 日期：	

三、财务管理表

1. 固定资产记录表

企业固定资产目录清单

公司名称(盖公章)：　　　　　　　　　　　　　　填表时间：　年　月　日

资产类型	名称	部门	数量	品牌	型号	现状	使用人	备注
房屋和建筑物	办公楼							
	厂房							
	……							
办公设备	办公桌							
	办公椅							
	会议桌							
	会议椅							
	垃圾桶							
	打卡机							
	饮水机							
	电脑							
	……							
专用设备	固定电话机							
	传真机							
	复印机							
	保险柜							
	摄录机							
	投影仪							
	……							
运输设备	轿车							
	面包车							
	……							
图书档案资料	图书							
	设计资料							
	……							
机械设备	仪器仪表							
	生产设备及工具							
其他固定资产								
合计								

填表人：　　　　　　审核人：

固定资产登记表

总账科目：　　　　　　　　本表编号：
明细科目：　　　　　　　　设表日期：年　月　日　　财产编号：

<table>
<tr><td>中文名称</td><td></td><td rowspan="9">抵押权设定、解除及保险记录</td><td>抵押行库</td><td></td><td></td><td></td><td></td></tr>
<tr><td>英文名称</td><td></td><td>设定日期</td><td></td><td></td><td></td><td></td></tr>
<tr><td>规格型号</td><td></td><td>解除日期</td><td></td><td></td><td></td><td></td></tr>
<tr><td>厂牌号码</td><td></td><td>险　别</td><td></td><td></td><td></td><td></td></tr>
<tr><td>购置日期</td><td></td><td>承保公司</td><td></td><td></td><td></td><td></td></tr>
<tr><td>购置金额</td><td></td><td>保单号码</td><td></td><td></td><td></td><td></td></tr>
<tr><td>存放地点</td><td></td><td>投保日期</td><td></td><td></td><td></td><td></td></tr>
<tr><td>耐用年限</td><td></td><td>费　率</td><td></td><td></td><td></td><td></td></tr>
<tr><td>月折旧额</td><td></td><td>保险费</td><td></td><td></td><td></td><td></td></tr>
<tr><td>附属设备</td><td colspan="2"></td><td>备　注</td><td colspan="4"></td></tr>
<tr><td colspan="8">移动情况记录</td></tr>
</table>

年	月	日	使用部门	用途	保管员	年	月	日	使用部门	用途	保管员

注：新卡由财会部门填制，填制完毕后转财产管理部门留存并管理。

固定资产购置计划表

编号：　　　　　　　　　　　　　　　　　　　　　　　编制日期：

部门	资产名称	数量	预算	用途	备注
合计					

编制人员：　　　　　审核人员：

固定资产申购单

<table>
<tr><td>申请人</td><td></td><td>申请部门</td><td></td><td>申请日期</td><td></td></tr>
<tr><td>申购项目</td><td colspan="5"></td></tr>
<tr><td>采购说明及供应商建议</td><td colspan="5"></td></tr>
</table>

部门负责人：　　　　　　　　总经理：　　　　　　　　资产管理人员：

固定资产登记清单

编号：　　　　　　　　　　　　　　　　　　　　　　　编制日期：

<table>
<tr><td>部门</td><td>资产名称</td><td>数量</td><td>规格型号</td><td>单位</td><td>单价</td><td>供应商</td><td>购入日期</td><td>生产商</td><td>保修期</td><td>保修截止日期</td></tr>
<tr><td></td><td colspan="10"></td></tr>
<tr><td colspan="5">备注：如有附件，需提供附件清单。
安装验收确认</td><td colspan="6">维修电话：</td></tr>
<tr><td colspan="2">设备管理部门</td><td colspan="2">使用部门</td><td colspan="2">资产保管负责人</td><td colspan="2">存放地点</td><td colspan="2">资产管理部门确认</td><td>财务部确认</td></tr>
<tr><td colspan="2"></td><td colspan="2"></td><td colspan="2"></td><td colspan="2"></td><td colspan="2"></td><td></td></tr>
</table>

固定资产表

年度：　　　　　　　　　　　　　　固定资产类型：

序号	资产名称	入账日期	规格	数量	单价	领用单位	购买日期	备注
1								
2								
3								
……								

填表人：　　　　审核人：

固定资产年增减管理表

管理部门：　　　　　　　　使用部门：　　　　　　　　年　月　日

会计科目	资产编号	资产名称	规格型号	增减原因	部门	本年增加				本年减少					备注
						数量	金额	耐用年限	年折旧额	数量	金额	耐用年限	已提折旧	年折旧额	

资产管理部经理：　　财务部经理：　　使用部门经理：　　经办人：

固定资产领用

领用单号：　　　　　　　　　　　　　　　　　年　月　日

资产编号	资产名称	规格型号	资产类别	单位	数量	单价/元	金额/元	备注
合计								
领用部门：				领用部门负责人（签字）：				
资产管理员（签字）：				领用人员（签字）：				

备注：本单一式三联，财务部、资产管理部门、领用部门各一份。

固定资产入库单

入库单号：　　　　　　　　　　　　　　　　　　　　　　　　年　月　日

资产编号	资产名称	规格型号	资产类别	供应商	单位	数量	单价/元	金额/元	备注
合计									
验收意见：									

验收人员（签字）：　　　　资产管理员（签字）：　　　　采购员（签字）：

固定资产转移单

转移单号：　　　　　　　　　　　　　　　　　　　　　　　　年　月　日

转出部门				转入部门				
原使用人				现使用人				
资产编号	资产名称	规格型号	资产类别	单位	数量	单价/元	金额/元	备注
合计								
转出部门意见	负责人（签字）：			转入部门意见		负责人（签字）：		

原使用人（签字）：　　　　现使用人（签字）：　　　　资产管理员（签字）：

固定资产维修记录表

编号：

日期	资产名称	使用部门	故障原因	处理人员	维修方法	维修费用	验收确认

填表人：　　　　审核人：

闲置资产清单

日期： 年 月 日

闲置资产信息					日期		账面价值			闲置原因	备注
名称	类型	规格	数量	单位	购置	闲置	总价	已提折旧	净值		

填表人： 审核人：

固定资产报废清单

编号：

资产名称	报废日期	申请人	申请/使用部门	报废原因	购入时间	原使用人	资产原值	资产净值	规定使用年限	实际使用年限
审批部门		资产管理部门		财务部		使用部门		总经理		
审批意见并签名										

固定资产盘点表

盘点部门： 盘点时间： 年 月 日 编号：

类别	资产名称	规格型号	账面数量	金额	实际数量	金额	盘盈/盘亏	金额	使用人	备注

制表人员： 盘点人员： 财务确认：

2．公司资产清单

公司资产明细表（清单）

企业名称： 日期： 年 月 日

资产编号	资产名称	资产分类	规格型号	单位	数量	单价	总价	购置时间	使用状况	增加原因	归档时间

资产增减管理登记表

年 月 日

项目	年初数/元	本年增加数/元	本年减少数/元	年末数/元	合计/元
一、固定资产					
1.					
2.					
二、无形资产					
1.					
2.					
三、存货					
1.					
2.					
……					
资产增加变化具体情况说明				发票收据号	
资产减少变化具体情况说明				批件号码	

企业无形资产明细表

项目	原值				摊销期限	累计摊销				期末净值	减值准备				期末净额	期末尚余待摊期限	备注
	年初余额	本期增加	本期转出	期末余额		年初余额	本期增加	本期转出	期末余额		期初数	本期增加	本期减少	期末余额			
专利权																	
商标权																	
土地使用权																	
著作权																	
经营特许权																	
非专利技术																	
其他无形资产																	

资产评估结果汇总表

公司名称：　　　　　　　　　　评估日期：

项目	账面价值	调整后账面值	评估价值	增减值	增值率
流动资产					
长期投资					
固定资产					
在建工程					
建筑物					
设备					
无形资产					
土地使用权					
其他资产					
资产总计					
流动负债					
长期负债					
负债总计					
净资产					

法定代表人：　　　　　　项目负责人：

无形资产清查评估表

资产占有单位名称：　　　　　　　　　　　　　　　评估基准日：　年　月　日

序号	内容或名称	取得日期	法定/预计使用年限	原始入账价值	账面价值	调整后账面值	尚可使用年限	评估价值	增值率(%)	备注

资产占有单位填表人：　　　　　　评估人员：　　　　　　填表日期：　年　月　日

长期资产清查汇总表

企业名称：

序号	投资项目	投资日期	投资期限	账面价值	调整后价值	备注

企业填表人：　　　　　　填表日期：　年　月　日

资产移交表

年　月　日

编号	资产名称	型号规格	购置日期	单位	数量	移交部门	移交人	接手部门	接手人	备注
1										
2										
3										
……										

资产（实物资产类）移交清单

编制单位：　　　　　　　　　　　　　　　　　　　　　　　移交日期：

资产编号	资产型号及使用名称	现状	已使用年限	计量单位	数量		移交原因	使用状况	备注
					账面数	清查数			

移交单位(盖章)：　　　　移交单位负责人：　　　　接收单位(盖章)：
接收单位负责人：　　　　监交人：
注：(1)“现状”为：在用、闲置、待修、待报废；
(2)“使用状况”为：正常使用、半正常使用、停用。

3．资金管理表

资金计划表

填报单位：

项目	下一周			下一月			备注
	银行存款	银承	信用证	银行存款	银承	信用证	
销售回款							
税款退还							
银行贷款							
自理分红							
银行承兑汇票到期							
银承保证金							
其他							
收入合计							
购买用款							
支付员工工资							
支付税款							
支付利息							
购买固定资产							
支付工程款							
支付销售费用							

续表

项目	下一周			下一月			备注
	银行存款	银承	信用证	银行存款	银承	信用证	
支付管理费用							
支付生产费用							
支付股利							
贷款到期							
票据到期							
信用证到期							
银承保证金							
其他							
支出合计							

资金来源运用预计表

编制单位(部门)： 年 月 日

项目		月	月	月	项目		月	月	月	说明事项
		金额/元	金额/元	金额/元			金额/元	金额/元	金额/元	
收入	现销收入				支出	房屋及土地				
						机器设备				
						专用设备				
	劳务收入					材料支出				
						预付订金				
	退税收入					外协加工				
						借款偿还				
	票据兑现					工资				
						制造费用				
	财务收入					销售费用				
						管理费用				
	营业外收入					财务费用				
						其他支出				
	其他收入					合计				
合计					资金剩余或短缺					

审核人： 制表人：

现金流量表

编号：

现金流入项目	明细项目	日期	凭证号码	摘要	金额
经营活动现金收入	销售商品、提供劳务				
	税费				
	其他				
投资活动现金流入	收回投资				
	投资收益				
	处理固定资产、无形资产和其他长期资产				
	其他				
筹资活动现金流入	吸收投资				
	借款				
	其他				
合计					
现金流出项目					
经营活动现金流出	购买商品、接受劳务				
	员工支出				
	税费				
	其他				
投资活动现金流出	投资				
	购买固定资产、无形资产和其他资产				
	其他				
筹资活动现金流处	偿还债务				
	分配股利、利润或偿还利息				
	其他				
合计					

制表人：　　　　审核人：

现金收支日报表

日期：　年　月　日

凭证号码	摘要	收入金额	支出金额	结存金额
合计				

核准人：　　主管：　　制表人：

银行存款收支日报表

日期：　年　月　日

凭证号码	票据号码	摘要	收入金额	支出金额	结存金额
合计					

核准人：　　主管：　　制表人：

现金盘点报告

日期：　年　月　日

项目	面值	数量	金额	盘点异常及建议事项
现金及调度零用金	100			
	50			
	10			
	5			
	2			
	1			
	0.5			
	0.2			
	0.1			盘点结果及要点报告：
小计				
其他项目：未核销费用				左列款项及票据____年____月____日____时盘点时本人在场，并如数归还无误。 保管员： 盘点人：
员工借支				
总计				
账面数				
盘盈／盘亏				

项目	张数	金额	盘点数	盘盈／盘亏
应收票据：代收				
库存				
应收保证票据				
合计				

核准人：　　主管：　　制表人：

注：现金盘点表，应由保管员与盘点人共同进行盘点，并同时会签。

银行存款及现金余额日报表

编制单位(部门)：　　　　年　月　日

账户名称	前一天余额	当天收入	当天汇出	汇入单位	银行账当天余额		
					银行余额	未到账款	合计
合　计							

复核人：　　　　制表人：

银行短期贷款明细表

编制部门：　　　　截至日期：　年　月　日

序号	贷款银行	贷款种类	贷款额度	利息年率	期限	已动用额度	尚可动用额度	备注

货币资金汇总表

项目	年初余额								期末余额							
	活期		3个月以内定期		3个月以上定期		合计		活期		3个月以内定期		3个月以上定期		合计	
	原币	人民币	原币	人民币	原币	人民币	原币	人民币	原币	人民币	原币	人民币	原币	人民币	原币	人民币
一、库存现金																
二、银行存款																
1. 人民币																
2. 美元																
3. 日元																
4. 欧元																
5. 英镑																

续表

项目	年初余额								期末余额							
	活期		3个月以内定期		3个月以上定期		合计		活期		3个月以内定期		3个月以上定期		合计	
	原币	人民币	原币	人民币	原币	人民币	原币	人民币	原币	人民币	原币	人民币	原币	人民币	原币	人民币
三、其他货币资金																
1. 外埠存款																
2. 银行汇票存款																
3. 银行本票存款																
4. 信用卡存款																
5. 信用证存款																
6. 存出投资款																
7. 委托投资款																
8. 其他																
合计																

现金盘点报告表

单位：　年　月　日

现金及备用金	面值	数量	金额	盘点结果及要点报告
合计				
其他项目：未报销费用				异常及建议事项
借支				
总计				
账面数				
盘点(盈亏)				
上列款项于　月　日　时盘，本人在场，并如数归还无误。 保管人：　主管：　盘点人：				

现金移交清单

编制单位：　　　　　　　　　　　　　　　　　　　　移交日期：

编号	资产型号及使用名称	金额 / 元	移交原因	备注

移交单位(盖章)：　　移交单位负责人：　　接收单位(盖章)：
接收单位负责人：　　监交人：

收支管理日报表

编号：　　　　　　　　填写日期：　　　　　　　　年　月　日

摘要		本日收支额			本月合计	本月预计	备注
		现金	存款	小计			
前日余额							
收入	销售进账						
	票据回收						
	抵押借款						
	私人借款						
	……						
	进账合计						
支出	偿还借款						
	材料购入						
	采购品支付						
	各项费用支付						
	利息支付						
	购买固定资产						
	……						
	支出合计						
现金存款							
存款提款							
本日余额							

进账明细日报表

编号：　　　　　　　　　　　　　填写日期：　　　　　　　　　年　月　日

地区	进账人	进账明细					款项回收额	进账不足金额		
		现金	费用	银行汇入	转账	进账总额				
总计										

银行存款一览表

编号：

序号	存款银行	存款类型	存款日期	存款金额	存款利息	期限	经办人	备注

审核人：　　　　　　制表人：

应收票据明细表

序号	收票日期	票号	单位与合同	付款人	出票人	出票行	金额	到期日	贴现情况	余额

核准人：　　　　　　制表人：

应付票据明细表

编制日期：

序号	开出公司	开出银行	开出日期	到期日期	票据号码	金额	收票单位	请款部门	结算方式	发票
合计										

核准人：　　　　　　制表人：

应收账款明细表

编号： 日期： 年 月 日

项目	户数	金额	占全部应收款(%)	备注
______元以上				
A公司				
B公司				
……				
_____元以上				
C公司				
D公司				
……				
_____元以上				
E公司				
F公司				
……				
______元以下				
G公司				
H公司				
……				
合计				

主管： 会计： 制表人：

应付账款明细表

编号： 日期： 年 月 日

序号	单位名称	上月结欠	本月付款	本月购货	本月结欠	备注
合计						

主管： 财务： 制表人：

4．费用管理表

企业费用管理计划表

编号：

<table>
<tr><td colspan="2" rowspan="2">科目</td><td rowspan="2">上年度平均数</td><td colspan="4">本年度预算数</td><td rowspan="2">变动量</td><td rowspan="2">变动率%</td><td rowspan="2">备注</td></tr>
<tr><td>一季度</td><td>二季度</td><td>三季度</td><td>四季度</td></tr>
<tr><td rowspan="10">固定费用</td><td>薪资支出</td><td></td><td></td><td></td><td></td><td></td><td></td><td></td><td></td></tr>
<tr><td>间接人工</td><td></td><td></td><td></td><td></td><td></td><td></td><td></td><td></td></tr>
<tr><td>租金支出</td><td></td><td></td><td></td><td></td><td></td><td></td><td></td><td></td></tr>
<tr><td>办公费</td><td></td><td></td><td></td><td></td><td></td><td></td><td></td><td></td></tr>
<tr><td>邮电费</td><td></td><td></td><td></td><td></td><td></td><td></td><td></td><td></td></tr>
<tr><td>水电油料费</td><td></td><td></td><td></td><td></td><td></td><td></td><td></td><td></td></tr>
<tr><td>保险费</td><td></td><td></td><td></td><td></td><td></td><td></td><td></td><td></td></tr>
<tr><td>医保费</td><td></td><td></td><td></td><td></td><td></td><td></td><td></td><td></td></tr>
<tr><td>社保费</td><td></td><td></td><td></td><td></td><td></td><td></td><td></td><td></td></tr>
<tr><td>合计</td><td></td><td></td><td></td><td></td><td></td><td></td><td></td><td></td></tr>
<tr><td rowspan="18">变动费用</td><td>加班费</td><td></td><td></td><td></td><td></td><td></td><td></td><td></td><td></td></tr>
<tr><td>差旅费</td><td></td><td></td><td></td><td></td><td></td><td></td><td></td><td></td></tr>
<tr><td>运　费</td><td></td><td></td><td></td><td></td><td></td><td></td><td></td><td></td></tr>
<tr><td>维护费</td><td></td><td></td><td></td><td></td><td></td><td></td><td></td><td></td></tr>
<tr><td>交际费</td><td></td><td></td><td></td><td></td><td></td><td></td><td></td><td></td></tr>
<tr><td>样品费</td><td></td><td></td><td></td><td></td><td></td><td></td><td></td><td></td></tr>
<tr><td>包装费</td><td></td><td></td><td></td><td></td><td></td><td></td><td></td><td></td></tr>
<tr><td>燃料费</td><td></td><td></td><td></td><td></td><td></td><td></td><td></td><td></td></tr>
<tr><td>职工福利费用</td><td></td><td></td><td></td><td></td><td></td><td></td><td></td><td></td></tr>
<tr><td>杂项购置费用</td><td></td><td></td><td></td><td></td><td></td><td></td><td></td><td></td></tr>
<tr><td>会务费</td><td></td><td></td><td></td><td></td><td></td><td></td><td></td><td></td></tr>
<tr><td>培训费</td><td></td><td></td><td></td><td></td><td></td><td></td><td></td><td></td></tr>
<tr><td>劳务费</td><td></td><td></td><td></td><td></td><td></td><td></td><td></td><td></td></tr>
<tr><td>间接材料费用</td><td></td><td></td><td></td><td></td><td></td><td></td><td></td><td></td></tr>
<tr><td>消耗品费用</td><td></td><td></td><td></td><td></td><td></td><td></td><td></td><td></td></tr>
<tr><td>保健费</td><td></td><td></td><td></td><td></td><td></td><td></td><td></td><td></td></tr>
<tr><td>其他费用</td><td></td><td></td><td></td><td></td><td></td><td></td><td></td><td></td></tr>
<tr><td>合计</td><td></td><td></td><td></td><td></td><td></td><td></td><td></td><td></td></tr>
<tr><td colspan="2">费用总计</td><td></td><td></td><td></td><td></td><td></td><td></td><td></td><td></td></tr>
</table>

销售费用预算表

编号： 单位：元

月份	人工费	广告费	展览费	差旅费	交际费	招待费	……	合计
1月								
2月								
……								
12月								
合计								
编制说明	本表按销售费用构成及月份明细填列							

填表人： 审核人：

财务费用预算表

编号：

项目	本年度预算					上年度实际	差异情况说明
	内容摘要	贷款本金	计息期间	利率	金额		
一、利息支出							
1. 短期借款利息							
2. 长期借款利息							
3. 应付票据利息							
……							
二、汇兑损失							
三、手续费							
四、现金折扣							
五、其他财务费用							
合计							
编制说明	本表按财务费用构成分项填列，其中"内容摘要"列按存贷款原因、用途填列						

填表人： 审核人：

××部费用一览表

费用申请原因	费用类型	申请日期	申请金额	报销日期	报销金额	费用到账日期	收款人	备注

制表人：　　　　审核人：

月份费用支出汇总表

年　月　日

序号	名称	金额 / 元	序号	名称	金额 / 元
1			5		
2			6		
3			7		
4			……		

制表人：　　　　审核人：

年度财务费用一览表（利息）

年　月　日

序号	月份	金额	目标成本	差额	发生时间	说明
1						
2						
3						
……						

填表人：　　　　审核人：

物料耗用汇总表

日期： 年 月 日

物料名称			规格		料号			单价		
制造单号	日期	生产车间	计划生产数	实际生产数	标准用量	领用量	退库量	实际用量	超用量	超耗率(%)
合计										
合计超耗金额（单价 × 合计超耗量）										

经理： 主管： 制表人：

公司费用审核表

申请部门： 申请日期：

序号	申请内容	项目名称	收款人姓名	资金安排计划				预计安排金额	累积申请金额
				第一期请款金额	预计支付日期	第二期请款金额	预计支付日期		
合计									

财务部： 申请部门主管： 申请人：

费用审批单

编号：

申请人		申请时间	
费用类型			
预计金额	¥ （大写） 拾万 万 仟 佰 拾 元 角 分		
费用事由简述			
公司审批			

费用支出明细表

日期	支出事由	金额/元	合计

填表人：

5. 票据清单

应收票据登记表

兑现日期： 年 月 日

收票日期	发票人	银行名称	支票号码	金额	累计金额	转出记录	日期	收款人	银行账户	支票号码	金额	累计金额	备注
合计							合计						

支票购买登记簿

年度：

领用日期	支票号码	银行名称	支票金额	份数	用途（种类）	到期日	开具人	日期	领用人	备注

会计：　　　　总经理：

支票使用登记簿

年度：

序号	使用日期	支票种类	支票票号	份数	转款事由	收款单位	金额	经办人签字	备注

出纳：　　　　审核人：

开具发票申请单

编号：　　　　申请开票日期：

客户名称			识别号或证件号		
开户行			银行账号		
通讯地址			联系电话		
签订日期	合同编号	合同金额	开票金额	经办人	备注
					开增值税专用发票
合计					

申请人：　　　部门经理：　　　财务部（会计）：

借款申请单

编号：

请款人		部门		员工工号		日期	
客户		金额		工作卡号			
用途				付款方式	1. 受款人： 2. 付款日： 3. 其他：		
部门主管： 年　月　日		财务经理： 年　月　日		总经理： 年　月　日		签收： 年　月　日	

票据购买申请单

编号：　　　　　　　　　　申请日期：

序号	票据种类	请购数量	单价	总金额	购买银行	备注

审核人：　　　　申请人：

商业汇票使用一览表

年度：

序号	已用票据编号	出票日期	票面金额	票面利率	交易合同号	到期日	承兑情况	退票情况	经办人签字

填表人：　　　　审核人：

承兑汇票一览表

承兑号码	收到日期	客户单位名称	金额	收款经办人	支付日期	供应商经办人	付款日期

编制人：　　　　审核人：

出入库单领用一览表

编制：财务

领用日期	单据名称	领用数量	领用编号		剩余数量	领用人	备注
			起始号码	终止号码			

票据交接清单

编号：　　　　　　　　　　　　　　　　　　　　年　月　日

票据号码	票据名称	单位/张	合计金额								
			百	十	万	千	百	十	元	角	分
合计：(大写) 佰 拾 万 仟 佰 拾 元 角 分											

移交人：　　　　接收人：

票据移交清单

编制单位：　　　　　　　　　　移交日期：

顺序号	票据编号	票据名称	数量/张	移交原因	备注

移交单位(盖章)：　　移交单位负责人：　　接收单位(盖章)：

接收单位负责人：　　监交人：

6. 员工工资管理表

员工工资标准表

职位	职位等级	基本工资	职务补贴	技术补贴	特殊补贴
总经理					
副总经理					
部门经理					
部门副经理					
主管					
经理助理					
助理工程师					
专员					
助理					
普通员工					
实习生					

员工工资调整审批权限表

人员分类	人事部	相关部门	业务分管总经理	人力行政总经理	分管副总裁	总裁	董事长
副总裁及以上	发起	——	——	审核	——	审核	审批
分管总经理、项目公司高管	发起	——	——	审核	审核	审核	审批
部门经理	发起	——	审核	审核	审核	审批	——
主管、关键岗位	发起	审核	审核	审核	审批	——	——
一般员工岗位	发起	审核	审核	审批	——	——	——

年度工资总额使用计划表

年度：

月	日	项目		工资总额	分季工资基金使用计划				主管部门签章	审核部门签章	备注
					第一季度	第二季度	第三季度	第四季度			
		本年度年工资总额使用计划									
		调整后工资总额使用计划	1								
			2								
			3								
			4								
			5								
			6								
			……								

填表人：　　　审核人：　　　填表日期：　年　月　日

员工工资支付表

企业名称：　人数：　支付日期：　　年　月　日　　支付周期：　年　月　日

序号	姓名	实际出勤天数	当月实际出勤时数	其中			应发月工资金额				绩效奖金	其他						代扣代缴					实发工资金额	签名	备注
				工作日加班	休息日加班	法定节假日加班		周期内法定标准时间工资	超出法定标准工资	法定节假日加班工资		全勤	岗位津贴	技术津贴	餐补	其他	小计	个人所得税	社会保险费	住房公积金	其他	小计			

制表人：　　　审核人：

员工工资统计表

年　月

部门	姓名	职务	基本工资	业绩奖金	全勤奖金	津贴		应发工资	扣缴			借支	实发工资
						加班	……		社保	所得税	……		

总经理：　　会计：　　填表人：

员工工资登记表

年　月　日

部门	职工工号	姓名	核定工资					备注
			基本工资	技术津贴	年资加给	职务加给	工作补助	
合计								

审核人：　　记录人：

员工奖金合计表

部门	职务	姓名	奖金计点	奖金额	利润奖金计点	利润奖金金额	奖金合计
合计							

制表人：　　审核人：

计件工资每日记录表

日期：　　　　　　　　　　　　　　　班别：

批号	姓名	员工编号	作业编号	工时	数量	单价	应得工资	备注

主管：　　　　班组长：　　　　会计：

生产员工工资统计表

月份：　　　　　　　　　　　　　　　　　　　　　班别：

日期	姓名						
小　计							
全勤奖金							
假日津贴							
合　计							

会计：　　　生产部经理：　　　组长：　　　班长：

员工工资支付表

填表日期：　年　月　日

支付日期	支付周期	员工姓名	工作时间	应发工资额及项目	企业代扣	企业代缴	扣除额和项目	实发工资数额	银行代发工资凭证	审核人	员工签名

填表人：　　　　审核人：

员工工资调整表

部门：　　　　　　　　　　　　年　月　日　　　　　　　　　　页次：

职别编号	姓名	基本工资		技术津贴		其他津贴		合计		
		原工资	按调整	原工资	按调整	原工资	按调整	原工资	按调整	增加率
合计										

填表人：　　　　审核人：

员工工资计算表

编号：

部门	姓名	工作日数	日薪	本薪	生产奖金	假日津贴	全勤奖金	加班津贴	本期工资	扣除部分				实发工资
										福利金	伙食费	所得税	借支	
合计														

总经理：　　　　主管：　　　　会计：　　　　填表人：

员工津贴申请表

申请日期：　年　月　日

姓名	工作时数	姓名	工作时数	补津贴具体实施措施

经理：　　　　部门主管：　　　　申请人：

工资登记表

登记日期：

职别 工号	姓名	核定工资					记录
		本　薪	技术津贴	年资加给	职务加给	工作补助	
合计							

工资调整申请表

编号：　　　　　　　　　　　　　　　　　　　　　　　　申请日期：　年　月　日

姓名		所属部门	
岗位/职务		入职日期	
工作内容 （由本人填写）			
现有职位工资		现有工资总额	
申请调整后职位工资 （由部门主管填写）			
调整理由 （由本人或部门 主管填写）			
部门主管签名/日期			
人事部审核意见			
行政副总审批			
总经理批示			

申请人：　　　　申请日期：　年　月　日

员工薪资定级/调整审批表

编号：

<table>
<tr><td>员工工号</td><td></td><td colspan="2">员工姓名</td><td></td><td>入职日期</td><td></td></tr>
<tr><td>部门</td><td></td><td colspan="2">岗位</td><td></td><td>薪资调整生效日期</td><td></td></tr>
<tr><td colspan="7">薪资定级/调整原因：□新录用 □试用期转正 □晋升 □降职 □年度调薪
□特别调薪 □其他</td></tr>
<tr><td colspan="3">调整前(试用期) 薪资情况(税前)
合计：________元
1. 基本工资：________元；
2. 各项津贴：职务___，工龄___，餐费___；
3. 绩效工资：______元(须根据绩效考核)；
4. 全勤奖金：______元(须根据出勤考核)；
5. 其他：________________。</td><td colspan="4">调整后(转正后) 薪资情况(税前)
合计：________元
1. 基本工资：________元；
2. 各项津贴：________；
3. 绩效工资：________元(须根据绩效考核)；
4. 全勤奖金：________元(须根据出勤考核)；
5. 其他：________________。</td></tr>
<tr><td colspan="7">员工所在部门审核意见：
部门主管签字/日期：</td></tr>
<tr><td colspan="7">行政人事部审核意见：
行政人事主管/日期：</td></tr>
<tr><td colspan="7">总经理审批意见：
总经理签字/日期：</td></tr>
<tr><td colspan="7">行政人事部沟通情况：
沟通人签名/日期：</td></tr>
<tr><td colspan="7">员工本人确认：
本人已完全知晓以上相关内容，特此确认！
签名/日期：</td></tr>
</table>

注：1. 行政部/人事部人员与员工沟通薪资后填写员工基本信息，并行政部/人事部主管签字确认；

2. 部门主管以上职位或者薪资超出正常范围的情况，由总经理签字确认；

3. 员工本人签字确认(新员工入职当天签字确认) 后，行政部/人事部将完整的薪资定级/调整审批表存入员工档案。

四、研发管理表

产品研发计划表

暂定品名/规格				
描述	（包括主要功能、外形及重量）			
业务效益	目标客户群		目标客户群内份额	
	对客户的价值		价格	
	与竞争对手的差异		竞争情况	
	与整体战略的吻合度		预计收入	
所需资源	预计成本		人员	
	时间		负责人	
时间表	产品概念		产品设计	
	产品试制		产品上市	

填表人： 填表日期： 年 月 日

产品研发建议表

编号： 序号：

新产品编号		新产品名称	
新产品用途		提出日期	
提出部门		建议人	
型号规格		销售对象	
基本要求	（包括主要功能、性能、结构、外观包装、技术参数说明等）		
市场预测分析	（包括市场需求、客户期望、竞争对手情况、产品质量现状、预期首批销量、交货期限、出场价格等）		
可引用的原有技术			
可行性分析	（包括技术、采购、工艺、成本等方面）		
项目所需费用			
参加人员			
技术研发部经理审核		总经理批示	

研发项目任务书

项目编号：

<table>
<tr><td>项目名称</td><td colspan="5"></td></tr>
<tr><td rowspan="2">项目类型</td><td>预研性研发类</td><td colspan="4">□A 类　　□B 类</td></tr>
<tr><td>适应性研发类</td><td colspan="4">□A 类　　□B 类</td></tr>
<tr><td>项目目标</td><td colspan="5"></td></tr>
<tr><td>立项时间</td><td colspan="2"></td><td>项目要求
完成时间</td><td colspan="2"></td></tr>
<tr><td>项目经理</td><td colspan="5"></td></tr>
<tr><td>项目成员</td><td colspan="5"></td></tr>
<tr><td>项目评审
奖金</td><td colspan="5"></td></tr>
<tr><td colspan="6">项目具体计划(由技术研发经理填写)</td></tr>
<tr><td>序号</td><td>计划内容</td><td>计划完成
时间</td><td>实际完成
时间</td><td>完成情况</td><td>未完成原因</td></tr>
<tr><td>1</td><td>产品图纸设计及
评审</td><td></td><td></td><td></td><td></td></tr>
<tr><td>2</td><td>样件试制与定型</td><td></td><td></td><td></td><td></td></tr>
<tr><td>3</td><td>工艺工装设计及
评审</td><td></td><td></td><td></td><td></td></tr>
<tr><td>4</td><td>合格工装到货</td><td></td><td></td><td></td><td></td></tr>
<tr><td>5</td><td>合格外协件到货</td><td></td><td></td><td></td><td></td></tr>
<tr><td>6</td><td>生产准备调试</td><td></td><td></td><td></td><td></td></tr>
<tr><td colspan="6">项目验收意见</td></tr>
<tr><td colspan="2">验收项目</td><td colspan="2">验收结果</td><td colspan="2">验收人签名</td></tr>
<tr><td colspan="2">技术文件是否完整有效</td><td colspan="2"></td><td colspan="2"></td></tr>
<tr><td colspan="2">项目是否取得预期成果</td><td colspan="2"></td><td colspan="2"></td></tr>
<tr><td colspan="2">项目验收终审意见</td><td colspan="4"></td></tr>
<tr><td colspan="2">主管副总意见</td><td colspan="4"></td></tr>
<tr><td colspan="2">总经理意见</td><td colspan="4"></td></tr>
</table>

产品试制通知单

编号： 填表日期： 年 月 日

产品型号		产品名称	
试制数量		试制起止日期	
试制订单号码			
试制内容及对各部门的要求			
发往部门			

研发评审报告书

填表人： 日期： 年 月 日

评审编号		产品型号及名称	
评审类型	□研发方案评审 □实验室研发评审 □中试评审 □试生产评审 □工艺方案评审		
评审时间			
过程进展情况			
研发输出满足任务的情况			
问题及不足			
评审结论			
评审人签名	日期： 年 月 日		
评审结论中改进措施的验证情况	验证人： 日期： 年 月 日		

新产品研发成果表

编号：　　　　　　　　　　　　　　　　　　　　　　　　日期：　年　月　日

□设计　　□改良		专案编号	
产品名称		设计规范 改良重点	
研发人员		完成日期	
产品说明			
支出费用		其他部分	
成本估算	项目	金额	
	合计		
批示			
附件	______产品研发报告____页，图纸____张，试制产品____件		

五、采购管理表

1. 采购管理表

材料定期采购计划表

编号：　　　　　　　　　　　　　　　　　　　　填写日期：　年　月　日

材料名称	规格	每月估计用量	订购交货日期	每日用量	每日最高用量	基本存量	最高存量	基本存量比率	每次订购数量

填表人：　　　　　　审核人：

订单材料采购计划表

编号：　　　　　　　　　　　　　　　　　　　　　填写日期：　年　月　日

材料名称	品名规格	适用产品	上旬		中旬		下旬		库存量	订购量
			生产单号	用量	生产单号	用量	生产单号	用量		

填表人：　　　　审核人：

采购登记表

物资类别：　　　　　　　　　　　　　　　　　　　　　填表日期：

采购日期	供应商	品名	数量	单价	金额/元	到货日期	发票号	质量状况	采购员

填表人：

单件产品采购统计表

产品品名：　　　　　　　　　　　　　　　　　　　　　填写日期：　年　月　日

序号	名称	规格型号	供应商	联系人	单价	单件产品用量	金额

采购询价记录表

<table>
<tr><td>采购计划单工作号</td><td></td><td>询价单工作号</td><td></td><td>申请采购商品序号</td><td></td></tr>
<tr><td rowspan="2">供应商</td><td rowspan="2">电话</td><td colspan="3">供应商报价 / 元</td><td rowspan="2">备注</td></tr>
<tr><td>出厂价</td><td>批发价</td><td>零售价</td></tr>
<tr><td></td><td></td><td></td><td></td><td></td><td></td></tr>
<tr><td></td><td></td><td></td><td></td><td></td><td></td></tr>
<tr><td></td><td></td><td></td><td></td><td></td><td></td></tr>
<tr><td></td><td>平均价</td><td></td><td></td><td></td><td></td></tr>
<tr><td>询价员</td><td></td><td>询价员员工号</td><td></td><td>询价日期</td><td>年　月　日</td></tr>
</table>

比价议价记录表

<table>
<tr><td rowspan="2">项目</td><td rowspan="2">供应商简称</td><td rowspan="2">原询单价</td><td rowspan="2">货币类别</td><td rowspan="2">议价后单价</td><td rowspan="2">议价后总价</td><td colspan="2">付款条件</td><td rowspan="2">价格条件</td><td rowspan="2">交货日期</td><td rowspan="2">交运方式</td><td rowspan="2">采购拟购</td></tr>
<tr><td>方式</td><td>天数</td></tr>
<tr><td>料号</td><td></td><td></td><td></td><td></td><td></td><td></td><td></td><td></td><td></td><td></td><td></td></tr>
<tr><td>品名</td><td></td><td></td><td></td><td></td><td></td><td></td><td></td><td></td><td></td><td></td><td></td></tr>
<tr><td>规格</td><td></td><td></td><td></td><td></td><td></td><td></td><td></td><td></td><td></td><td></td><td></td></tr>
<tr><td>数量</td><td></td><td></td><td></td><td></td><td></td><td></td><td></td><td></td><td></td><td></td><td></td></tr>
<tr><td>单位</td><td></td><td></td><td></td><td></td><td></td><td></td><td></td><td></td><td></td><td></td><td></td></tr>
<tr><td colspan="2">核准</td><td colspan="4"></td><td colspan="2">检核</td><td colspan="4"></td></tr>
<tr><td colspan="2">承办单位主管</td><td colspan="4"></td><td colspan="2">承办人</td><td colspan="4"></td></tr>
<tr><td colspan="2">备注</td><td colspan="10"></td></tr>
</table>

采购合同登记表

登记日期：　　　　　　　　　　　　　　　　　　　　　　登记人：

序号	合同编号	合同内容	供应单位	合同数量	合同单价	合同总额	采购形式	联系人及联系方式
1								
2								
3								
……								

审核人：　　　　　　　　审批人：

询价结果一览表

编号：　　　　　　　　　　　　　　　　　　　　　　填写日期：　年　月　日

<table>
<tr><td>请购单编号</td><td>材料编号</td><td>规格说明</td><td>单位</td><td>数量</td><td>说明</td></tr>
<tr><td></td><td></td><td></td><td></td><td></td><td></td></tr>
<tr><td></td><td></td><td></td><td></td><td></td><td></td></tr>
<tr><td></td><td></td><td></td><td></td><td></td><td></td></tr>
<tr><td rowspan="4">1．报价须知</td><td>（1）交货期限</td><td colspan="4">□需于 _____ 年 _____ 月 _____ 日以前交清
□订购后 _____ 天内交清</td></tr>
<tr><td>（2）交货地点</td><td colspan="4"></td></tr>
<tr><td>（3）付款办法</td><td colspan="4">□交货验收合格后付款
□试车检验合格后付款</td></tr>
<tr><td>（4）订购方法</td><td colspan="4">□分项订购
□总金额为准</td></tr>
<tr><td>2．报价期限</td><td colspan="5">请于 _____ 年 _____ 月 _____ 日 _____ 时以前予以报价</td></tr>
</table>

合同谈判记录表

记录人：　　　　　　　　　　　　　　　　　　　　　　记录时间：　年　月　日

供货方		谈判时间	
供货时间		谈判地点	
采购产品名称		数量	
产品规格和型号		目标价格	
技术要求			
质量要求			
谈判内容描述	（内容较多可以附表）		
谈判主要争议点			
谈判结果			
谈判参加人员	签字：　　　　日期：　年　月　日		
主管领导审批意见	签字：　　　　日期：　年　月　日		

物料跟催表

编号：　　　　　　　　　　　　　　跟催员：

物料名称	订购日期	订购单号	订购数量	物料规格	供应商	计划交货日	实际入厂		备注
							数量	交货日期	

催货通知单

编号：　　　　　　　　　　　　　　　　　　日期：　年　月　日

<table>
<tr><td colspan="7">：
　　贵公司与本公司签订的下列合同已到期，至今尚未交货，请于收到本通知一周内办理为荷！
此致
　　敬礼
______公司</td></tr>
<tr><td colspan="7">到期未交货的物料一览表</td></tr>
<tr><td>订约日期</td><td>合同编号</td><td>物料名称与规范</td><td>数量</td><td>单位</td><td>约定交货日期</td><td>备注</td></tr>
<tr><td></td><td></td><td></td><td></td><td></td><td></td><td></td></tr>
<tr><td></td><td></td><td></td><td></td><td></td><td></td><td></td></tr>
<tr><td></td><td></td><td></td><td></td><td></td><td></td><td></td></tr>
</table>

采购员：

物料采购订货单

<table>
<tr><td colspan="3">采购单编号</td><td colspan="3">生产通知单编号</td></tr>
<tr><td colspan="2">供应商名称</td><td colspan="2"></td><td>负责人</td><td></td></tr>
<tr><td colspan="6">采购材料明细</td></tr>
<tr><td colspan="2">材料名称及规格型号</td><td>单位</td><td>数量</td><td>单价</td><td>小计</td></tr>
<tr><td colspan="2"></td><td></td><td></td><td></td><td></td></tr>
<tr><td colspan="3">合计：大写</td><td colspan="3">小写</td></tr>
<tr><td colspan="6">具体要求：</td></tr>
<tr><td colspan="6">订货时间______　　交货时间______
交货方式______　　付款方式______
交货地址______</td></tr>
<tr><td colspan="3">发件人（盖章）：______
供应商确认人（盖章）：______
日期：</td><td colspan="3">审批人（盖章）：______
（确认后回传）
日期：</td></tr>
</table>

采购审核表

日期：　　年　月　日

<table>
<tr><td colspan="2">申购部门</td><td></td><td>申购单编号</td><td></td><td>总经理</td></tr>
<tr><td colspan="2">品　名</td><td></td><td>数　量</td><td></td><td rowspan="2"></td></tr>
<tr><td rowspan="5">询价记录</td><td>序号</td><td>供应商</td><td>价格</td><td>品牌</td></tr>
<tr><td>1</td><td></td><td></td><td></td><td>副总经理</td></tr>
<tr><td>2</td><td></td><td></td><td></td><td rowspan="2"></td></tr>
<tr><td>3</td><td></td><td></td><td></td></tr>
<tr><td>……</td><td></td><td></td><td></td><td>采购经理</td></tr>
<tr><td colspan="5">签署意见</td><td></td></tr>
<tr><td colspan="5" rowspan="3"></td><td></td></tr>
<tr><td>承办人</td></tr>
<tr><td></td></tr>
</table>

材料采购记录表

日期：　　年　月　日

求购日期	求购单号	材料编号	品名规格	供应商	单价	数量	订购日期	验收日期	质量记录

记录人：

采购月报表

时间： 年 月

日期	预订					实际							
	请购部门	品名	数量	单价	订购日期	传票编号	数量	单价	金额	交期	检验结果	付款	摘要
合计													

填表人： 审核人：

原材料采购数量排名表

排名	原材料名称	规格	计量单位	年度采购金额	年度采购数量	采购单价		
						年度内最高价	年度内最低价	平均价
1								
2								
3								
……								

原材料采购登记表

编号： 年 月

序号	采购单位	物料编码	材料名称	规格型号	计量单位	采购数量	计划单价	实际单价	计划金额	实际金额	申购日期	入库日期	经办人
1													
2													
3													
…													
合计													

填表人： 审核人：

2. 采购考核表

采购考核指标表

<table>
<tr><th>指标类别</th><th>考核指标</th><th>信息来源</th><th>考评人</th><th>权重</th><th colspan="4">考评标准</th></tr>
<tr><td rowspan="9">业绩指标</td><td>满主营销计划到货率</td><td>综计部</td><td>直接上级</td><td>45%</td><td colspan="4">完成率 ×100× 权重</td></tr>
<tr><td>及时处理产品问题</td><td>质检部等</td><td>直接上级</td><td>20%</td><td colspan="4">以 5 个工作日为及时处理，每延误 3 天则再加算 1 次失误，除不可控原因外，视不能解决问题或延误造成的影响 1 次扣 1~3 分</td></tr>
<tr><td rowspan="2">及时检货；往来发票，入库账单及时登记，上缴统计员</td><td rowspan="2">直接上级</td><td rowspan="2">直接上级</td><td rowspan="2">15%</td><td>优</td><td>良</td><td>中</td><td>差</td></tr>
<tr><td>及时，1 周内准确率达 100%</td><td>无拖延，无明显差错</td><td>无重大失误或差错</td><td>经常拖延，出现重大失误或差错</td></tr>
<tr><td>及时质量登记，无差错</td><td>相关统计资料</td><td>直接上级</td><td>10%</td><td colspan="4">每月抽检 10 笔，若 10 笔内错误超过 1 笔，建议扩大抽检数至 30 笔错误数超过 4 笔，则此项为 0 分</td></tr>
<tr><td rowspan="4">成本控制</td><td rowspan="4">财务部</td><td rowspan="4">直接上级</td><td rowspan="4">10%</td><td>优</td><td>良</td><td>中</td><td>差</td></tr>
<tr><td>成本比同期下降明显（30%）</td><td>成本比同期有所下降</td><td>成本比同期略有下降</td><td>成本比同期没有下降</td></tr>
<tr><td>资金利用率理想（高于 108%）</td><td>资金利用率合理（105%）</td><td>资金利用率正常（102%）</td><td>资金利用率不理想（低于 102%）</td></tr>
<tr><td>成本审核高效（30%）</td><td>成本审核负责</td><td>按规定进行成本审核</td><td>未按规定成本审核</td></tr>
</table>

采购稽核重点与依据表

稽核项目	稽核内容	稽核依据
预算管理	1. 采购预算是否与销售计划、生产计划、库存状况等相配合	请购单、销售计划、生产计划
	2. 采购预算的编制是否考虑存货定量及定价管制	
	3. 采购预算是否得到全面执行，若与实际采购费用存在差异，是否对采购预算进行修正	
请购作业请购作业	1. 请购是否与预算相符，并按照权限核准	请购单、安全存量控制表
	2. 请购单(数量、规格等）变更是否按照相关程序进行	
	3. 紧急采购原因分析	
比价作业	1. 询价管理	询价单、采购合同
	2. 招标管理	
	3. 采购合同管理	
订购作业	1. 合同的规范性、合法性	请购单、采购合同
	2. 采购合同的执行情况	
	3. 订单发出后有无跟踪控制	
	4. 因某种原因当供应商没有按约定的日期将采购物资送达时，采购部是否采取了相应的措施以保证企业正常生产	
验收作业	1. 采购物资送达时，采购部是否会同(采购物资）使用部门、质量管理部及其他相关部门共同对采购物资进行验收	入库验收单
	2. 相关技术部门是否派有专业的技术人员对采购物资进行验收	送货发票
	3. 采购物资不符合标准时，是否采取了相应的有效措施	
	4. 检验人员是否依据相关单据对采购物资的品名、数量、单价等逐一点检，并做相应记录	

采购目标管理表

<table>
<tr><th rowspan="2">目标(项目及数值)</th><th rowspan="2">重要性(%)</th><th rowspan="2">工作计划</th><th rowspan="2">时　间</th><th colspan="4">工作进度(%)</th></tr>
<tr><th>月</th><th>月</th><th>月</th><th>月</th></tr>
<tr><td rowspan="2">降低采购成本 5% ~ 10%</td><td rowspan="2">35</td><td rowspan="2">1. 检查同类物料购买数
2. 协商付款条件</td><td>计　划</td><td></td><td></td><td></td><td></td></tr>
<tr><td>实　绩</td><td></td><td></td><td></td><td></td></tr>
<tr><td rowspan="2">提高交货日期准确率至 95%</td><td rowspan="2">25</td><td rowspan="2">1. 加强厂商辅导
2. 严格厂商评鉴与奖惩
3. 把握采购前置期</td><td>计　划</td><td></td><td></td><td></td><td></td></tr>
<tr><td>实　绩</td><td></td><td></td><td></td><td></td></tr>
<tr><td rowspan="2">每月开发新供应商 5 家</td><td rowspan="2">20</td><td rowspan="2">1. 了解专业期刊资讯
2. 针对供应商较集中的物料开发新厂商</td><td>计　划</td><td></td><td></td><td></td><td></td></tr>
<tr><td>实　绩</td><td></td><td></td><td></td><td></td></tr>
<tr><td rowspan="2">加速呆滞料处理，控制在库存总额 5% 以内</td><td rowspan="2">15</td><td rowspan="2">1. 每月召开呆料处理会议
2. 审核订购单
3. 定期追踪生产变更状况</td><td>计　划</td><td></td><td></td><td></td><td></td></tr>
<tr><td>实　绩</td><td></td><td></td><td></td><td></td></tr>
<tr><td rowspan="2">提高办事效率，简化工作流程</td><td rowspan="2">5</td><td rowspan="2">1. 检讨电话订货的可行性
2. 扩大小量采购
3. 借助计算机处理</td><td>计　划</td><td></td><td></td><td></td><td></td></tr>
<tr><td>实　绩</td><td></td><td></td><td></td><td></td></tr>
<tr><td>主管</td><td colspan="2"></td><td>填表人</td><td colspan="4"></td></tr>
</table>

采购人员绩效考核表

姓　名		部门	
岗位		直接领导	
考核期间	年　　月　　日至　　年　　月　　日		
工　作　表　现			
考核项目	考　核　内　容	考核得分	备　注
工作能力	能够有效制订个人工作计划，并确定所需要的资源		
	掌握熟练专业知识		
	沟通能力强，广泛建立业务关系		
	综合分析能力强，善于全面系统地分析问题，判断准确率高		
工作态度	工作认真负责		
	遵守公司各项规章制度		
	遇到问题主动沟通、积极解决		
	从公司整体利益出发处理与其他部门的关系		
业　绩　表　现			
考核项目	考　核　内　容	考核得分	备　注
工作质量	达到公司规定的要求		
工作效率	在规定的时间内保质保量地完成工作任务		
工作任务完成情况	工作计划完成率		
成本控制	成本降低率		
综　合　评　定			

采购绩效改进表

<table>
<tr><td>被考核者</td><td colspan="2"></td><td colspan="2">部门</td><td colspan="2"></td></tr>
<tr><td>岗位</td><td colspan="2"></td><td colspan="2">直接领导</td><td colspan="2"></td></tr>
<tr><td>不良绩效描述</td><td colspan="6"></td></tr>
<tr><td colspan="2">有待改进的绩效</td><td colspan="2">所采取的措施</td><td colspan="2">改进所需时间</td><td>改进后的效果</td></tr>
<tr><td colspan="2"></td><td colspan="2"></td><td colspan="2"></td><td></td></tr>
<tr><td colspan="2"></td><td colspan="2"></td><td colspan="2"></td><td></td></tr>
<tr><td colspan="2"></td><td colspan="2"></td><td colspan="2"></td><td></td></tr>
<tr><td>被考核者
签字</td><td></td><td>直接主管
签字</td><td colspan="2"></td><td>部门经理
签字</td><td></td></tr>
</table>

采购人员绩效奖惩表

编号：______　　　　填写日期：　年　月　日

<table>
<tr><td>姓名</td><td></td><td>部门</td><td></td></tr>
<tr><td>岗位</td><td></td><td>职务</td><td></td></tr>
<tr><td>奖惩原因</td><td colspan="3"></td></tr>
<tr><td>奖惩方式</td><td colspan="3"></td></tr>
<tr><td colspan="2">部门经理核定

签名：
日期：　年　月　日</td><td colspan="2">人力资源部核定

签名：
日期：　年　月　日</td></tr>
<tr><td colspan="4">总经理批示

签名：
日期：　年　月　日</td></tr>
</table>

六、生产管理表

总生产日程表

交货日期	订单编号	产品编号	产品名称	生产数量			备注
				一月	二月	三月	

制表人：　　　　审核人：

生产预定表

交货日期	订单号	产品名称零件	订单量生产	预定开工日期	预定完工日期	备注

制表人：　　　　审核人：

作业预定表

机器别	日期					备注

制表人：　　　　审核人：

生产日报表

日期：　年　月　日

车间：	生产线：
产品名称	
型号	
批号 / 批量	
投入数量 / 件	
成品数量 / 件	
标准工时 /min	
完成工时 /min	
作业人员 / 人	
作业时间 /min	
损失时间 /min	
实效时间 /min	
生产性 / %	
作业能率 / %	
损失工时 /min	
迟到、早退	
停电	
培训、其他	
人员流动状况(被调动人员的数量)	
支援人数	
被支援人数	
其他	
生产事故记录	制定：
备注	批准人：

生产稼动日报表

日期： 年 月 日

生产线	产品名称	型号	LOT		投入	成品	出货情况		生产时间	人员数量
			序号	尺寸			计划数	已出数		
生产事故概述：								制定人：		
备注：								批准人：		

生产日报表

填表日期： 年 月 日

生产单号	产品名称编号	预定产量	本日产量		累计产量		耗费工时		半成品	
			预定	实际	预定	实际	本日	累计	本日	昨日

生产主管： 填表人： 审核人：

生产记录表

生产部门： 编号：

项目	产品名称	出勤数	开机率	生产率	A级品率	B级品率	核对项目	管理范围	异常时间记录	备注
领导交办事项：				处理对策：				主管批示：		

部门主管： 审核人： 填表人： 填表日期： 年 月 日

生产异常分析表

月份：

日期	生产批数	变更批数	更改原因				
			待料	订单更改	人员不足	设备故障	安排不当
1							
2							
……							
合计							
说明							

分析人：　　　审核人：

生产异常状况报告表

编号：　　　日期：　　　部门：

制造单号		产品名称	
生产数量		客户名称	
原订进度说明			
生产异常原因			
预定完成时间			
备注			

审核人：　　　填表人：

生产进度控制表

生产通知单编号			预计日程	从　月　日至　月　日		
产品名称			生产数量		计划负责人	
细步作业名称	负责部门	班组	预计日程	进度审核及详细记录		
				开始时间	完成时间	验收
1						
2						
3						
……						

填表人：

七、安全管理表

安全管理人员名册

编号：　　　　　　　　　　　　　　　　　　　　　　　　　　　　　　日期：

序号	单位	姓名	出生年月	安全专业工龄	学历	专业	职称	安全专业资格	证件编号	备注

注：本表由各级安全管理人员建账，一式两份，报送上级安全管理部门后留存，当安全管理人员有变动时，需及时上报。

安全生产活动记录表

编号：　　　　　　　　　　　　　　　　　　　　　　　　　　　　活动日期：

主持人		召开地点		记录人	
主题					
到会人员					
会议记录					

违章作业人员教育登记表

编号：　　　　　　　　　　　　　　　　　　填写日期：　年　月　日

<table>
<tr><td>姓名</td><td></td><td>性别</td><td></td><td>年龄</td><td></td><td>工种</td><td></td><td>级别</td><td></td><td>单位</td><td></td></tr>
<tr><td colspan="12">违章行为简述：</td></tr>
<tr><td colspan="12">违章人填报违章因素</td></tr>
<tr><td colspan="4">班前安全会是否接受过教育</td><td colspan="2"></td><td colspan="4">以往是否参加过违章教育</td><td colspan="2"></td></tr>
<tr><td colspan="4">领导或监督人是否批评过</td><td colspan="2"></td><td colspan="4">是否意识到自己在违章</td><td colspan="2"></td></tr>
<tr><td colspan="4">同事是否制止过</td><td colspan="2"></td><td colspan="4">以前是否经常这样干</td><td colspan="2"></td></tr>
<tr><td colspan="4">如此做法是否发生过危险</td><td colspan="2"></td><td colspan="4">是否身体疲倦</td><td colspan="2"></td></tr>
<tr><td colspan="4">劳动强度高或定额难以完成</td><td colspan="2"></td><td colspan="4">此项作业是否超过了心理承受能力</td><td colspan="2"></td></tr>
<tr><td colspan="4">行动匆忙或草率</td><td colspan="2"></td><td colspan="4">违章是否因有他人影响</td><td colspan="2"></td></tr>
<tr><td colspan="4">是否因工具或器械不好用</td><td colspan="2"></td><td colspan="4">是否因作业环境不良</td><td colspan="2"></td></tr>
<tr><td colspan="12">违章情况确认：</td></tr>
<tr><td colspan="12">纠正措施：</td></tr>
<tr><td colspan="12">个人认识：
违章人签字：　　　年　月　日</td></tr>
</table>

新职工三级安全教育卡

编号：

<table>
<tr><td>姓名</td><td></td><td>性别</td><td></td><td>工种</td><td></td><td>出生年月</td><td></td></tr>
<tr><td colspan="2">毕业院校</td><td colspan="2"></td><td>文化程度</td><td>专业</td><td></td><td>入厂时间</td></tr>
<tr><td rowspan="12">三级安全教育顺序</td><td colspan="2">安全教育内容</td><td>教育日期</td><td>教育人签字</td><td>考试成绩</td></tr>
<tr><td rowspan="3">公司</td><td>安全生产方针、政策及其重要意义</td><td></td><td></td><td></td></tr>
<tr><td>公司安全生产、文明工地规章制度</td><td></td><td></td><td></td></tr>
<tr><td>公司内外安全生产方面的经验教训</td><td></td><td></td><td></td></tr>
<tr><td rowspan="3">车间</td><td>本单位生产特点及有关经验教训</td><td></td><td></td><td></td></tr>
<tr><td>本单位安全生产、文明施工规章制度</td><td></td><td></td><td></td></tr>
<tr><td>劳动纪律教育</td><td></td><td></td><td></td></tr>
<tr><td rowspan="4">班组</td><td>本单位生产特点及事故防范措施</td><td></td><td></td><td></td></tr>
<tr><td>职工安全职责</td><td></td><td></td><td></td></tr>
<tr><td>本班组机械、电气设备的性能及应注意事项</td><td></td><td></td><td></td></tr>
<tr><td>本岗位责任制和安全技术操作规程</td><td></td><td></td><td></td></tr>
</table>

受教育人：

生产现场安全检查表

编号：　　　　月份：　　　　填写日期：

检查日期		检查性质	结果	检查负责人
1				
2				
3				
……				
31				

注：本表由安全人员填写，其支持文件为各类检查表。

安全员每日巡检记录

编号：

序号	作业地点	作业班组	检查项目	检查情况	处理情况
1					
2					
3					
……					

巡视人：　　　年　月　日

危险品周期检查表

编号：　　　　日期：

序号	危险品名称	规格	数量	存放环境	存放状态	存放单位	责任人	检查时间	备注
1									
2									
3									
……									

注：1. 由存放部门负责组织检查、建账；

2. 根据危险品周期检查表进行检查，每次检查均应载入表格。

事故隐患整改通知单

编号：

<table>
<tr><td>单位</td><td colspan="2"></td><td>地点</td><td></td><td>作业名称</td><td></td></tr>
<tr><td colspan="7">隐患及整改要求：</td></tr>
<tr><td colspan="2">整改期限</td><td colspan="5"></td></tr>
<tr><td colspan="2">签发人</td><td colspan="2"></td><td>签发时间</td><td colspan="2"></td></tr>
<tr><td colspan="2">接收人</td><td colspan="2"></td><td>接收时间</td><td colspan="2"></td></tr>
</table>

注：1. 本表由专职安全员签发；

2. 本表要求整改完成后，填写“事故隐患整改反馈单”报签发人复查；

3. 本表一式两份，接收单位和安全部门各一份。

安全隐患整改反馈单

编号：

<table>
<tr><td>整改单位</td><td></td><td>时间</td><td></td></tr>
<tr><td colspan="4">违章处理或隐患整改情况：

整改单位盖章</td></tr>
<tr><td>整改责任人</td><td></td><td>复验人</td><td></td></tr>
</table>

生产事故报告

编号：

<table>
<tr><td>部门名称</td><td colspan="2"></td><td>报告人</td><td></td><td>报告日期</td><td></td></tr>
<tr><td>发生单位</td><td colspan="6"></td></tr>
<tr><td>发生地点</td><td colspan="6"></td></tr>
<tr><td>作业名称</td><td colspan="6"></td></tr>
<tr><td>发生时间</td><td colspan="3"></td><td>受伤人数</td><td colspan="2"></td></tr>
<tr><td>伤者姓名</td><td></td><td></td><td colspan="2"></td><td colspan="2"></td></tr>
<tr><td>受伤部位</td><td></td><td></td><td colspan="2"></td><td colspan="2"></td></tr>
<tr><td>受伤程度</td><td></td><td></td><td colspan="2"></td><td colspan="2"></td></tr>
<tr><td>医院名称</td><td></td><td></td><td colspan="2"></td><td colspan="2"></td></tr>
<tr><td>地址</td><td></td><td></td><td colspan="2"></td><td colspan="2"></td></tr>
<tr><td>事故原因</td><td colspan="6"></td></tr>
<tr><td>损失情况</td><td colspan="6"></td></tr>
<tr><td>处理意见</td><td colspan="6"></td></tr>
<tr><td>对外联络</td><td colspan="6">□公安局 □消防队 □保险公司 □律师</td></tr>
</table>

安全设施一览表

编号：　　　　　　　　　　　　　　　　　　　　单位：

序号	安全设备名称	规格型号	数量	所在位置	管理责任人	检查检测情况			备注
						周期	时间	结果	

编制人：

特种作业人员登记表

编号：　　　　　　　　　单位工作地点：　　　　　　　填表日期：

单位	工种	姓名	出生年月	性别	工龄	培训单位	考核成绩	发证单位	证号	发证时间	复审			备注

编制人：

监视和测量器具管理表

编号：

序号	本厂编号	器具名称	型号规格	测量范围/用途	精度要求	生产商	购买日期	启用日期	使用部门/人	检定周期	备注

编制人：

职业卫生防护设施一览表

编号：

序号	用途类别	设施名称	数量	位置	校验日期	维护日期	更新情况	责任人	备注
1	防尘								
2	防毒								
3	防暑降温								
4	防噪声								

编制人：

个体防护用品发放一览表

部门：　　　　日期：　年　月　日

姓名	岗位	个人防护用品名称				领用人	领用日期	发放人	备注
		安全帽	防毒口罩	防护眼罩	……				

编制人：

安全警示标志一览表

编号：

序号	标志类别	标志名称	设置地点	设置时间	数量	责任人	备注

编制人：

生产事故一览表

编号：　　　　　　　　　　　　　　　　填报单位：

序号	事故日期	事故时间	事故地点	事故类别	伤亡人数	损失大小	事故经过	救援过程	事故教训	处理结果	备注

编制人：

安全隐患整改一览表

编号：　　　　　　　　　　　　　　　　填报单位：

序号	检查日期	隐患名称	原因分析	整改措施	计划完成日期	整改负责人	整改确认人	确认日期	实际完成日期	验收人	备注

编制人：

安全检查记录一览表

编号：

序号	被检查单位	检查时间	检查形式	检查项目	存在事故隐患数		应完成隐患整改数		已完成隐患整改数		责任人	备注
					小计	大隐患数	小计	大隐患数	小计	大隐患数		

编制人：

新职工三级安全教育一览表

编号：　　　　　　　　　　填表日期

序号	姓名	性别	出生年月	文化程度	入厂时间	车间/部门	培训时间	工种	培训学时			考试成绩			备注
									厂级	车间	班组	厂级	车间	班组	

编制人：

安全会议记录一览表

编号：

序号	会议时间	会议主持人	会议内容	参加人员	会议地点	应到人数	实到人数	记录人	备注

编制人：

注：需附会议领导报告材料。

八、质量管理表

进料检验记录表（单品）

编号：　　　　　　　　　　　　　　　　　　　　日期：

产品名称			规格			生产数量			
项次	物料名称编号	数量	采购单号	验收日期	供应商	抽样数	及格		备注
							是	否	
1									
2									
3									
……									

进料检验日统计表

序号	品名	规格	数量	供应商	检验方式	不合格数	处理结果

物料入库验收表

订购单编号：　　　　　　　　编号：　　　　　　　　填写日期：　年　月　日

编号	名称	订购数量	规格符合		单位	实收数量	单价	总价
			是	否				

是否分批交货	☐是 ☐否		会计科目		厂商供应		合计	
检查方式	抽样 ____ 个	____ 个不良	验收结果		检查主管		检查员	

总经理	财务部		仓储部		采购部	
	财务主管	核算员	仓储主管	验收专员	采购主管	制单员

物料拒收月统计表

月份：　　　　　　　　　　　　　　　　　　　　日期：　年　月　日

序号	交货单编号	材料名称	材料编号	数量	供应商	供应商编号	交货日	不良内容	处理方法
1									
2									
3									
……									
合计									

主管：　　　　制表人：

物料验收登记表

编号：　　　　　　　　　　　　　　　　　　　　日期：　年　月　日

序号	验收单名称	编号	物料类别				张数	其他相关单据名称	编号	张数
			原材料	辅料	零配件	设备				
1										
2										
3										
……										
总计								总计		
备注										

制程巡检记录表

部门：　　　　　　　　　　　　　　日期：
产品名称：　　　　　　　　　　　　生产批次：

序号 / 时间	工序号	核查重点	核查结果					不良表现	对策
			1	2	3	4	5		

制表人：　　　　核实人：　　　　审批人：

产品质量异常通知单

通知单位：　　　　　　　　　　　　　　　　年　月　日

制造单号	产品规格	抽样数	不良数	不良原因	发现时间及处理方式

制表人：　　　　核实人：　　　　审批人：

产品质量异常处理单

产品名称	产品 1	1. 产品异常情形概述： 2. 临时采取的措施
生产批号		
产品名称	产品 2	1. 产品异常情形概述： 2. 临时采取的措施：
生产批号		
异常原因调查与分析	1. 2.	
改善对策	1. 2.	
总经理批示	1. 2.	

制表人：　　　　核实人：　　　　审批人：

质量异常统计表

编号：　　　　　　　　　　　　　　　　　　填写日期：

日期	产品名称	检查地点	异常原因	处理措施	处理结果		备注
					处理前	处理后	

制表人：　　　　核实人：　　　　审批人：

成品检验表

日期：

产品名称	检验日期	样品编号	规格型号	数量	订单号	生产批号	检验结果			结论	质检员	备注
							优	良	差			

制表人：　　　　核实人：　　　　审批人：

产品出货检验记录单

产品名称						产品数量				
客户名称						产品等级				
质量检验						质量保证				
日期	项目	检验员	进量	出量	不良数	项目	日期	复检员	抽样数	合格与否
备注										

检验人：　　　　检验日期：　年　月　日

待出厂产品检验记录表

编号：　　　　　　　　　　　　　　　　　　　　　　　　填表日期：　年　月　日

检验日期	客户名称	产品名称	规格型号	生产数量	主要原材料	装箱数	生产编号	合同编号	检验项目	不合格箱号	检验判定	检验员	合计	备注

填表人：　　　　　审核人：

说明：检验判定：√准予出厂；△请质量管理部门再详细检验；○建议退厂处理。

不合格品报告

编号：　　　　　　　　　　　　　　　　　　　　　　　　填写日期：

产品名称		型号规格	
生产单位		不合格数量	
不合格原因： 质管部：　　日期：			
不合格品处置： 批准：　　日期：			
备注：			

制表人：　　　　　核实人：　　　　　审批人：

不合格品纠正/预防措施处理单

编号：　　　　　　　　　　　　　　　　　　　　　　　　日期：　年　月　日

<table>
<tr><td>产品简单描述(型号、工艺等)：</td></tr>
<tr><td>存在/潜在问题：</td></tr>
<tr><td>纠正/预防措施：
1.
2.
报告人：
年　月　日</td></tr>
<tr><td>备注：</td></tr>
</table>

制表人：　　　　核实人：　　　　审批人：

返修产品登记表

编号：

产品名称	零件名称	返修数量	损失金额	返修原因	返修要求	检验员	责任部门	责任个人	返修员工

制表人：　　　　审批人：

九、销售管理表

1. 销售计划与实施记录表

______年度销售计划表

填表日期：

目次	产品名称	单位	内销			外销			合作外销			合计
			数量	单价	金额	数量	单价	金额	数量	单价	金额	

审核人：　　填表人：

月份销售计划

项次	订单号	客户名称	品名	规格	数量	出货日期	备注

销售人员行动计划表

姓名：　　日期：　年　月　日

月销售目标及计划		
重点拜访客户名称	新开拓客户名称	重点销售产品
1. 2. 3.	1. 2. 3.	1. 2. 3.

周行动计划表

重点目标							
重点行动计划							
重点拜访客户							
重点销售产品							
	星期一	星期二	星期三	星期四	星期五	星期六	星期日
第一周							
第二周							
第三周							

产品销售记录表

编号：

产品名称	数量	生产日期	生产批号	客户名称	联系方式	销售时间	出货时间	出货地点	检验合格证号	交付控制	承运者名称	运输单号	经办人

复核人：　　　　填制人：

产品记录表

编号：

产品编号	产品名称	规格	色泽	单价		包装方式	正常利润率	历年销售量			备注
				批发	零售						

复核人： 填制人：

订货单

编号： 日期：

企业名称			电话		
地址			负责人		
品名	规格型号	单位	数量	单价(元)	总价(元)
合计					
承办人			客户签单		

订货统计表

编号：

企业名称				负责人			
地　　址				电　话			
产品类型	日期	数量	备注	产品类型	日期	数量	备注
合计							

订货明细表

编号：

订单号码		客户名称			
客户地址					
品名		运输标志			
规格					
批号等级		运输目的地			
订货数量					
分批交		L/C			
货数量		APP NO：			
用途		包装		体积	Ft/箱
完成日期		出货日期	年 月 日		

色号	箱数	箱号	毛重净重	尾箱重	色号	箱数	箱号	毛重净重	尾箱重
总计					总计				
备注：									

主管： 制表人：

月份销售实绩统计表

姓名	销售额	销货退回	销货折让	销货报损	销货净额	成本	毛利	个人费用				部门分摊	净利润	收款记录			绩效
								薪津	旅费	其他	合计			应收	实收	未收	

________年度产品销售表

编号：　　　　　　　　　　　　　　　　　　　　　　日期：　年　月　日

日期	客户名称	联系方式	产品名称	规格型号	数量	单价	金额	已付货款	欠款	发票	业务员

制表人：

企业销售记录

年度：

序号	产品名称	数量	生产日期/批号	购货者名称及联系方式	检验合格证号/检验报告编号	销售日期	出货日期	出货地点	交付控制	承运者

2. 销售合同管理表

销售合同评审表

签约单位			
合同金额	大写：　　　　小写：		
合同版本	□标书要求 □客户版本	公司格式合同	

续表

付款方式	□预付款　□验收款　□质保金		
交货日期		预付款到期日期	
是否罚款合同		合同份数	一式___份，每份___页
合同关键条款描述			
交货方地点			
验收方式			
质量要求			
是否样品封存			
公司内部评审			
销售经理	签字：　年　月　日		
销售助理	签字：　年　月　日		
生产部	签字：　年　月　日		
品质部	签字：　年　月　日		
采购部	签字：　年　月　日		
总经理	签字：　年　月　日		

注：1. 合同签订人必须如实填写各项内容。
2. 内部评审部门需严格按照公司制度评审相关内容，并监督评审的执行。
3. 在规定时间内完成合同评审，由销售助理全程跟进追踪。
4. 原则上合同评审通过后，方可加盖印章，特殊情况总经理批准按特殊流程办理。
5. 本表与合同文本由合同管理部门存档备查。

合同变更申请单

编号： 单位名称： 申请日期：

<table>
<tr><td>合同号</td><td></td><td>订货单位</td><td></td></tr>
<tr><td>合同变更内容</td><td colspan="3"></td></tr>
<tr><td colspan="4">相关事项：
1. 提出更改单位：□客户 □本实体
2. 变更依据： □传真 □客户手稿 □协议
□电报 □电话记录 □补充合同
□其他：
3. 通知本实体的：□技术部门 □采购部门 □计划部门
□生产部门 □库管部门 □交付部门
□其他：
4. 通知相关部门：</td></tr>
<tr><td>备注</td><td colspan="3"></td></tr>
</table>

拟制人： 审核人： 批准人：

注：1. 本表一式两份，由签订合同部门负责填写，报送市场总部一份。
2. 合同签订单位负责向档案室归档。

合同变更通知单

编号： 单位名称：

<table>
<tr><td colspan="5">合同号 ________________ 订货单位 ________________

合同变更内容：</td></tr>
<tr><td>通知部门</td><td></td><td></td><td></td><td></td></tr>
<tr><td>签字</td><td></td><td></td><td></td><td></td></tr>
<tr><td>日期</td><td></td><td></td><td></td><td></td></tr>
</table>

注：1. 本表一式多份，由合同签订部门负责填写，并报送相关部门和市场总部。
2. 合同签订单位负责向档案室归档。

销售合同登记表

编号： 年度：

合同编号	签订日期	客户名称	产品名称	规格型号	单价	数量	总价	付款方式	交货期	确认人	备注

复核人： 填制人：

订货合同登记表

编号：

序号	合同编号	合同名称	客户名称、电话、经办人	订货数量	要求交货日期	实际交货日期

复核人： 填制人：

合同管理表

编号：

序号	档案编号	合同编号	合同名称	合同种类	合同净额	合同期限	签订日期	付款方式	付款时间	客户姓名	客户电话	经办人	执行部门	完成日期

记录人：

合同评审登记表

编号： 单位名称： 登记日期：

序号	合同名称	合同编号	评审日期	评审部门	评审结论	备注

填表人： 审核人：

销售合同统计表

编号：　　　　　　　　　部门名称：　　　　　　　　统计日期：

序号	销售人员姓名	合同编号	需方单位	签订日期	货物编号、名称	数量	单价	成交金额	货款回收记录	备注
1										
2										
3										
……										

填表人：　　　　主管：

销售合同检查表

编号	合同种类	合同金额	对方名称	主体合格	条款齐全	约定明确	代理有效	权利义务对等	有无重大误解	有无预期违约	担保有效	变更解除有效	是否违约	是否产生纠纷	经办人	备注

填表人：　　　　审核人：

合同文本领用登记表

编号：　　　　　　　　　单位名称：　　　　　　　　登记日期：

序号	文本名称	文本来源	实际使用份数	印章名称	使用人签名	使用日期	备注

填表人：　　　　审核人：

授权委托书使用登记表

编号： 单位名称： 登记日期：

证号	部门	姓名	职务	时间	委托人	被委托人	委托权限			经办人	备注
							委托事项	委托金额	委托期限		

制表人： 审核人：

销售合同归档汇总登记表

编号： 登记日期：

序号	档案编号	合同名称	合同起始日期	合同终止日期	合同份数	商务代表	备注

制表人： 审核人：

3. 客户拜访计划与记录表

客户访问月计划表

月度 第 周访问计划 销售专员：

客户名称	拜访对象	联系电话	计划拜访次数与实际执行情况												
			月份	1	2	3	4	5	6	7	8	9	10	11	12
			计划												
			实际												
			计划												
			实际												

客户拜访周/日计划表

年　月　日

序号	客户名称	客户类型	拜访目的	预计时间	联系人	备注

批准人：　　　　审核人：　　　　填表人：

客户拜访报告

年　月　日

<table>
<tr><td>客户名称</td><td></td><td>客户类型</td><td colspan="2"></td></tr>
<tr><td>拜访目的</td><td></td><td>拜访时间</td><td colspan="2"></td></tr>
<tr><td>接洽人</td><td></td><td>联系方式</td><td colspan="2"></td></tr>
<tr><td>客户拜访记录</td><td colspan="4"></td></tr>
<tr><td>问题点及改善对策</td><td colspan="4"></td></tr>
<tr><td>后续行动</td><td colspan="4"></td></tr>
<tr><td>销售主管</td><td colspan="2"></td><td>拜访人</td><td></td></tr>
</table>

拜访日报

年　月　日

<table>
<tr><td rowspan="3">序号</td><td rowspan="3">访问客户</td><td colspan="4">访问时间</td><td colspan="6">访问目的</td><td colspan="3">结果</td><td rowspan="3">下次计划行动</td></tr>
<tr><td colspan="2">到达</td><td colspan="2">离开</td><td rowspan="2">收款</td><td rowspan="2">订货</td><td rowspan="2">开发</td><td rowspan="2">服务</td><td rowspan="2">介绍</td><td rowspan="2">其他</td><td rowspan="2">收款</td><td rowspan="2">订货</td><td rowspan="2">其他</td></tr>
<tr><td>时</td><td>分</td><td>时</td><td>分</td></tr>
<tr><td>1</td><td></td><td></td><td></td><td></td><td></td><td></td><td></td><td></td><td></td><td></td><td></td><td></td><td></td><td></td><td></td></tr>
<tr><td>2</td><td></td><td></td><td></td><td></td><td></td><td></td><td></td><td></td><td></td><td></td><td></td><td></td><td></td><td></td><td></td></tr>
<tr><td>3</td><td></td><td></td><td></td><td></td><td></td><td></td><td></td><td></td><td></td><td></td><td></td><td></td><td></td><td></td><td></td></tr>
<tr><td>4</td><td></td><td></td><td></td><td></td><td></td><td></td><td></td><td></td><td></td><td></td><td></td><td></td><td></td><td></td><td></td></tr>
<tr><td colspan="2">总结</td><td colspan="8">今日访问家数______今日销售总额______
本月累计访问家数____本月销售总额_____
明日计划访问家数_____预定收款额_______</td><td colspan="3">市场反应</td><td colspan="3"></td></tr>
<tr><td colspan="2" rowspan="2">工作失误及改正措施</td><td colspan="8" rowspan="2"></td><td colspan="3">竞争对手情况</td><td colspan="3"></td></tr>
<tr><td colspan="3">批示</td><td colspan="3"></td></tr>
</table>

销售经理：　　　　销售主管：　　　　填表人：

访问销售日报

年　月　日

<table>
<tr><td colspan="2" rowspan="2">姓名</td><td rowspan="2">联系电话</td><td colspan="4">访问动机</td><td rowspan="2">面谈时间</td><td rowspan="2">制品销售</td><td rowspan="2">希望区</td><td colspan="4">访　问</td><td rowspan="2">备注</td></tr>
<tr><td>主动投入</td><td>公司命令</td><td>探听到</td><td>介绍</td><td>区分</td><td>开始日</td><td>次数</td><td>预定次数</td></tr>
<tr><td>1</td><td></td><td></td><td></td><td></td><td></td><td></td><td></td><td></td><td></td><td></td><td></td><td></td><td></td><td></td></tr>
<tr><td>2</td><td></td><td></td><td></td><td></td><td></td><td></td><td></td><td></td><td></td><td></td><td></td><td></td><td></td><td></td></tr>
<tr><td>3</td><td></td><td></td><td></td><td></td><td></td><td></td><td></td><td></td><td></td><td></td><td></td><td></td><td></td><td></td></tr>
<tr><td>……</td><td></td><td></td><td></td><td></td><td></td><td></td><td></td><td></td><td></td><td></td><td></td><td></td><td></td><td></td></tr>
<tr><td colspan="2">交涉经过</td><td colspan="6">①无法面洽
②不表兴趣
③商谈进展
④出现预料外障碍</td><td>希望度</td><td colspan="6">①有商谈成功的希望
②再进一步契约即成立
③本月中有商妥希望
④契约成立
⑤展示商品再议</td></tr>
</table>

客户拜访记录表

填表日期：

客户公司名称			
客户公司地址			
拜访人		拜访日期	
拜访频率(次/周或月)			
携带资料使用情况			
拜访目的			
客户公司概况			
公司类型		占地面积	
注册资本		员工人数	
业务联系人		联系电话	
经营范围及产品用途			
所需产品质量要求及特点			
年需求量		我公司占比	
达成意向			
客户对我公司的反馈意见			
下次拜访计划			

客户联系拜访记录表

客户姓名		性别		学历		工作性质	
职务		年龄		专业		收入情况	
曾购买产品				联系电话			
客户地址							
拜访记录							
	内容摘要	拜访形式	拜访时间	下次拜访预约时间	自我评价	拜访人	备注
第 1 次		电话拜访					
第 2 次		电话回访					
第 3 次		登门拜访					
……							

客户拜访周记录

填表日期：　　　　　　　　　　　　　　　　年　月　日

序号	客户名称	拜访形式	拜访次数	拜访时间	拜访地址	面谈人	拜访结果	备注

记录人：

访问频次计划表

客户级别	经办人	组长	科长	经理	副总经理	总经理	备注
重要客户	访问 每月 __ 次	电话 每月 __ 次	每月 __ 次	____ 个月 1 次	____ 个月 1 次	____ 个月 1 次	
一般客户	每月 __ 次	每月 __ 次	____ 个月 1 次	____ 个月 1 次	____ 个月 1 次	有必要时	
潜在客户	每月 __ 次	每月 __ 次	有必要时	有必要时			

十、客户管理表

1. 经销商管理表

新经销商申请表

填报人：　　　　　　　　　　　　　　　　　　　　　　申请日期：　年　月　日

<table>
<tr><td rowspan="3">经销商概况</td><td>经销商名称</td><td colspan="3"></td><td>电话</td><td></td></tr>
<tr><td>地址</td><td colspan="3"></td><td>传真</td><td></td></tr>
<tr><td>企业性质</td><td></td><td>成立时间</td><td></td><td>信用情况</td><td></td></tr>
<tr><td rowspan="10">业务概况</td><td>业务范围</td><td colspan="5"></td></tr>
<tr><td>经营同类产品品牌情况</td><td colspan="5"></td></tr>
<tr><td>业务覆盖区域</td><td colspan="5"></td></tr>
<tr><td>主要客户渠道</td><td colspan="5"></td></tr>
<tr><td>在当地同业的地位</td><td colspan="5"></td></tr>
<tr><td>与竞争厂家的关系</td><td colspan="5"></td></tr>
<tr><td>流动资金</td><td colspan="5"></td></tr>
<tr><td>上年利润</td><td colspan="5"></td></tr>
<tr><td>上年同类产品销量</td><td colspan="5"></td></tr>
<tr><td>业务现状</td><td colspan="5"></td></tr>
<tr><td rowspan="3">合作前景</td><td>对本企业的了解及态度</td><td colspan="5"></td></tr>
<tr><td>合作意向</td><td colspan="5"></td></tr>
<tr><td>合作要求</td><td colspan="5"></td></tr>
<tr><td>销售经理审核</td><td colspan="6">签字：　　　年　月　日</td></tr>
<tr><td>总经理审批</td><td colspan="6">签字：　　　年　月　日</td></tr>
</table>

经销商注册登记表

<table>
<tr><td colspan="2">经销商编号</td><td colspan="4"></td><td colspan="2">归档编号</td><td colspan="2"></td></tr>
<tr><td rowspan="4">基本资料</td><td>企业全称</td><td colspan="5"></td><td colspan="2">企业成立时间</td><td></td></tr>
<tr><td>联系电话</td><td></td><td>传真</td><td colspan="3"></td><td>电子邮件</td><td colspan="2"></td></tr>
<tr><td>营业地址</td><td colspan="6"></td><td>邮编</td><td></td></tr>
<tr><td>收货地址</td><td colspan="6"></td><td>联系人</td><td></td></tr>
<tr><td rowspan="4">资信情况</td><td>上级主管部门</td><td colspan="2"></td><td colspan="2">税号</td><td colspan="4"></td></tr>
<tr><td>开户行</td><td colspan="2"></td><td colspan="2">账号</td><td colspan="4"></td></tr>
<tr><td>经营性质</td><td colspan="2"></td><td colspan="2">注册资金</td><td></td><td colspan="2">固定资产</td><td></td></tr>
<tr><td>流动资金</td><td colspan="2"></td><td colspan="3">可用资金</td><td colspan="3"></td></tr>
<tr><td rowspan="10">人员情况</td><td>企业法人</td><td></td><td>性别</td><td></td><td>身份证号</td><td></td><td>联系电话</td><td colspan="2"></td></tr>
<tr><td>总经理姓名</td><td></td><td>性别</td><td></td><td>身份证号</td><td></td><td>联系电话</td><td colspan="2"></td></tr>
<tr><td>主要联系人</td><td></td><td>性别</td><td></td><td>身份证号</td><td></td><td>联系电话</td><td colspan="2"></td></tr>
<tr><td>企业总人数</td><td></td><td colspan="2">管理人员数</td><td colspan="2"></td><td colspan="2">财务人员数</td><td></td></tr>
<tr><td>销售人员数</td><td></td><td colspan="2">技术人员数</td><td colspan="2"></td><td colspan="2">服务人员数</td><td></td></tr>
<tr><td>现主营产品与营业额比例</td><td colspan="8"></td></tr>
<tr><td>经营方式</td><td colspan="8">□行业销售　□个人市场零售　□批发　□其他</td></tr>
<tr><td>主要客户群</td><td colspan="8"></td></tr>
<tr><td>主要销售区域（含分销区域）</td><td colspan="8"></td></tr>
<tr><td>店面地点</td><td colspan="8"></td></tr>
<tr><td colspan="2">渠道专员意见</td><td colspan="8"></td></tr>
<tr><td colspan="2">渠道经理意见</td><td colspan="8"></td></tr>
<tr><td colspan="2">总经理意见</td><td colspan="8"></td></tr>
</table>

经销商业绩统计

经销商名称：　　　　　　　　　　　　　　　　　　　　　　　　单位：万元

年份	1月	2月	3月	4月	5月	6月	7月	8月	9月	10月	11月	12月	合计

统计人：　　　　审核人：

渠道开发进度表

渠道专员：

序号	开发步骤	进度日期									
1	寻找新开发客户资料										
2	取得联系并初步电话联系										
3	初步拜访										
4	产生意向										
5	报价										
6	渠道主管审核										
7	渠道经理审核										
8	具体沟通										
9	签订合同										

经销商产品需求（经销）信息登记表

编号：

记录人				日期	
经销商名称				地址	
主营产品系列				经销商手机/QQ	
序号	产品名称	生产厂家	产地	愿意进货价格	本地区销售价格
1					
2					
3					
……					

经销商签字：

渠道成员订货方法记录

渠道专员：

渠道成员名称						
需要提前多少天订货						
电话订货是否必须先发出订货单						
是否需要先支付现金，若是，请说明支付多少						
是否要亲自上门提货						
是否需要签订订货合同						
是否可以退回销售不出的货品						
是否可以退回残次品						

经销商进货管控计划

编号：　　　　　　　　　　　　　　　　　　　　时间：

出货计划	产品名称	进货数量	进货金额	计划出货日期	实际出货日期	备注
经销商 1						
经销商 2						
经销商 3						
……						

填表人：　　　　审核人：

经销商库存管控计划

编号：　　　　　　　　　　　　　　　　　　　　时间：

库存计划	产品名称	进货数量	上月 / 周库存	本月 / 本周库存	备注
经销商 1					
经销商 2					
经销商 3					
……					

填表人：　　　　审核人：

经销商进货记录表

编号：

经销商名称			地址	
法人			电话	
传真			E-mail	
货运方式			结算方式	
进货时间	进货量	前期库存	前期未结算货物数量	填写人

经销商沟通记录表

编号：　　　　　　　　　　　　　　　　　　　　　　　日期：

名称		地址	
法人		电话(手机)	
传真		E-mail	
时间		沟通人	
对方联系人			
沟通内容			

经销商寻访计划表

编号：　　　　　　　　　　　　　　　　　　　　　　　计划日期：

负责人		负责区域		
序号	巡访日期	经销商名称	巡访目的和内容	备注

填表人：　　　　　　审核人：

经销商信息资料表

编号：　　　　　　　　　　　　　　　　　　　　填表日期：

经销商名称			法　人		
地址			电　话		
联系人		职　　务		电　　话	
月销售额		年销售额		资金状况	
下属分销商数量		经营面积		员工数量	
现经营产品品种					
我公司产品进货情况					
我公司产品销售情况					
我公司产品库存情况					
合作订货意向					
营销网络现状					
需要支持事项					
结算方式					
价格					
运输					
其他信息					

填表人：

2. 供应商管理表

供应商管理卡

日期：　　年　　月　　日

公司名称：		产品内容		主要设备名称	主要检验设备名称
地址：		规格	数量		
负责人：					
电话联系人：					
传真：					
供货商评鉴履历：					
年度：					
备注：					

供应商交易日记表

供应厂商： 年 月 日

日期	订购		交货		退货	付款				备注
	本日	累计	本日	累计		本日	累计	赊额	预定	
前月										
1										
2										
3										
……										

部门主管： 单位主管： 经办人：

供应商信用记录卡

供应商名称： 编号：

次数	采购单号	采购物品	预定交货日	实际交货日	迟延日数	购买数量	购买金额	抽样数量	品质不良记录	退货记录	备注
1											
2											
3											
……											

审核人： 制表人：

供应商信用记录表

供应商名称	采购日期	采购项目	数量	金额	信用记录			损失金额	等级
					品质	交货	短缺		

主管： 制表人：

供应商评审表

编号：

企业名称		企业电话		企业传真	
评审频次		第　次评价			
评审方式	□实地考察　□文件调查				
业务联系人： 联系方式：		企业负责人： 联系方式：		财务负责人： 联系方式：	
供应商生产能力评估					
评估项目	结论				
产品质量	□可靠　□一般　□较差　□其他				
管理体系	□9001　□14001　□18001　□其他				
交货情况	□很好　□一般　□较差　□其他				
产品防护	□很好　□一般　□较差　□其他				
服务态度	□很好　□一般　□较差　□其他				
付款条件	□很好　□一般　□较差　□其他				
产品价格	□很好　□一般　□较差　□其他				
其他资料					
评估结果	□优秀　□合格　□候选　□进一步调查　□不合格				
评审会签部门意见和建议： 签名：　　日期：					
审批意见： 签名：　　日期：					

供应商筛选表

编号：　　　　　　　　　　　　　　　　　　　　　　筛选日期：

采购项目				筛选供应商数量					筛选人员									
供应商名称	生产技术			设备情况			产品质量			服务水平			认证水平			管理水平		
	优	良	差	优	良	差	优	良	差	优	良	差	优	良	差	优	良	差
筛选结果																		
筛选总结																		
总经理审批意见： 日期：　年　月　日																		

供应商考核汇总表

编号： 日期：

<table>
<tr><td rowspan="2">供应商名称</td><td colspan="5">各项考核分数</td><td rowspan="2">等级</td></tr>
<tr><td>价格得分</td><td>质量得分</td><td>交付得分</td><td>服务得分</td><td>管理得分</td></tr>
<tr><td></td><td></td><td></td><td></td><td></td><td></td><td></td></tr>
<tr><td></td><td></td><td></td><td></td><td></td><td></td><td></td></tr>
<tr><td></td><td></td><td></td><td></td><td></td><td></td><td></td></tr>
<tr><td></td><td></td><td></td><td></td><td></td><td></td><td></td></tr>
<tr><td colspan="7">考核人员名单</td></tr>
<tr><td colspan="2">姓名</td><td colspan="2">部门</td><td colspan="3">签字确认</td></tr>
<tr><td colspan="2"></td><td colspan="2"></td><td colspan="3"></td></tr>
<tr><td colspan="2"></td><td colspan="2"></td><td colspan="3"></td></tr>
<tr><td colspan="2"></td><td colspan="2"></td><td colspan="3"></td></tr>
<tr><td colspan="7">总经理审批确认：</td></tr>
</table>

供应商月度评估表

编号： 填表日期：

<table>
<tr><td>供应商名称</td><td colspan="2"></td><td>联系人</td><td></td></tr>
<tr><td>地址</td><td colspan="2"></td><td>联系方式</td><td></td></tr>
<tr><td>评估项目</td><td colspan="2"></td><td>评估得分</td><td>备注</td></tr>
<tr><td rowspan="3">质量项目</td><td>批次合格率</td><td></td><td></td><td></td></tr>
<tr><td>合格批次</td><td></td><td></td><td></td></tr>
<tr><td>包装质量</td><td></td><td></td><td></td></tr>
<tr><td rowspan="3">交付项目</td><td>到货总批次</td><td></td><td></td><td></td></tr>
<tr><td>按时到货批次</td><td></td><td></td><td></td></tr>
<tr><td>按时交货率</td><td></td><td></td><td></td></tr>
<tr><td rowspan="2">产品项目</td><td>产品价格</td><td></td><td></td><td></td></tr>
<tr><td>产品认证水平</td><td></td><td></td><td></td></tr>
<tr><td rowspan="2">服务项目</td><td>售后服务</td><td></td><td></td><td></td></tr>
<tr><td>配合度</td><td></td><td></td><td></td></tr>
</table>

续表

<table>
<tr><td rowspan="3">其他项目</td><td>开发能力</td><td></td><td></td><td></td></tr>
<tr><td>生产工艺改进</td><td></td><td></td><td></td></tr>
<tr><td>人员素质能力</td><td></td><td></td><td></td></tr>
<tr><td>总计评分</td><td colspan="4"></td></tr>
<tr><td>相关意见、建议</td><td colspan="4"></td></tr>
<tr><td>评估者</td><td colspan="4"></td></tr>
<tr><td colspan="5">评估人员列表</td></tr>
</table>

评估人员姓名	评估意见	部门	签字确认

特殊承诺供应商列表

公司名称：　　　　　　　　　　　　　　　　　　填写日期：　年　月　日

序号	供应商名称	采购材料类别	计量单位	年度采购量	年度采购金额	合作内容	特殊承诺事项
1							
2							
3							

填表人：

合格供应商名单

日期：　年　月　日

序号	供应商编号	名称	联系方式	供应材料	最后复查时间	备注

3. 客户信息管理表

客户资料卡

NO:_______ 年 月 日

<table>
<tr><td>姓名</td><td></td><td>部门</td><td></td><td>职务</td><td></td></tr>
<tr><td>生日</td><td></td><td>婚姻状况</td><td></td><td>办公室电话</td><td></td></tr>
<tr><td>传真</td><td></td><td>手机</td><td></td><td>家庭电话</td><td></td></tr>
<tr><td>E-mail</td><td></td><td>兴趣爱好</td><td colspan="3"></td></tr>
<tr><td colspan="6">备注</td></tr>
<tr><td colspan="6">客户目前使用产品的情况</td></tr>
<tr><td rowspan="4">对本公司产品的评价</td><td>产品价格</td><td colspan="4"></td></tr>
<tr><td>产品质量</td><td colspan="4"></td></tr>
<tr><td>产品功能</td><td colspan="4"></td></tr>
<tr><td>售后服务</td><td colspan="4"></td></tr>
<tr><td colspan="6">客户需求</td></tr>
<tr><td colspan="6">处理意见</td></tr>
</table>

注：客户资料卡应根据实际需要设计，并在正式拜访后随时修订，分析。需要注意的是，在访问客户后要立即填写此卡。卡上的各项内容要填写完整、准确。同时，将这些信息录入企业客户信息系统。销售主管每周至少检查一次每位销售人员的客户资料卡建立情况。

客户信息管理的相关表格如下：

客户信息表

编号：　　　　　　　　　　　　　　　　　　　　　　　　登记日期：

客户名称				客户地址		
负责人				电话		
客户性质	A. 个体　B. 集体　C. 合伙　D. 国营　E. 股份公司　F. 其他					
等级	A 级　B 级　C 级					
主要经营项目： 主要联络人： 估计资本额：						
估计营业额						
年度	年	年	年	年	年	年
营业额						
与本公司业务状况：						
交易金额记录						
年度	年	年	年	年	年	年
营业额						

客户调查表

<table>
<tr><td>客户名称</td><td></td><td>电话</td><td></td><td>地址</td><td colspan="3"></td></tr>
<tr><td>负责人</td><td></td><td>年龄</td><td></td><td>文化程度</td><td></td><td>性格</td><td></td></tr>
<tr><td>厂长</td><td></td><td>年龄</td><td></td><td>文化程度</td><td></td><td>性格</td><td></td></tr>
<tr><td>接洽人</td><td></td><td>职称</td><td></td><td>负责事项</td><td colspan="3"></td></tr>
<tr><td></td><td colspan="7"></td></tr>
<tr><td rowspan="10">经营状况</td><td>经营方式</td><td colspan="6">□积极 □保守 □踏实 □不定 □投机 □其他</td></tr>
<tr><td>业务</td><td colspan="6">□兴隆 □成长 □稳定 □衰退 □不定</td></tr>
<tr><td>业务范围</td><td colspan="6"></td></tr>
<tr><td>销货对象</td><td colspan="6"></td></tr>
<tr><td>价格</td><td colspan="6">□合理 □偏高 □偏低 □削价</td></tr>
<tr><td>业务金额</td><td colspan="6">每年 ，旺季 月，月销量 ，淡季，月销量</td></tr>
<tr><td>组织</td><td colspan="6">□股份有限公司 □有限公司 □合伙店铺 □独资</td></tr>
<tr><td>员工人数</td><td colspan="6">职员 人，工员 ，合计 人，</td></tr>
<tr><td>同业地位</td><td colspan="6">□领导者 □具影响 □一级 □二级 □三级</td></tr>
<tr><td colspan="7"></td></tr>
<tr><td rowspan="4">付款方式</td><td>态度</td><td colspan="6"></td></tr>
<tr><td>付款期</td><td colspan="6"></td></tr>
<tr><td>方式</td><td colspan="6"></td></tr>
<tr><td>手续</td><td colspan="6"></td></tr>
<tr><td rowspan="4">与本公司往来交易记录</td><td>年度</td><td colspan="2">主要采购产</td><td>金额</td><td>旺季每月</td><td colspan="2">淡季每月</td></tr>
<tr><td></td><td colspan="2"></td><td></td><td></td><td colspan="2"></td></tr>
<tr><td></td><td colspan="2"></td><td></td><td></td><td colspan="2"></td></tr>
<tr><td></td><td colspan="2"></td><td></td><td></td><td colspan="2"></td></tr>
</table>

客户负责人： 审核人： 调查人：

4. 客户服务记录表

客户投诉记录表

编号：

投诉客户单位		投诉日期	
投诉客户姓名		联系电话	
投诉内容			
情况核实			
处理意见			
处理结果			
客户回访			

经办人：　　　　　　　　　主管领导：

客户投诉统计表

客户投诉		品名规格	交运日期		客户投诉内容	责任单位	处理方式			损失金额	备注
日期	编号		日期	数量			赔款	退货	折价		

制表人： 日期： 年 月 日

产品抱怨处理月报表

日期	产品名称	批号	出厂日期	抱怨原因					
				物料问题	流行问题	缝纫方法	质量标准	规格设计	其他

制表人： 日期： 年 月 日

客户投诉报告单

客户名称		客户类别	
客户地址		客户联系人	
订单号码		交易日期	
投诉受理部门		负责处理部门	
问题服装品名规格	交易日期	交易数量	交易金额
投诉原因：			
客户要求：			
采取措施：			
审批部门： 企业领导： 财务部门： 营销部门： 生产部门：			

部门主管： 审核人： 制表人： 制表日期： 年 月 日

来访客人登记表

日期：　年　月　日

序号	姓名	所在单位	来访人数	联系方式	是否预约	被访人	来访事由	时间		被访人签名
								进入	离开	
1										
2										
……										

编制人：　　　　审核人：

公司参观登记表

日期：　年　月　日

参观单位		参观日期		参观人数	
参观负责人		参观区域		参观目的	
公司接待部门		接待负责人		公司陪同人员	
参观路线					
参观目的					
参观内容					
备注					

商务接待安排表

来宾单位					
带队人姓名		带队人职务			
随行人员名单					
到达时间		停留时间		人数	
考察内容					
接待计划安排					
车辆使用计划					
相关事项	摄　影		礼　品		音　响
	欢迎标语		用　餐		鲜　花
	宣传材料		礼　仪		导　游
	题　词		水　果		其　他
负责接待部门意见	签字(盖章)：				
领导意见	签字(盖章)：				

填表人：　　　　填写日期：　年　月　日

公务接待审批表

日期：

<table>
<tr><td>来宾单位</td><td></td><td>来宾人数</td><td></td><td>接待日期</td><td></td></tr>
<tr><td>带队人姓名</td><td></td><td>职　　务</td><td></td><td>停留时间</td><td></td></tr>
<tr><td>来宾事由</td><td colspan="5"></td></tr>
<tr><td rowspan="2">接待费用预算</td><td>餐饮费用预算额</td><td></td><td>住宿费用预算额</td><td colspan="2"></td></tr>
<tr><td>其他费用预算额</td><td></td><td>合计预算总额</td><td colspan="2"></td></tr>
<tr><td>陪同人员要求</td><td colspan="5"></td></tr>
<tr><td colspan="6">公关事务主管意见：

签字：
日期：　年　月　日</td></tr>
<tr><td colspan="6">行政部经理意见：

签字：
日期：　年　月　日</td></tr>
<tr><td colspan="6">行政总监意见：

签字：
日期：　年　月　日</td></tr>
</table>

同类竞争产品调查表

序号	调查时间	产品名称	价格	规格	投入市场时间	成分	功能	生产公司	主推店铺	备注

客户服务满意度调查表

1. 您对本公司业务人员之服务态度，感觉满意程度如何？
A 很满意　B 满意　C 较满意　D 一般　E 不满意
2. 您对本公司采样人员表现，感觉满意程度如何？
A 很满意　B 满意　C 较满意　D 一般　E 不满意
3. 您对本公司采样人员工作配合程度，是否符合贵公司需求？
A 很满意　B 满意　C 较满意　D 一般　E 不满意
4. 您对本公司业务人员沟通协调能力，感到满意程度如何？
A 很满意　B 满意　C 较满意　D 一般　E 不满意
5. 您对本公司检测报告质量，水平表现感觉如何？
A 很满意　B 满意　C 较满意　D 一般　E 不满意
6. 您对本公司服务质量，整体感觉如何？
A 很满意　B 满意　C 较满意　D 一般　E 不满意

产品降价申请表

编号：　　　　　　　　　　　　　　　　　填写日期：

客户名称		订单号码		批　　号	
产品名称		规　　格		数　　量	
责任部门申请描述	申请降价额度				
	申请降价原因				
	申　请　人		审核		
处理决定	□不准许降价销售　□准许降价销售				
客户确认					
备　　注